Leadership-Intelligenz - Zehn Gebote für souveräne und sozial kompetente Führung

Cynthia Ahrens • Leif Ahrens

Leadership-Intelligenz - Zehn Gebote für souveräne und sozial kompetente Führung

2. Auflage

 Springer Gabler

Cynthia Ahrens
Wiesbaden
Deutschland

Leif Ahrens
Wiesbaden
Deutschland

1. Aufl.: © Kindle Direct Publishing 2013

ISBN 978-3-658-05051-1   ISBN 978-3-658-05052-8 (eBook)
DOI 10.1007/978-3-658-05052-8

Die Deutsche Nationalbibliothek verzeichnet diese Publikation in der Deutschen Nationalbi-
bliografie; detaillierte bibliografische Daten sind im Internet über http://dnb.d-nb.de abrufbar.

Springer Gabler
© Springer Fachmedien Wiesbaden GmbH 2014

Springer Gabler ist eine Marke von Springer DE. Springer DE ist Teil der Fachverlagsgruppe
Springer Science+Business Media
www.springer-Gabler.de

Ein paar Worte zu Beginn ...

Wenn es um Menschen geht, die als Persönlichkeit etwas Besonderes ausstrahlen, fallen uns sofort große Namen ein. Steve Jobs, Warren Buffet, Bill Gates, Angela Merkel, Mahatma Ghandi, Otto von Bismarck, Martin Luther sowie derjenige mit Zusatz King jr., Jack Welch, Hasso Plattner, Konrad Adenauer, Nelson Mandela, Willy Brandt, Kofi Annan,...

Doch was haben alle diese Menschen gemeinsam? Ist es das Werk, das sie erschaffen haben? Oder denken wir an charismatische Auftritte in der Öffentlichkeit bzw. an das, was wir über ihren Charakter und die Art, wie sie mit Mitmenschen, Untergebenen oder Publikum umgehen, wissen? Unbestritten wird das Ergebnis ihrer Arbeit als Grundlage für ihre Bekanntheit und den Durchbruch in bestimmten Kreisen gesehen. Aber letztlich interessiert der Mensch dahinter. Und der Weg, wie ein Unterfangen gerade diesem Leader gelingen konnte.

Hiermit wollen wir uns in der Ihnen vorliegenden Lektüre befassen. Was macht den Leader aus? Welche Fähigkeiten muss er mitbringen und woran kann er auf dem Weg zum Leader arbeiten? Auch ein Bill Gates hatte in seiner Garage zu Beginn seiner Laufbahn noch keine Ahnung, in welche Richtung sich sein Weg entwickeln würde. Damit hat er sich über mehrere Jahre und Jahrzehnte beschäftigt und sich ständig weiterentwickelt.

Welche Persönlichkeitsstrukturen entscheidend sind, warum Sie sich damit intensiv beschäftigen sollten und was Sie letztlich zum Leader macht. Damit beschäftigen wir uns in diesem Buch. Sie werden erkennen, worauf es hierbei ankommt und wie Sie ganz konkret an sich arbeiten können, um an die Spitze zu gelangen.

Hinterfragen Sie auf jeder Stufe Ihrer Laufbahn, wo Sie sich gerade befinden, wie Sie sich dabei fühlen und an welchen Stellschrauben Sie eventuell noch drehen müssen. Jeder erfolgreiche Leader tat genau dasselbe, um sich in seiner Position zurechtzufinden und dabei wohl zu fühlen. Denn genau darum geht es: Sie müssen davon überzeugt sein, dass Sie ein Leader sein wollen. Dazu gehören Ihre eigene Persönlichkeit, die Sie im Laufe Ihres Lebens immer weiter entwickeln, die richtige Kommunikationsfähigkeit sowie ein Netzwerk, in dem Sie sich gut aufgehoben fühlen und auf das Sie jederzeit Zugriff haben.

Hierfür haben wir dieses Buch geschrieben, das Ihnen als Grundlagenwerk und kompaktes Leadership-Handbuch dienen soll. Wir gehen bei den Geboten nur so weit wie nötig in die Tiefe, um gute Verständlichkeit und schnelle Erkenntnisse zu ermöglichen. Zu den einzelnen Geboten sind weitere Bücher und DVD-Sets geplant, die gezielt auf die jeweiligen Interessensbereiche abgestimmt und als Vertiefung gedacht sind.

Wir wünschen Ihnen viele anregende Gedanken und gute Emotionen auf dem Weg zum Leader!

Leif Ahrens
Cynthia Ahrens

„Betriebsanleitung" für die Gebote zur Leadership-Intelligenz

Dieses Buch ist ein Leitfaden für souveräne Führung. Er ist keineswegs als wissenschaftliches Werk für Management- und Führungsstrategien zu verstehen. Wir konzentrieren uns auf den Menschen als Führungspersönlichkeit, zu der er an dem Tag wird, an dem er für andere verantwortlich ist. Geeignet ist es für Führungskräfte, die ihr Handeln und ihre Einstellungen reflektieren und abklopfen möchten, sowie Menschen auf dem Weg zu einer Führungsposition.

Das Buch befasst sich mit den drei großen Bereichen Persönlichkeit, Kommunikation und Netzwerk. Wir halten diesen Dreiklang für unerlässlich, wenn eine Führungskraft Erfolg haben möchte.

Am Ende eines jeweiligen Abschnitts zu den drei Hauptthemen Persönlichkeit, Kommunikation und Netzwerk haben Sie die Möglichkeit, mit der Beantwortung weniger Fragen zu überprüfen, wie es um Ihre Fähigkeiten in diesem Bereich bestellt ist. Bestens oder möglicherweise doch noch einige Defizite, die aufzufinden sind? Genau daran können Sie nun arbeiten – ganz gezielt und ohne Umwege.

Die Beantwortung der Fragen mündet in drei Quotienten: einem für Persönlichkeit (PQ) einem für Kommunikation (KQ) und einem für Netzwerken (NQ) – sie ergeben letztlich ein Bild, wie stark Ihre soziale Intelligenz bereits ausgeprägt ist. Nach dem letzten Gebot werden diese drei Quotienten zu dem Leadership-IQ zusammengefasst. Diesen Quotienten halten wir für die wesentliche Größe, die eine Führungskraft zum Leader macht. Leadership-Intelligenz zeichnet sich dadurch aus, dass ein Leader souverän und sozial intelligent im Führungsalltag agiert.

Techniken, Strategien und fachliches Know-how gelten gemeinhin als das Handwerkszeug für Manager – Leader hingegen müssen mehr können. Für gute Führungskräfte sind Persönlichkeit, Kommunikation und ihr Netzwerk der Schlüssel zum Erfolg. Daher geht es in diesem Buch auch im Schwerpunkt um persönliche Haltungen und Grundeinstellungen, die ein Leader für sich bestimmen muss.

Techniken wie u. a. Social Networking, Prozess-Optimierung und Management-Strategien sind in diesem Grundlagenwerk nicht berücksichtigt. Genügend andere Bücher gibt es zu diesen Themen und würde den Rahmen für unser Leadership-Buch, bei dem der Fokus auf souveräne Führung und soziale Intelligenz ausgerichtet ist, sprengen. Viele Leader haben auch Unterstützung bzw. Spezialisten, die für sie das Thema soziale Netzwerke organisieren. Oder kennen Sie eine Top-Führungskraft, die selbst ausgiebig twittert (ohne „Ghost") und auf Facebook aktiv ist?

Die in diesem Buch angesprochenen Eigenschaften, Verhaltensweisen und Fähigkeiten sind individuell von uns selektiert und gehören nach unserer Erfahrung zu wesentlichen Führungsqualitäten, die einen Leader ausmachen. Da die Welt permanentem Wandel unterliegt, ergeben sich Änderungen zwangsläufig auch bei Leadership-Grundsätzen. Aber ein Großteil der Gebote wird allgemeingültig bleiben, da es im Kern um den Menschen an sich geht und nicht um Strukturen oder Techniken. Und hierbei gibt es Werte, die Bestand haben. Unabhängig von den äußeren Umständen und aktuellen Bedingungen.

Es lohnt sich also, mit unserem Dreiklang einen Anfang zu machen, da er für eine souveräne Führungskraft heute – und sicherlich auch in den kommenden Jahren – Gültigkeit besitzt. Wir haben in zahlreichen Gesprächen bzw. Reflexionen in unseren Trainings und Coachings sowie bei unserer Moderations-, Interview-, PR- und Vortragstätigkeit mit den unterschiedlichsten Menschen zu tun gehabt, die uns dies bestätigten. Die drei großen Bereiche Persönlichkeit, Kommunikation und Netzwerk sind immer wiederkehrende Themenkomplexe, die in unserem Buch beleuchtet und in unterschiedlicher Intensität bearbeitet werden.

Packen Sie Ihre Zukunft heute an und lassen Sie sich auf die einzelnen Kapitel der Leadership-Intelligenz ein. Überlegen Sie nach jedem Teil, in welchem Bereich Sie sich schon als Leader empfinden, wo Sie noch auf dem Weg sind und welche nächsten Schritte Sie angehen möchten. Wir geben Ihnen Hinweise, welche Facetten für eine Führungskraft unabdingbar sind und an welchen Fähigkeiten Sie arbeiten können. Dies ist eine täglich wiederkehrende Aufgabe, die Sie aber mit der richtigen Einstellung zu Ihrer Führungsfunktion mit Freude bewältigen und lösen werden. Lassen Sie sich inspirieren – wir wünschen Ihnen viel Spaß und Erfolg dabei!

Inhaltsverzeichnis

Teil I   Persönlichkeit   1

1   Gebot 1: Sei selbst(-)bewusst   3
    1.1   Inneres und äußeres Selbstbild im Einklang   5
    1.2   Stärke Deine Stärken   7
    1.3   Innere Freiheit   10
    1.4   Wirkung auf andere   11
    Literatur   12

2   Gebot 2: Sei empathisch   13
    2.1   Andere für sich gewinnen   14
    2.2   Mitgefühl   17
    2.3   Talente erkennen und fördern   18
    Literatur   28

3   Gebot 3: Sei souverän   29
    3.1   Situationen gewachsen sein   29
    3.2   Anerkennung erhalten   31
    3.3   Freude empfinden und ausstrahlen   32
    3.4   Charisma, Charakter und Authentizität   34
    3.5   Gelassenheit und innere Ruhe empfinden   35
    Selbstreflexion zum Thema Persönlichkeit (Teil I)   36
    Literatur   37

Teil II   Kommunikation   **39**

4   Gebot 4: Sei direkt   41
  4.1   Im Gespräch auf das Wichtigste konzentrieren   42
  4.2   Gesprächsaufbau   46
  4.3   Eisbrecher, Experte, Motivator, Emotionalisierer   49
  Literatur   51

5   Gebot 5: Sei verständlich   53
  5.1   Einfache Sprache und Bilder   54
  5.2   Gefühle erzeugen   60
  5.3   Semantisches versus episodisches Gedächtnis   65
  Literatur   69

6   Gebot 6: Sei lösungsorientiert   71
  6.1   Sichtweisen austauschen und würdigen   72
  6.2   Aktiv zuhören und Feedback geben   76
  6.3   Fragen stellen   82
  6.4   Umgang mit Killerphrasen   92
  Selbstreflexion zum Thema Kommunikation (Teil II)   98
  Literatur   99

Teil III   Netzwerk   **101**

7   Gebot 7: Sei aktiv   105
  7.1   Welche Fähigkeiten sind wichtig fürs Netzwerken   106
  7.2   Erst säen, dann ernten   109
  7.3   Der Mensch zählt, nicht der Auftrag   112
  Literature   118

8   Gebot 8: Sei vielseitig   119
  8.1   Im Job: Kunden, Partner, Kollegen zu Beziehungs-Turbos machen .   120
  8.2   Im Privaten: Freundeskreis, Clubs, Restaurants als Kontaktplatt-
      form   124
  8.3   Exkurs: Seminare, Coachings, Mentoring zum Netzwerken nutzen   132

9 Gebot 9: Sei zuverlässig 139
   9.1 Aus Kontakten langfristige Beziehungen machen 140
   9.2 Mit kleinen Gesten erfreuen und in Erinnerung bleiben 145
   9.3 Die guten ins Töpfchen, die schlechten ins Kröpfchen 149
   Selbstreflexion zum Thema Netzwerk (Teil III) 155
   Literatur 155

Teil IV   Finale: Erfolg durch Persönlichkeit, Kommunikation und
            Netzwerk   157

10 Gebot 10: Sei ein Leader 159
   10.1 Prägung: Born to lead 160
   10.2 Vorbilder: Große Namen zur Orientierung und Identifikation 164
   10.3 Entwicklung: Es ist noch kein Leader vom Himmel gefallen 167
   10.4 Der Leadership-IQ 175
   Literatur 176

Weiterführende Literatur 177

Über die Autoren

Cynthia und Leif Ahrens arbeiten seit vielen Jahren mit ihren Kunden in Vortragssälen, Seminar- und Coachingräumen sowie auf Bühnen zusammen.

 **Leif Ahrens (Dipl.-Medienwirt)** hat 500 Interviews und 7000 Stunden live auf Sendung bei einem der erfolgreichsten Privatsender Deutschlands (Hitradio FFH) absolviert, die eine solide Basis für Vorträge und Beratungen bilden. Im Plenum oder Einzelgespräch - wichtig ist für ihn, dass alle Impulse bekommen und Ansätze finden, erfolgreicher und präsenter zu sein.

 **Cynthia Ahrens (M.A. Sinologie)** optimierte als PR-Beraterin viele Jahre den Auftritt von Führungskräften in der Öffentlichkeit. Durch Beobachtung und Beratung wurde die Entwicklung von Persönlichkeiten zu ihrem Alltagsgeschäft. Nach Psychologie-Weiterbildung und Zertifizierung zur „Persönlichkeits-Profilerin" arbeitet sie heute mit Führungskräften und verarbeitet dieses Wissen in Büchern und auf Portalen.© Springer Fachmedien Wiesbaden GmbH 2014

Unsere Berufswelt ist nicht mehr vergleichbar mit der vor wenigen Jahren. Es ist alles schnelllebiger und globaler geworden, was eine ständige Anpassung und Veränderung bedeutet. Die globale Ausrichtung vieler Unternehmen erfordert immer mehr Führungskräfte, insbesondere solche, die sprachlich und (multi-) kulturell gebildet sind.

Doch unabhängig davon, wo Führungskräfte heutzutage im Einsatz sind, ist es immer wichtiger, sich neben der (sowieso vorausgesetzten) Fachkenntnis mit der eigenen Persönlichkeitsbildung zu befassen. Denn es wird nicht mehr „den" Beruf und „die" Aufgabe fürs Leben geben. Permanente Änderungsbereitschaft, Flexibilität und eventuell sogar eine komplette Neuausrichtung werden zunehmend häufiger gefordert.

Nun kommt noch hinzu, dass es auch bei der persönlichen Entwicklung immer wieder eine Umstellung bzw. Einstellung auf neue Situationen geben wird. Schon von Kindern wird heutzutage immer häufiger in jüngstem Alter erwartet, dass sie sich durchzusetzen und wenn nötig auch mit Einsatz der Ellbogen gute Ergebnisse in Schule sowie bei privaten und gesellschaftlichen Engagements erzielen.

Denn in unserer leistungsorientierten Gesellschaft gilt: Wer im Leben etwas werden will, der sollte besser früher als zu spät die Nummer eins sein, ohne Rücksichtnahme auf die eigentlichen Bedürfnisse in jungen Jahren. Dies bedeutet, dass Mitschüler, Vereinsfreunde und nicht zuletzt Familienmitglieder häufig schon frühzeitig als Mitbewerber gesehen werden. Dies setzt sich während der Ausbildungszeit, im Studium und beim Berufseinstieg fort. Denn je mehr der andere bekommt, desto weniger Gewinn bleibt für einen selbst – so die gängige Devise in unserer Kultur.

Nach dieser Episode der selbstzentrierten und egoistisch anmutenden „Lehr-jahre" folgt nun die Phase des Konsolidierens und die Ausübung erster Führungs-funktionen. Hier kommt es nun mehr und mehr – im Gegensatz zum anfänglichen Kämpfen um die besten Ränge – auf einen exzellenten Umgang mit Kollegen, Kun-den, Partnern und Mitarbeitern an. Soziale Kompetenz und gute Kontakte sind das A & O im Führungsalltag. Was während des Aufstiegs in höhere berufliche Etagen das Fortkommen eher behinderte, nämlich zu große Rücksichtnahme und Freund-lichkeit, wird nun zum erfolgversprechenden Weg und zur Voraussetzung, um als Führungskraft zu bestehen oder unterzugehen.

Was jedoch sind die notwendigen Strukturen, die eine Führungskraft mitbrin-gen bzw. wieder erlernen muss, um sich an der Spitze gegenüber anderen behaup-ten zu können? Hier gibt es wesentliche Unterschiede, ob jemand sich menschlich und sozial intelligent in seinem Umfeld verhält oder ob es nur angelernte Basis-kenntnisse sind, die keine Substanz haben. Doch welche sind so bedeutend, dass davon Erfolg oder Misserfolg in der persönlichen Laufbahn abhängen?

Hierauf würde Erich Fromm, einer der berühmtesten Psychoanalytiker und Sozialphilosophen des 20. Jahrhunderts, als Gedanke anführen, dass die Autori-tät einer Führungskraft nicht auf der Fähigkeit basiert, bestimmte gesellschaftli-che Funktionen zu erfüllen (Fromm 2012). Vielmehr auf der Persönlichkeit eines Menschen, der ein hohes Maß an Selbstverwirklichung und Integration vorwei-sen kann. Denn dieses hochentwickelte Individuum muss nicht drohen, bestechen oder befehlen, um etwas zu erreichen. Durch das, was dieser Mensch ist, und nicht nur, was er tut oder sagt, ist er ein großer Meister des Lebens und wird respektiert.

Drei wesentliche Merkmale und Verhaltensweisen gehören zur Persönlichkeits-struktur eines „hochentwickelten Individuums" bzw. einer erfolgreichen Führungs-kraft folglich unbedingt hinzu: Selbstbewusstsein, Empathie und Souveränität. Diese schaffen die Voraussetzung, um den zunehmend steigenden Anforderungen an menschliche Größe gerecht zu werden. Hierzu gehören zahlreiche Fähigkeiten und Persönlichkeitsfacetten, die selbstbewusst, empathisch und souverän wirken lassen. Damit wollen wir uns in diesem Abschnitt befassen, um anschließend mit diesem grundlegenden Wissen in die Themen Kommunikation und Netzwerk hin-ein zu tauchen und daran anzuknüpfen.

Gebot 1: Sei selbst(-)bewusst

Auftakt: Erkenne Dich selbst und Deine Wirkung auf andere

Noch nie waren die Herausforderungen für Führungspersönlichkeiten bzw. die Anforderungen an gelebte Leadership-Intelligenz so anspruchsvoll und schwer zu erfüllen wie heute. Zunehmende Komplexität, fortschreitende Globalisierung sowie Mitarbeiter mit hohem Anspruch an ihre Aufgaben im Beruf bringen Führungskräfte oft an ihre Grenzen.

Um hierbei erfolgreich zu agieren, ist großes Selbst(-)Bewusstsein bzw. Selbsterkenntnis gefordert. Denn nur wer seine eigenen Stärken und Schwächen kennt, ist auch in der Lage, mit schwierigen Situationen umgehen zu können. Um seine Begabungen zu kennen und Einblick in unentdeckte Möglichkeiten zu erhalten, ist stetiges Hinterfragen und Entwickeln der eigenen Persönlichkeit gefordert. Dieses Erfolgspotenzial zu erschließen, gehört zu den Aufgaben einer selbstbewussten Führungskraft. Denn damit stellt sie sicher, dass die Energien an der richtigen Stelle eingesetzt und optimal entfaltet werden können.

Entscheidend ist auch, dass Leader wissen, wie andere Menschen sie sehen. Denn nur, wer glaubwürdig, authentisch und für andere einschätzbar handelt, wird als menschlich empfunden und respektiert. Anderweitig regiert eher ein Klima der Angst und Verunsicherung, was meist darauf zurückzuführen ist, dass die Vorgesetzten für ihre Mitarbeiter in ihrem Verhalten nicht kongruent sind und je nach Situation und Fall unterschiedlich reagieren. Und nichts ist für das Betriebsklima schädlicher, als wenn die Führungskraft täglich neu über bereits abgeschlossene Vorgänge entscheidet und damit ihr Umfeld immer wieder in Verwirrung stürzt.

Doch wie lernt eine Führungskraft, sich mit der eigenen Persönlichkeit auseinanderzusetzen, Stärken zu erkennen und gezielt Aufgaben und Situationen zu suchen, die dazu passen? Dafür sind zahlreiche Persönlichkeitsprofile auf dem Markt und geben Aufschluss, welche Stärken, Begabungen und individuell mögliche Ideal-Situationen vorhanden sind, um zu größter Leistungsfähigkeit zu kommen.

Da es im Beruf immer um das Verhalten gegenüber anderen geht, die sich eine authentische Führungskraft wünschen, ist es sinnvoll, sich mit einer persönlichen

Analyse seiner Fähigkeiten zu beschäftigen und mit neuen Aufgabenstellungen stets zu wachsen. Denn nur, wer flexibel ist und Veränderungsbereitschaft mitbringt, kann auf Dauer zu einer Persönlichkeit werden, die für andere greifbar und einschätzbar wird, ohne sich dabei verbiegen zu müssen. Damit wird das eigene Leben leichter und bietet auch anderen Menschen die Möglichkeit, sich nicht permanent auf neue Wesenszüge und damit verbundene Unstimmigkeiten im Verhalten einlassen zu müssen.

Marston-Modell als Erklärung menschlichen Verhaltens: Um zu wissen, was Verhalten ist bzw. wie es sich äußert, gab es einen interessanten Ansatz zu Beginn des letzten Jahrhunderts, der als Grundlage für bekannte Persönlichkeitsmodelle dient.

Der Psychologe William Moulton Marston, der in den 20er Jahren des 20. Jahrhunderts wirkte und lebte, war Harvard-Absolvent und ein früher Feminist, was sich in seinem Comic „Wonder Woman" manifestierte. Im Gegensatz zu seinen Zeitgenossen Siegmund Freud und Carl Gustav Jung befasste er sich nicht mit den Erkrankungen des Geistes, sondern mit den Gefühlen und dem Verhalten von „normalen" Menschen bzw. Verhaltensweisen, die zu der Zeit als üblich galten. Hierzu publizierte er sein Buch „Emotions of Normal People".

Er galt als Erfinder des Lügendetektors („Polygraph"), der auf den Schwankungen des Blutdrucks basierte und im 1. Weltkrieg eingesetzt wurde. Hierbei erforschte er die Reaktionen der Menschen auf ihre Umwelt (Schema von Reiz und Reaktion).

Ein wichtiger Begriff für seine Forschungen war die der Wahrnehmung. Er stellte heraus, dass es nicht *die eine* Realität gibt, sondern alles mit der Wahrnehmung von Ereignissen bzw. Umständen zusammenhängt, die oft wichtiger als die objektive Wahrheit sind. Denn jeder Mensch sieht die Welt nicht so, wie sie ist, sondern so, wie er ist – also folglich, wie er sie wahrnimmt.

In seinem Marston-Modell beleuchtet der Psychologe entsprechend die Wahrnehmung der Umwelt und des eigenen Ichs in dieser Umwelt. Sichtbar werden diese am Verhalten und an den Reaktionen auf die Umwelt.

Trifft die Umwelt auf die Kernpersönlichkeit eines Menschen, so zeigt sich dies an dem Verhalten des Menschen. Dieses Verhalten hängt jeweils stark von den äußeren Gegebenheiten ab. Es ist für Führungspersönlichkeiten enorm wichtig, sich hierüber im Klaren zu sein. Wie verhalte ich mich gegenüber meinen Mitarbeitern? Wie gegenüber Kunden und Partnern? Es gibt unterschiedliche Verhaltensweisen, die auf die jeweilige Situation angepasst sind. Dies ist von großem Vorteil, da hierbei in der Regel auf den jeweiligen Gesprächspartner eingegangen werden kann, so dass er besser versteht.

Wichtige Faktoren, um zu verstehen, wovon das eigene Verhalten abhängt bzw. bestimmt wird, sind das innere und äußere Selbstbild, auf die wir im nächsten Abschnitt eingehen. Sie haben große Auswirkungen auf die Art, wie wir mit Menschen (und uns selbst) umgehen. Sich dies bewusst zu machen, ist Grundlage eines erfolgreichen Umgangs mit sich und anderen. Ein Stück Selbst(-)Bewusstsein, das sich im Verhalten widerspiegelt und von anderen wahrgenommen wird.

1.1   Inneres und äußeres Selbstbild im Einklang

Wie kommt es, dass uns bestimmte Menschen gelassen, in sich ruhend und charakterlich gefestigt begegnen, während andere eher zerrissen, unruhig oder noch nicht „bei sich angekommen" wirken? Wir spüren dies instinktiv, wenn wir Menschen treffen, denn die Art, wie sie sich präsentieren und mit uns umgehen – also ihr persönlicher Verhaltensstil – wird schnell erkennbar.

Welches Verhalten Führungskräfte an den Tag legen, ist das Merkmal, woran Mitarbeiter, Partner und Kunden sie messen. Daher ist es von größter Bedeutung, sich selbst darüber im Klaren zu sein, wie das Bild ist, das andere von ihnen haben. Hierbei gibt es im Wesentlichen zwei entscheidende Selbstbilder, die uns prägen.

Unser **äußeres Selbstbild** ist das Bild, das wir anderen gegenüber zeigen. Also das, was andere von uns haben sollen. Wir entwickeln es aufgrund der Erwartungen, die andere an uns stellen. Je nach Umfeld entwickeln wir dies stets weiter und passen es darauf an, wie die jeweiligen Personen und Situationen es erfordern. So wird von Führungspersönlichkeiten häufig Durchsetzungsvermögen erwartet, Problemlösungen müssen schnell gefunden und wichtige Entscheidungen getroffen werden. Auch muss das Gegenüber von den eigenen Vorstellungen überzeugt werden, was entweder durch Druck oder Beeinflussung geschehen kann.

Hingegen liegen unserem inneren Selbstbild manchmal ganz andere Motive zugrunde. Hier spielen persönliche Überzeugungen, von Familie und engen Freunden vermittelte Werte sowie der Charakter eine wesentliche Rolle. Bereits früh werden diese in der Gefühlswelt angelegt. Hiervon werden unser Umgang mit Menschen und Aufgaben sowie das Einhalten von ethischen Standards geprägt. Im inneren Selbstbild kommen angeborene Präferenzen sowie menschliche Werte zum Tragen, die grundlegend für das Verhalten sind, beispielsweise Glaubwürdigkeit oder Fairness. Diese ziehen sich wie eine Richtschnur durch unser Leben – sowohl das private als auch das berufliche.

Steht ein Mensch unter Druck, so kommt das innere Selbstbild stärker zum Vorschein. Emotionen und Überzeugungen können hier meist nicht gut kontrolliert werden. Gefühle treten hervor und sind oft kontraproduktiv, wenn sie zu stark geäußert werden. Hier ist die permanente Auseinandersetzung mit den notwendigen Handlungsweisen und damit einhergehenden Einstellungen dazu notwendig, um vulkanartige Ausbrüche zu vermeiden. Mit der Zeit wird dies leichter und fast schon ein wenig Routine, die ruhigeres Auftreten zur Folge hat.

Das **äußere Selbstbild** können wir relativ leicht auf die jeweiligen Bedingungen und unser Gegenüber anpassen. Es variiert stark je nach jeweiliger Situation. So wird von einer Führungskraft in vielerlei Hinsicht Flexibilität beim Verhalten gefordert. In der Kommunikation mit Kunden ist die Anpassungsfähigkeit ein wesentlicher Schlüssel zum Erfolg. Denn nur, wenn erkannt wird, wann sich der Kunde wohlfühlt, ist auch mit einem positiven Ausgang des Gesprächs zu rechnen.

Hingegen müssen Führungskräfte auch einmal Stärke und Härte an den Tag legen, wenn es beispielsweise darum geht, einen neuen Kurs in der Firma einzuschlagen und die Mitarbeiter von einem anstehenden Projekt zu überzeugen. Einfühlungsvermögen und aktives Zuhören wird in vielen Situationen jedoch auch erforderlich, wenn es beispielsweise um das Planen neuer Strukturen oder die Einstellung eines Teammitglieds geht.

Es ist also beim äußeren Selbstbild erforderlich, sich veränderungsbereit zu zeigen und jeweils unterschiedlich aufzutreten. Das innere Selbstbild hingegen kann nicht so leicht angepasst werden. Hier liegt ein Wertekanon zugrunde, der tief verankert ist. Diesen zu verändern, erfordert viel Kraft bzw. die Bereitschaft, Überzeugungen neu zu definieren und zu leben.

Wenn das innere und äußere Selbstbild nicht in Einklang sind, so kann dies zu Spannungen führen. Will beispielsweise eine Führungskraft eine wichtige Entscheidung alleine gegen den Willen anderer durchsetzen, fühlt sich jedoch von seinen Überzeugungen her nur wohl, wenn das ganze Team dahinter steht, kann dies zu einem Konflikt führen. Die Harmoniebedürftigkeit ist häufig ein Faktor, der den inneren Werten entspricht, jedoch nicht immer Platz im Führungsalltag findet. Dies zu erkennen, ist ein erster Schritt. Die Auseinandersetzung damit, welche Überzeugungen im Berufsalltag Anwendung finden sollten und welche eventuell verändert werden müssen, steht als Nächstes an. Dies ist ein Prozess, der nicht innerhalb von Tagen, sondern eher von Monaten und Jahren geschieht.

Wichtig ist einzig und allein, dass die Unterschiede zwischen innerem und äußerem Selbstbild erkannt werden. Dann ist es möglich, die dabei entstehende Spannung positiv zu nutzen und keinen Energieverlust zu erleiden. Die Bewusstmachung ist der wesentliche Punkt, um unterschiedliche Absichten, die verfolgt werden, und innere Überzeugungen in Einklang zu bringen. Führungskräfte werden im Laufe ihres Lebens immer wieder auf Diskrepanzen stoßen, weil die Erfordernisse äußerer Umstände nicht mit den Werten der Kernpersönlichkeit übereinstimmen.

Hier hilft kein wiederholtes Unterdrücken von Gefühlen, sondern nur der passende Umgang damit. Je häufiger die Unterschiede zwischen innerem und äußerem Selbstbild bewusst gemacht werden, desto eher findet eine Auseinandersetzung sowie eine Akzeptanz bzw. ein Überdenken statt. Damit verschwinden über die Zeit Unruhe oder Zerrissenheit und weichen einer Akzeptanz der eigenen Gefühlswelt, die manchmal nicht mit äußeren Gegebenheiten übereinstimmt. Dies macht jedoch nichts aus, sofern man sich dessen bewusst ist, dass eine Situation möglicherweise einmal anderes Handeln erfordert, als dies vom Bauch her zugelassen werden will.

Es kann auch durchaus helfen, sich mit einer Vertrauensperson über die Wahrnehmung seines inneren und äußeren Bildes zu unterhalten. So ist eventuell eine harsche Bemerkung innerhalb eines Meetings unangenehm aufgenommen worden, während die Person, die sie geäußert hat, dies nicht als solche wahrgenommen und schon gar nicht so gemeint hat. Hier kann auch der innere Druck eine große Rolle spielen.

Sind weitreichende Entscheidungen gefordert oder unangenehme Konsequenzen eines Projekts zu besprechen, so ist die Auseinandersetzung im Vorfeld wichtig. Wie diese formuliert werden, kann mit einem vertrauten Teammitglied besprochen werden, so dass die Wirkung der Worte bereits einmal ausgetestet wird. So können mögliche Anpassungen der Tonalität vor einem Gespräch erfolgen und verderben nicht die Stimmung, weil die „Ansage" zu spontan und damit eventuell zu harsch war.

1.2 Stärke Deine Stärken

Mit eigenem Selbst(-)Bewusstsein, der Kenntnis von innerem und äußerem Selbstbild sowie genügend Selbstvertrauen ist es möglich, der eigenen Natur und eigenen Werten zu folgen. Im Privatleben wie in der Führungsfunktion. Es wird weniger wichtig, was andere über die eigene Person denken, sondern viel wichtiger, wie Leader sich selbst und ihre Welt sehen. Sich optimal zu entfalten, hängt auch damit zusammen, ob Führungskräfte es zulassen, ihren jeweiligen Stärken, Motiven und Bedürfnissen nachzugehen. Was im Übrigen auch der Teamspirit sein sollte. Wenn die Stärken eines Mitarbeiters mit den jeweiligen Anforderungen übereinstimmen, erst dann kann er Höchstleistung bringen.

Denn nur, wer sich seiner Stärken und Schwächen bewusst ist, kann sich auf die eigenen Bedürfnisse sowie die anderer einstellen. Entscheidendes Basiswissen zu folgenden Themen wird gewonnen: Was motiviert mich? In welcher Umgebung arbeite ich besonders gern? Was versuche ich zu vermeiden? Wie gehe ich mit Konflikten um? Mit dieser Erkenntnis ist besseres Selbst-Management bzw. eigene

Organisation möglich, da Grundlagen und Strategien für größere Effektivität entwickelt werden.

Welche Stärken also sind es, die Führungskräfte erfolgreich machen? Und wo liegen bei jedem Einzelnen besondere Fähigkeiten? Dies muss jeder Leader für sich selbst herausfinden. Wir widmen uns im ersten Gebot zunächst den persönlichen Leadership-Skills, die bei jeder Führungskraft unterschiedlich stark ausgeprägt sind. Unten genannte Fähigkeiten sind wichtige Faktoren, die eine Führungskraft ausmachen. Welche hiervon bereits genutzt werden oder künftig noch mehr zum Einsatz kommen sollten, damit muss sich jede Führungskraft auseinandersetzen.

Einige wichtige Führungsqualitäten sind für Leader unerlässlich. Ein Mensch, der ein Team führt, trägt in jedem Falle die **Verantwortung** und muss sich hierzu auch berufen fühlen. Denn wer handelt, muss mit Konsequenzen rechnen. Wer dazu nicht bereit ist, sollte sich von einer Führungsposition fern halten. Denn Wegducken oder den Kopf in den Sand zu stecken, ist in den meisten Fällen nicht angebracht. Und auch das Abwälzen von Verantwortlichkeiten auf Untergebene oder Partner ist grundsätzlich keine gute Lösung. Wichtig ist, sich soweit in Projekten und seinem Bereich auszukennen, dass ein Überblick vorhanden ist und nichts aus dem Ruder läuft. Die Verantwortung dafür wegschieben zu wollen, ist nicht die Lösung und widerspricht jeglicher Fairness gegenüber anderen und dem fürsorglichen Umgang mit Mitarbeitern.

Da eine Führungspersönlichkeit in vielen Situationen unter Beobachtung steht, geht das Ausfüllen einer **Vorbildfunktion** ebenfalls automatisch mit dieser Rolle einher. Entscheidend ist, dass eine Führungskraft sich ihrer Handlungen bewusst ist und diese auch vor anderen rechtfertigen kann. Denn erst dann kann sie zum Vorbild werden. Sich stets höflich und respektvoll gegenüber ihrem Umfeld zu verhalten, ist eine Selbstverständlichkeit, die leider nicht immer als solche gilt. Doch gerade in Zeiten mobiler und schneller Kommunikation sollte man sich seiner Worte und Taten stets bewusst sein, da ein Fehlverhalten oft zügiger die Runde macht als gewünscht.

Das richtige Verhältnis zwischen **Großmütigkeit und Härte** ist ebenfalls nicht zu unterschätzen. Natürlich müssen Fehler im Team oder im Umgang mit Kunden und Partnern einkalkuliert werden. Diese sollten auch – falls es nicht zu oft geschieht – großzügig verziehen werden, wenn eine langfristige Beziehung auf dem Spiel steht. Es gibt jedoch Situationen, wo die Führungskraft erkennen muss, dass mit einer weichen Vorgehensweise kein Blumentopf gewonnen werden kann. Hier muss Konsequenz und das Durchsetzen von Sanktionen möglicherweise einer schlecht durchgeführten Aufgabe oder einem Fehlverhalten folgen. Was in welcher

Situation angebracht ist, muss individuell entschieden werden. Wichtig ist hierbei, dass das Umfeld eine Führungskraft für seine Entscheidungen respektiert und ihr weder „auf der Nase herumtanzt" noch mit Angstgefühlen auf die Begegnung mit dem Chef reagiert.

Offenheit, Neugierde und Flexibilität – davon kann ein Leader nicht genug haben! Wenn es um die geistige Wendigkeit geht, die dazu benötigt wird, andere Menschen, sich selbst oder neue Vorgänge zu verstehen, so ist eine gute Grundlage für Offenheit gegeben. Denn sich geistig mit Dingen auseinanderzusetzen, ist extrem wichtig. Je höher die Karriereleiter erklommen wird, desto bedeutender wird dieser Prozess. Nun kommt jedoch zu dieser Facette noch hinzu, dass etwas nicht nur verstanden, sondern auch akzeptiert bzw. respektiert werden muss. Dazu gehört ein offener Geist, der andere Meinungen anhört und sich hierbei nicht dogmatisch zeigt.

Richtig verstanden mündet Offenheit in **Flexibilität**. Denn unterschiedliche, zum Teil neue Sichtweisen anzunehmen oder zumindest anzuhören, ist das eine. Dies jedoch immer wieder zu tun und sich permanent in gegebene Situationen schnell einzufinden, ist noch ein wenig schwerer. Gelebte Offenheit führt jedoch nahezu „zwangsläufig" zu Flexibilität. Starre Gedanken-Konstrukte sind bei Führungskräften fehl am Platze. Was nicht bedeutet, dass man keine Vorstellung von bestimmten Sachverhalten haben sollte bzw. nicht weiß, worauf ein Projekt hinausläuft. Aber innerhalb dieser Zielvorgabe, die man erreichen möchte, ist ein Umweg, eine Abkürzung, ein Erweitern des Blickwinkels oder eine Richtungsänderung möglich. In Extremfällen kann sogar das Ziel komplett hinterfragt werden – also der Blick über den Tellerrand hinaus. Denn auch diese Flexibilität muss eine Führungskraft haben. Wenn sich ein Ziel als unerreichbar oder falsch erweist, so sollte hieran nicht stur festgehalten werden, sondern nach einer anderweitigen Lösung gesucht werden.

Eine weitere Stärke ist **Durchhaltevermögen und Belastbarkeit**. Hierbei geht es im Wesentlichen darum, sich selbst und seine Grenzen so gut einschätzen zu können, dass man auch einmal Durststrecken ohne größere Verluste übersteht. Auch das Überwinden von Hindernissen, das Erledigen von Routineaufgaben oder das „Dranbleiben" an Auseinandersetzungen mit schwierigen Kollegen oder Mitarbeitern gehört zu diesem Themenkomplex. Große Selbstdisziplin beobachten wir auch an Sportlern, die sich etwas vorgenommen haben, das sie in jedem Falle erreichen wollen. Daher schadet es auch Führungskräften keineswegs, wenn sie sich für ein sportliches Hobby entscheiden, das sie fordert. Natürlich inklusive der danach folgenden, wohlverdienten Entspannung.

1.3   Innere Freiheit

Sich selbst- oder fremdbestimmt zu fühlen – dies ist der große Unterschied zwischen Menschen, die wir als Macher bzw. Leader bezeichnen sowie solchen, die sich immer unterordnen und in Konsequenz ihre eigenen Interessen nicht verfolgen. Es liegt in unserer Hand, ob wir Dinge selbst anstoßen oder uns von jeglicher Verantwortung befreien und als Opfer von äußeren Gegebenheiten sehen. Wenn sich eine Person einredet, es seien bestimmte Umstände oder Menschen, die ihn zu Handlungen zwingen, so ist dies eine grundsätzliche Lebenseinstellung, die nicht zu einer Führungspersönlichkeit passt.

Ein Leader ist frei, seine eigenen Vorgehens- und Denkweisen zu bestimmen! Daher müssen Fesseln, die zum Teil aus der Kindheit stammen, bzw. tief verwurzelte Paradigmen gelöst bzw. hinterfragt werden. Dies erfordert eine starke Auseinandersetzung mit der eigenen Vergangenheit, ist jedoch unerlässlich für einen frei denkenden Menschen. Einige glückliche Menschen haben diese Freiheit von Geburt an, die anderen müssen kontinuierlich daran arbeiten, wenn sie wirklich frei sein wollen.

Fühlen sich Menschen als Opfer ohne Kontrolle über ihr Leben bzw. ergeben sie sich in ihr Schicksal, so ist dies eine grundsätzliche Einstellung, die die freie Entfaltung der eigenen Persönlichkeit massiv behindert. Im schlimmsten Falle wird dieser Mensch zu einer Marionette, die von anderen gelenkt wird. Die Schuld an seiner Situation wird selbstverständlich nicht bei sich gesucht, sondern bei Umständen, anderen Leuten – also Kräften, die außerhalb des eigenen Handlungsrahmens wirken.

Dies macht sich auch daran bemerkbar, wie Menschen sprechen. Ein reaktiver Sprachduktus zieht sich durch das Leben fremdbestimmter Menschen. Phrasen wie „So ist es einfach" oder „Ich muss das" oder „Das wird mir nicht erlaubt sein" prägen die reaktive Sprache. Hingegen können Leader sich von dieser Fremdbestimmung auch sprachlich lösen und argumentieren pro-aktiv: „Ich kann anders handeln" bzw. „Ich wähle selbst, wie ich darauf reagiere" bzw. „Ich werde dagegen vorgehen" – dies sind die passenden Redewendungen für selbstbestimmte Menschen.

Ein weiteres Stichwort, das gut zum Thema innere Freiheit passt, ist das der selbsterfüllenden Prophezeiung. Der Mensch hat immer die Wahl, sich selbst positiv oder negativ zu stimulieren. Geht der eine davon aus, er sei fremdbestimmt, so findet er Beweise, die diese Vorstellung unterstützen: „Das kann ja nur schiefgehen". „Das wird niemals funktionieren". „Warum habe gerade ich solches Pech". Nimmt jedoch ein anderer an, er habe die Kontrolle über sein Leben, so lässt er sich von niederdrückenden Gedanken an ein Misslingen seiner Vorhaben nicht beeinflussen. Er nimmt die Herausforderungen des Alltags an und will aktiv ins Geschehen eingreifen. Diese positive Grundhaltung gegenüber dem Erfolg eines Unterfangens wird meist auch mit guten Ergebnissen belohnt.

1.4 Wirkung auf andere

Wenn eine Führungskraft in ihrem Leben und Schaffen das Gesagte nicht widerspiegelt, so haben diese Worte keine Wirkung. Denn niemand wird sich ein Vorbild in einer Person suchen, die Reden und Handeln nicht in Einklang bringt. So kommt es also darauf an, dass der eigene Charakter als Fundament der Führungstätigkeit kultiviert wird. Zur Charakterformung muss Zeit und Energie aufgewandt werden. Und dies mehr im privaten Umfeld als im beruflichen. Denn Charakterentwicklung findet meist eher im Kreise der Familie und Freunde statt, bei Dingen, an denen man Spaß hat sowie in der persönlichen Entwicklung von Fähigkeiten.

Dort formt sich auch – stärker als anderswo – das Selbstbewusstsein, das die Grundlage allen erfolgreichen Verhaltens im Führungsalltag und Privatleben bildet. Erreicht werden kann dies durch selbstbewusstes Handeln: Wenn man selbstsicher werden will, ist entsprechendes Handeln eine wesentliche Voraussetzung, damit die Überzeugung dem Verhalten folgt. Wer also selbstbewusst agiert, wird mit der Zeit tatsächlich auch selbstbewusst. Dies kann am besten anhand von Tätigkeiten geübt werden, die man gerne verrichtet.

Bewusst zu leben und Entscheidungen zu treffen, Kreativität zu fördern und zielstrebig zu handeln, Initiative zu ergreifen und Worten auch Taten folgen zu lassen – dies alles dient der Charakterbildung. Und nur, wenn eine Führungskraft glaubwürdig – und von eigenen Grundsätzen geleitet – agiert, werden auch andere von ihrem Reden und Handeln überzeugt sein. Denn mit der richtigen inneren Haltung wird man zu einer ganzheitlichen Persönlichkeit, von der sich andere gerne motivieren lassen.

Wenn eine Persönlichkeit über Authentizität und Glaubwürdigkeit verfügt, dann besteht auch eine gute Chance, dass bei der Überzeugung anderer „der Funke überspringt". Dies hat mit dem Charisma zu tun, das ein selbstbewusster Mensch ausstrahlt. Dies wünschen sich Mitarbeiter auch von einer Führungskraft, da hiermit Visionen und Sicherheit übermittelt werden.

Altbundespräsident Roman Herzog hat sich einmal in einem Vortrag über Politiker folgendermaßen geäußert: „Je komplizierter unsere Welt aber wird, desto mehr, glaube ich, wird es auch wieder auf das Charisma, auf die nichtintellektuell begründete Autorität einzelner Politiker ankommen." Genau dies gilt auch für Leader, die aus einer inneren Überzeugung heraus auf ihr Umfeld wirken. Sie vermitteln in unsicheren Zeiten Vertrauen und geben ihren Mitarbeitern, Partnern und Kunden Zuversicht. Eine Stärke, die in einer zunehmend komplexeren Berufswelt von großer Bedeutung ist.

Eine abschließende Bemerkung zu den Stärken sollte sein, dass natürlich nicht jede oben genannte Stärke bei allen Leadern gleichermaßen vorhanden ist. Daher gilt es umso mehr, seine eigenen Stärken herauszufinden und diese zu fördern. Immer weiter und immer wieder. Denn bei dem Versuch, einen Engpass auszugleichen, wird es immer einen Menschen in diesem Bereich geben, der seine Stärken genau da hat, wo unsere Schwächen liegen. Mithilfe von Schulungen ist es sicherlich möglich, für ein akzeptables Leistungsniveau bei persönlichen Defiziten zu sorgen. Ein solcher Mindeststandard kann aber immer nur als Durchschnitt bzw. Mittelmaß bezeichnet werden. Hervorragende Leistungen können allerdings nicht durch das Anheben eines mangelhaften Niveaus auf ein durchschnittliches Level erreicht werden, sondern nur durch das Fördern überdurchschnittlicher Leistungen auf ein noch höheres Niveau.

Es ist also ein müßiges Unterfangen, ein allzu großes Augenmerk auf seine Unzulänglichkeiten zu legen (wobei natürlich daran gearbeitet werden kann, aber nicht allzu viel Energie darauf verschwendet werden sollte). Wesentlich mehr lohnt es sich also, seine Stärken zu kennen und zu kultivieren. Alle vorhergehend genannten Stärken machen einen Leader aus. Der eine wird besondere Fähigkeiten dabei aufweisen, zunehmend Verantwortung zu tragen. Ein anderer kann sehr gut für ein ausgewogenes Verhältnis aus Härte und Großmut sorgen. Und wiederum strahlt ein Dritter große Ruhe aus, weil er über innere Freiheit und Charisma verfügt. Wichtig ist es, sich seiner Stärken bewusst zu sein und diese weiter auszubauen. So kann sich eine gute Führungskraft zu einem wahren Leader entwickeln.

Literatur

Fromm, Erich. 2012. *Haben oder Sein*. 39. Aufl. München: Deutscher Taschenbuch Verlag GmbH & Co. KG.

Gebot 2: Sei empathisch

2

Auftakt: Schätze Menschen richtig ein und erreiche sie zielsicher

Menschenkenntnis ist das A&O im Umgang mit Mitarbeitern, Kunden und Partnern. Oder natürlich auch im Privatleben – Familie und Freunde fühlen sich nur dann wertgeschätzt, wenn sie in ihrer Wesensart wahr- und ernst genommen werden. Menschen ticken unterschiedlich. Wer dies nicht akzeptiert, funkt häufig auf dem falschen Kanal und wundert sich, wenn eine Botschaft nicht ankommt bzw. wenn überhaupt, dann leider anders als gemeint.

Sehr schnell gehen wir bei anderen davon aus, dass sie doch das von uns Gesagte verstehen müssen. Doch hierbei reicht es nicht aus, wenn wir unser Anliegen einfach vorbringen, ohne darauf zu achten, mit wem wir es zu tun haben. Denn bevor der andere etwas versteht, ist es wichtig, dass wir ihn einschätzen lernen.

Dies ist möglich anhand seiner Sprache, seiner Mimik und natürlich auch anhand der Körperhaltung. Denn all dies verrät uns mehr, als die Worte, die er äußert. Wenn wir hier nicht genug Aufmerksamkeit auf die Zeichen des anderen verwenden, kann er uns schnell entgleiten. Wir sprechen noch mit ihm über ein Thema, das für ihn längst abgehakt ist. Oder wir gehen von Verständnis und Zustimmung aus, während wir den anderen längst verloren haben.

Was seine Sprache angeht, so können deutliche Signale festgestellt werden, wie der andere „gestrickt" ist. Redet unser Gegenüber eher schnell und impulsiv oder ruhig und bedacht? Reagiert unser Gesprächspartner ungeduldig auf unsere Ausführungen zu einem Thema oder benötigt er eventuell sogar mehr Input, als wir zuvor gegeben haben? Bei Menschen mit knapper, kurz angebundener und faktenbezogener Sprache können wir davon ausgehen, dass sie von einführendem Small Talk und Gefühlsäußerungen eher genervt sind. Menschen, für die Harmonie entscheidend ist, möchten im Gespräch nicht nur Sachliches hören, sondern Gemeinsamkeiten mit dem anderen finden. Dies schafft nach ihrer Meinung Vertrauen und den direkten Draht zum anderen.

Auch die Mimik spiegelt wider, wie der andere sich während eines Gesprächs fühlt. So ist es sinnvoll, sich auf Stirnrunzeln, zusammengekniffene Augen, oder

C. Ahrens, L. Ahrens, *Leadership-Intelligenz - Zehn Gebote für souveräne und sozial kompetente Führung*, DOI 10.1007/978-3-658-05052-8_2,
© Springer Fachmedien Wiesbaden GmbH 2014

angespannte Kieferknochen zu konzentrieren. Bei diesen Anzeichen ist ein Unbehagen oder ein Missfallen des Gesagten anzunehmen. Umgekehrt kann ein entspanntes Gesicht, das sich in einer ruhigen Ausstrahlung der Augen, einem leichten Lächeln oder einer glatten Nasen- und Stirnmuskulatur äußert, ebenfalls schnell erkannt werden.

Komplizierter wird es schon bei der Körpersprache, da hier viele Positionen und Haltungen anerzogen oder gewohnt sind. Hierzu muss man sein Gegenüber ein wenig kennen, um die richtigen Schlüsse zu ziehen. Dennoch gibt es einige unverkennbare Signale, die die Empfindungen und Bedürfnisse des anderen widerspiegeln. Wenn sich beispielsweise das Gegenüber ständig ins Gesicht fasst und nervös durch die Haare streift, dann zeugt dies meist von Unsicherheit oder wenig Wohlbefinden. Oder auch eine angespannte, nahezu verklemmte Körperhaltung bei angenehmer Zimmertemperatur (sonst könnte es Frieren sein), lässt auf eine Situation schließen, die für den anderen unangenehm ist.

Wie man Menschen einschätzen lernt, ist sicherlich eine Sache der Erfahrung, aber noch mehr der Bereitschaft, den anderen auch verstehen zu wollen. Diese Bereitschaft ist für eine Führungskraft unerlässlich, denn sie macht Gespräche wertvoll und stellt sicher, dass die eigene Botschaft ankommt. In den folgenden Ausführungen zum zweiten Gebot, das sich mit Empathie befasst, geht es darum, anderen Menschen Wertschätzung entgegenzubringen und ihre Unterschiedlichkeit zu respektieren. Wie man mit diesem Wissen andere für sich gewinnt, Talente erkennt und Respekt erhält, dies beschäftigt uns auf den nächsten Seiten.

2.1   Andere für sich gewinnen

Um andere von seinen Ideen begeistern zu können, sie zu motivieren und zu Höchstleistungen zu bringen, ist es wichtig, ihre Bedürfnisse zu kennen und auf diese einzugehen. Hier kommt die soziale Intelligenz zum Tragen, die vom Psychologen Edward Thorndike geprägt wurde und die er u. a. definierte als „die Fähigkeit, Männer und Frauen zu verstehen und ihr Verhalten zu beeinflussen".

Auch Stephen R. Covey fasst in seinem Buch „Die 7 Wege zur Effektivität" das Allerwichtigste auf dem Gebiet der zwischenmenschlichen Beziehungen damit zusammen: „Erst verstehen, dann verstanden werden" (Covey 2013). Um dieses Verständnis für andere aufbringen zu können, ist einfühlendes Zuhören notwendig. Erst dann können wir andere Menschen verstehen und auf sie eingehen.

Bei einfühlendem Zuhören wird allerdings mehr verlangt, als Lösungen für die Probleme anderer zu finden, die wir aus unserer eigenen Erfahrung für sinnvoll halten. In den meisten Fällen hören wir uns zwar die Probleme anderer an, versuchen sie jedoch mit unseren eigenen Maßstäben zu bewerten, den Sachverhalt aus der eigenen Sichtweise heraus zu hinterfragen und aufgrund dessen zu beraten. Dies führt jedoch häufig nicht zu einer befriedigenden Antwort für unser Gegenüber. Denn die von uns angebotene Lösung ist oft nur eine Interpretation dessen, was wir für richtig befinden.

Das wirkliche Hinhören bedeutet aber, dass wir uns aus unserem persönlichen Bezugsrahmen bzw. Erfahrungsfeld heraus bewegen. Die wirkliche Leistung bedeutet nun, dass wir den anderen wirklich verstehen. Dies kann nur geschehen, indem wir von unserem eigenen Leben und den eigenen Vorstellungen abstrahieren. Und das Problem von einer anderen Seite beleuchten, die wir eventuell selbst noch nicht erfahren durften bzw. mussten.

Beispielsweise ist es für einen guten Vorgesetzten wichtig, in die Rolle seiner Mitarbeiter zu schlüpfen, ohne diese selbst einmal erlebt zu haben. Sich in einen Menschen hineinzuversetzen und zu begreifen, was er für den Erfolg in seiner Arbeit (und damit in seinem Leben) benötigt. Oft sind es kleine, scheinbar belanglose und unwesentliche Gesten, mit denen eine Führungskraft ihrem Mitarbeiter zu verstehen gibt, dass sie sich in seine Situation hineinversetzen kann. Der Mitarbeiter wird es danken, indem er dem Chef Anerkennung für sein Einfühlungsvermögen zollt.

So gibt es mehrere Vorgehens- und Verhaltensweisen, einen Arbeitsauftrag an einen Mitarbeiter zu übermitteln. Wenn der Chef einem Assistenten einen zusätzlichen Berg an Arbeit auf den Tisch legen muss, so kann er dies auf unterschiedliche Weise tun. Es kommt zunächst darauf an, dass er sich darüber im Klaren ist, wie ein Mitarbeiter den Auftrag gerne übermittelt bekommt. Hier einmal vier Beispiele:

Der dominante Mitarbeiter: Wirkt die Person, die beauftragt werden soll, eher selbstbewusst, direkt und offen und drückt Bedürfnisse – ohne Umschweife – mutig und zielstrebig aus? Stellt sie aktiv und entschlossen WAS-Fragen, so kann der Vorgesetzte davon ausgehen, dass diese Person großes Selbstvertrauen in ihre Fähigkeiten hat und ergebnisorientiert arbeiten möchte. Hier können in knappen, kurzen Sätzen die Aufträge übergeben werden, da der Mitarbeiter sonst eher ungeduldig reagiert und sich über unnötige Floskeln ärgert.

Der initiative Mitarbeiter: Dieser ist zumeist gesprächig und offen, so dass es nicht schadet, ein wenig Small Talk zu halten, bevor der Arbeitsauftrag übergeben wird. Das Gespräch sollte eher beziehungs- als sachorientiert sein, da der Mitarbeiter immer eher an WER-Fragen interessiert ist und sich für individuelle Zuwendung dankbar zeigt. Emotionalität, Begeisterungsfähigkeit und Optimismus prägen den initiativen Charakter des Mitarbeiters, welche mit ein paar persönlichen Worten leicht geweckt werden können. Motiviert wird der Mitarbeiter, wenn er Anerkennung erfährt, so dass ein paar lobende Worte wie Balsam für die Seele wirken und damit nicht gespart werden sollte.

Der stetige Mitarbeiter: Auch hier ist der persönliche Kontakt gefragt, da sich Verlässlichkeit, Kooperation und Stabilität für den stetigen Mitarbeiter als wichtige Grundvoraussetzungen für sein Arbeitsverhalten zeigen. Er arbeitet am liebsten im Team und fühlt sich mit entsprechender Unterstützung durch bzw. für andere am wohlsten. Hier ist der Vorgesetzte gut beraten, wenn er seinem Mitarbeiter die Möglichkeit gibt, den Arbeitsauftrag zu hinterfragen und diesen ruhig und auf freundliche Art zu übermitteln. Auch der Hinweis auf „die offene Tür" zum Chefbüro, falls es Probleme bei der Umsetzung geben sollte, ist angebracht. Selbst wenn diese Option nicht genutzt wird, so ist es einem Menschen mit stetigem Verhalten immer wichtig, eine Möglichkeit zum Nachfragen zu erhalten. Denn er stellt gerne WIE-Fragen, die ihm das Erledigen von Aufgaben erleichtern.

Der gewissenhafte Mitarbeiter: Wenn ein Vorgesetzter diesem Teammitglied einen Auftrag erteilt, so sollte dies ohne große Worte geschehen, die privater Natur sind. Hier geht es um Fakten, die emotionsfrei und ohne Umschweife auf den Tisch gebracht werden. Der gewissenhafte Mitarbeiter ist diszipliniert und hat hohe Maßstäbe, die er an sich und andere anlegt. Er ist analytisch, logisch und genau und stellt WARUM-Fragen. Diese dienen dazu, seine Aufgabe möglichst perfekt umsetzen zu können und keine Fehler zu machen. Dies bedeutet, dass von einem Chef auch einmal Details genauer erklärt werden sollten, auch wenn dies ein wenig Zeit kostet. Doch diese Investition lohnt sich, da sie mit einer Arbeit des Mitarbeiters belohnt wird, die nahezu keine Wünsche mehr offen lässt. Mit Selbstdisziplin, bis ins kleinste Detail stimmig und korrekt wird sie ausgeführt und abgeliefert.

Es ist für den Vorgesetzten also nahezu unerlässlich, sich mit dem Verhalten seiner Mitarbeiter zu beschäftigen, um sie für sich zu gewinnen. Unabhängig von eigenen Wertvorstellungen, Verhaltensweisen und Vorlieben. Durch seine soziale Intelligenz erreicht er sein Team, indem er eine Beziehung zu ihnen entwickelt und hält, so dass sie sich beachtet, verstanden und wertgeschätzt fühlen. Denn nur, wenn sich ein Mitarbeiter als Mensch – und nicht als reiner Funktionsträger – anerkannt fühlt, wird er motiviert arbeiten. Es lohnt sich also, Menschen genauer zu beobachten, sie einzuschätzen und richtig anzusprechen – nämlich genau auf die Art, wie sie es verstehen. Dann hat ein Vorgesetzter seine Mitarbeiter, Kunden und Partner für sich gewonnen und kann auf ihre Unterstützung zählen.

2.2 Mitgefühl

Über das reine Verstehen und Einschätzen geht das Mitgefühl noch weiter hinaus. Es macht den guten Chef zum menschlichen Chef. Es wird immer Situationen geben, in denen unangenehme Dinge angesprochen werden müssen. Im schlimmsten Falle kommt es in schlechten Zeiten auch zu Entlassungen, die den scheidenden wie auch den verbleibenden Mitarbeitern möglichst einfühlsam vermittelt werden müssen.

Bei harten Entscheidungen, die zu treffen bzw. umzusetzen sind, trägt der Vorgesetzte eine besondere Verantwortung, die seine Leistung und Menschlichkeit unter Beweis stellt. In solchen Situationen ist ein Perspektivwechsel sinnvoll, um sich vorzustellen, wie es den Menschen „auf der anderen Seite" geht. Erst in diesem Moment behandelt man Leute so, wie man selbst behandelt werden möchte. Geht es beispielsweise darum, dass Mitarbeiter ihren Job verlieren, so ist wirkliches Mitgefühl gefragt. Dieses äußert sich nicht darin, sich für seine Entscheidung zu schämen oder diese zu bereuen. Es geht darum, den Mitarbeitern zu vermitteln, dass man weiterhin Respekt vor ihnen hat und sich nicht gleichgültig verhält. Wer teilnahmsvoll und sensibel problematische Sachverhalte vermittelt und die Situation offen anspricht, wird von seinen Mitarbeitern dafür Anerkennung erhalten.

Geht es in schwierigen Zeiten darum, den Mitarbeitern Lohn- und Gehaltskürzungen zu erklären, so ist es notwendig, die Situation vollständig und teilnahmsvoll zu erklären. Auch im Gespräch mit Kunden, denen eine Preiserhöhung oder eine geringere Leistung für den gleichen Kostenbeitrag vermittelt werden muss, ist es nicht damit getan, dies knapp und ohne Erklärung zu tun. Hier ist es immer vonnöten, die Gründe für diesen Sachverhalt darzulegen, so dass der andere damit umgehen kann. Sich gedanklich einmal auf die andere Seite des Tisches zu setzen, kann durchaus hilfreich sein.

Welche Gedanken gehen dem Gegenüber durch den Kopf? Welche Fragen stellen sich ihm? Und welche mitfühlenden Worte und Emotionen könnten in diesem Moment hilfreich sein, um die Situation mit Würde und Respekt gegenüber dem Betroffenen zu gestalten?

Hierbei geht es nicht um Mitleid, das man dem anderen entgegenbringt, denn dies hieße, sich nicht in dem anderen wiederzuerkennen. Sondern um echtes Mitfühlen „unter Gleichen", was bedeutet, den Schmerz des anderen auch zu empfinden. Natürlich müssen harte Entscheidungen durchgesetzt werden, aber wenn diese in einem Klima von Freundlichkeit und Fürsorge vorgenommen werden, so hält sich der Schmerz beim Betroffenen in Grenzen. Kontraproduktiv sind hingegen Zurückweisung, harsche und knappe Worte sowie gleichgültiges Verhalten gegenüber Mitarbeitern.

Anteilnahme, Rücksicht und Entgegenkommen fällt verständlicherweise bei Menschen, die einem Vorgesetzten sympathisch sind, leichter. Doch mindestens genauso wichtig ist es, für die Mitarbeiter Empathie zu entwickeln, die sich vom eigenen Verhalten stark unterscheiden. Dies mag eine große Herausforderung für Chefs bedeuten, da sie sich mit dem anderen intensiver befassen müssen, als sie dies beabsichtigen.

Aber gerade Unterschiede zu verstehen und Brücken zwischen verschiedenen Charakteren zu schlagen, ist die Königsklasse des Mitgefühls und zeichnet einen Leader aus. Er denkt sich in andere ein, vernetzt sich mit anderen Sichtweisen bzw. Handlungsvarianten und kann eine Beziehung zum anderen herstellen. Denn im Endeffekt zählt immer der gemeinsame, menschliche Kern, der uns verbindet, die Einsicht in geteilte menschliche Erfahrung.

2.3   Talente erkennen und fördern

Der Erfolg eines Unternehmens beruht heutzutage im Wesentlichen auf zwei Säulen: zum einen auf dem Know-how seiner Mitarbeiter sowie zum anderen auf den einzelnen Persönlichkeiten. Dass gutes Fachwissen bzw. eine gute Ausbildung gegeben sein muss, versteht sich heute (fast) von selbst. Immer mehr Augenmerk wird jedoch mittlerweile auf die Persönlichkeiten gelegt, die für das Unternehmen arbeiten bzw. im Team entwickelt werden. In diesem Abschnitt geht es daher um die Bedeutung der Persönlichkeit bzw. der Talente einer Person und wie ein guter Chef diese erkennt.

Insbesondere unter zwei Aspekten: Soft Skills – welche gibt es, wie erkennen wir diese und wie nutzen wir sie. Darüber hinaus wird es um das Beurteilen bzw. Einschätzen und Fördern individueller Stärken gehen. Wie können sie erkannt und so eingesetzt werden, dass die einzelnen Talente bestmöglich im Team zum Tragen kommen. Denn alle Menschen sind Talente in dem für sie **richtigen** Bereich.

Es geht letztlich nur darum, seine Mitarbeiter einschätzen zu lernen und entsprechend dort zu positionieren, wo sie dem Team und damit dem Unternehmen den größtmöglichen Nutzen bringen. Talent kommt übrigens aus dem Griechischen und heißt so viel wie Begabung, Fähigkeit. Jemand, der (auf einem bestimmten Gebiet) besonders begabt ist.

In einer IBM-Studie (aus: Manager Magazin 08/2010) über die Beförderung von Mitarbeitern lautete die Fragestellung: „Woran liegt es wirklich, warum jemand befördert wird oder nicht?" Drei Hauptkriterien wurden dabei identifiziert:

Leistung – Selbstdarstellung – Kontakte und Beziehungen.

Bei einem beruflichen Aufstieg spielen 10 % Leistung, 30 % Selbstdarstellung und 60 % Kontakte und Beziehungen eine Rolle. Es ist kein Unterschied, ob es sich um Angestellte eines Wirtschaftsbetriebs handelt, um ein Lehrinstitut, einen Berufsverband oder um eine Einzelpraxis. Die Prinzipien von denen der berufliche und wirtschaftliche Erfolg abhängen, sind ähnlich. Die Fachkompetenz wird vorausgesetzt. An Bedeutung gewinnen das Qualitätsprofil, die Positionierung auf dem Markt und die Soft Skills. Themen wie Persönlichkeit, Sozialkompetenz, Kreativität, Flexibilität, Vernetzung, Präsentation, professioneller Stil und Umgangsformen spielen eine immer größere Rolle.

Mark Zuckerberg, der Facebook-Gründer, sagte einmal: „Wir haben noch nie eine Firma wegen der Firma gekauft. Wir kaufen Firmen wegen der exzellenten Leute." Dies ist ein wichtiger Ansatz, dem häufig nicht genügend Beachtung geschenkt wird. So sprechen wir immer vom Börsenwert eines Unternehmens, von harten Zahlen und Fakten sowie dem Erfolg „der Firma". Doch was steckt eigentlich dahinter? Es ist selbstverständlich ein besonderes Produkt oder eine spezielle Dienstleistung, die dieses Unternehmen zu einem Marktführer machen.

Doch darüber hinaus kann ein Unternehmen nur existieren und sich entwickeln, wenn die darin arbeitenden Menschen neben ihrem Fachwissen mehr mitbringen. Persönliche und soziale Kompetenzen sind heutzutage nicht mehr wegzudenken, wenn es darum geht, Mitarbeiter und Kunden vom eigenen Produkt zu begeistern, Motivation zu erzeugen oder seine Firma über Kommunikationsfähigkeiten positiv im Gespräch zu halten. Genau hierfür sind die Soft Skills der einzelnen Mitarbeiter gefragt.

Soft Skills, die „weichen Fähigkeiten", können auch als Schlüsselqualifikationen oder Schlüsselkompetenzen bezeichnet werden. Einige sind für die Zusammenarbeit im Team und im Umgang mit Kunden besonders wichtig. Welche Fähigkeiten in punkto Soft Skills sind bei den einzelnen Mitarbeitern besonders ausgeprägt – dies ist eine wesentliche Frage für den Erfolg eines gut funktionierenden Teams. Daher muss ein Vorgesetzter genau diese einschätzen können.

Wenn ein Mitarbeiter folgende soziale Kompetenzen mitbringt, ist er in bestimmten Bereichen gut einsetzbar. Hier ein paar Beispiele:

Kommunikative Kompetenz

Weil Menschen mit kommunikativer Kompetenz gelernt haben zu sagen, was sie meinen, agieren sie perfekt an der Front oder als Zugpferd. Sie können gut als Teamleiter agieren oder sich für eine Sache einsetzen. Sei es im Verkauf von Produkten an Kunden oder um Themen innerhalb des Unternehmens zu kommunizieren, die für das Ansehen der Abteilung wichtig sind. Darüber hinaus können diese Menschen in Diskussionen für eine Sache einstehen und diese argumentativ verteidigen. Meist ist es gut, wenn kommunikative Talente sich in einer Position befinden, in der ruhige Schreibtischarbeit eher die Ausnahme ist. Sie möchten gerne unter Menschen sein und sich austauschen.

Einfühlungsvermögen

Die Menschen, die große Empathie an den Tag legen, müssen nicht immer die geborenen Redner oder Kommunikatoren sein. Sie können auch über den Kanal der Wahrnehmung viele „Schwingungen" bei anderen Menschen erkennen und ordnen diese gleich richtig ein. Menschen mit Empathie sind perfekt als Harmoniebringer innerhalb eines Teams. Auch in Diskussionen sind Menschen mit Empathie äußerst wichtig, da sie erkennen, was andere innerhalb der Runde bewegt. Darauf eingehen zu können, ist für den Erfolg einer Diskussion oder Debatte maßgeblich. Menschen mit Einfühlungsvermögen sind das Öl im Getriebe und können oft auch vermitteln, indem sie sich die Positionen zweier oder mehrerer Teammitglieder anhören und wieder zueinander bringen. Während sich zwei Personen in der Sache als hart und unnachgiebig zeigen, kann der Harmoniebringer als Mediator agieren und die beiden wieder miteinander ins Gespräch bringen und vermitteln bzw. deren Positionen dem jeweils anderen präsentieren. Dies verhindert oder beschwichtigt Streit und ist daher für eine gute Stimmung unerlässlich.

Durchsetzungsvermögen

Jeder kennt diese Art von Person, die zur Tür hereinkommt und sofort präsent ist. Diese Menschen können ohne viel Aufhebens und Worte überzeugen und haben oft die Fähigkeit, andere zu ihren Verbündeten zu machen. Ein durchsetzungsstarker Mensch gewinnt die Aufmerksamkeit der Anwesenden durch klare, einleuchtende Argumente und kann sich in Diskussionen behaupten. Diese Mitarbeiter sind perfekt dafür geeignet, auch bei Konflikten innerhalb des Unternehmens „ihren Mann zu stehen" oder auch bei Wettbewerbspräsentationen in vorderster Linie zu agieren. Sie sind von ihren Vorstellungen überzeugt und können auch andere Menschen für diese begeistern. Manchmal gehen Sie auch sprichwörtlich mit dem Kopf durch die Wand oder bleiben in Verhandlungen unnachgiebig. Doch diese Eigenschaft kann für die einzelne Person oder auch eine Gruppe von Menschen einen

Vorteil bedeuten, wenn es darum geht, ein Ziel zu erreichen. Hier zählen Argumentationsstärke und Überzeugungskraft, um das gewünschte Ergebnis zu erhalten.

Analytisches Denken

Während es Menschen gibt, die schnell denken und handeln, sind Mitarbeiter mit analytischem Talent darauf bedacht, Dinge richtig und vor allem gut zu machen. Sie suchen Lösungen auch für Fälle, die aussichtslos erscheinen – es macht ihnen oft sogar Spaß, sich mit solch komplexen Dingen auseinanderzusetzen, da sie überzeugt sind, dass Probleme lösbar sind. Oft sind analytische Menschen eher ruhigere Naturen, die sich gerne intensiv mit Themen beschäftigen. Sie können sich mit schwierigen Vorgängen befassen und möchten dafür auch die Zeit haben. So ist es gut, wenn der Vorgesetzte nicht zu sehr drängt oder Druck macht, um zügig eine Antwort auf eine problematische Frage zu erhalten. Der Mensch mit analytischem Denken ist häufig sehr konzentriert auf die Sache, will sie aber von allen Seiten beleuchten, um nichts zu vergessen oder etwas falsch zu machen. Dies erfordert Zeit, die man dem Mitarbeiter auch lassen sollte. Dafür übertrifft das Ergebnis oft die Erwartungen, da alles gründlich ausgearbeitet wurde. In der Forschung und Entwicklung oder beim Erstellen von Berichten, Hintergrundinformationen und Faktensammlungen sind solche Menschen äußerst wertvoll. Mitarbeiter mit analytischem Denken sind oft eher fakten- als menschenorientiert. Daher gilt es, bei deren Ansprache auch darauf zu achten, dass sie nicht mit „überflüssigen" Floskeln oder gar Small Talk behelligt werden wollen. Es zahlt sich aus, schnell zum Punkt zu kommen und gute Argumente mitzubringen. Dies macht die Kommunikation mit analytisch veranlagten Mitarbeitern wesentlich leichter und erfolgversprechender.

Teamfähigkeit

In einem Team, das zahlreiche unterschiedliche Charaktere und menschliche Naturen zusammenbringt, ist es extrem wichtig, einige Mitarbeiter zu haben, die diese verschiedenen (und nicht selten gegensätzlichen) Individuen zusammenschweißen. Sie haben oft ein Ohr für die Probleme anderer und können sich mit der Situation ihrer Kollegen identifizieren. Dies ist wichtig, um das Wir-Gefühl innerhalb eines Teams zu stärken. So sitzen Mitarbeiter mit großer Teamfähigkeit oft an Schnittstellen oder als zentrale Person in einer Abteilung. Sie gelten als Anlaufpunkt für viele Teammitglieder, da sie mit den meisten Menschen gut auskommen. Dafür ist

Geduld, Toleranz und manchmal auch ein „dickes Fell" wichtig, um diese Position auszufüllen. Mitarbeiter mit Teamfähigkeit sind oft auch „Trouble Shooter", da sie in Konflikten vermitteln und Menschen zusammenbringen können. Wer dieses Talent als Vorgesetzter bei einem Teammitglied erkennt, wird das Arbeitsklima verbessern, indem er diesen Mitarbeiter als Ansprechpartner für einen Großteil seiner Mannschaft wirken lässt. Menschen mit Teamfähigkeit haben bereits eine sehr offene Ausstrahlung und signalisieren, dass ihnen andere willkommen und sie gesprächsbereit sind. Auch wenn es hier unter Umständen nicht nur um rein joborientierte Themen geht, sondern auch einmal privat geredet wird, trägt dies zum erfolgreichen Arbeiten bei, da das Miteinander dadurch herzlicher und vertrauter wird. Das ist wichtig, um in Gesprächen offener miteinander umzugehen und (manchmal auch problematische) Dinge ohne Vorbehalte anzusprechen.

Neugierde

Um Dinge voranzutreiben, müssen sich Menschen für Unbekanntes interessieren und dürfen keine Angst vor Veränderung haben. Gerade in Firmen, wo ein Change Management Prozess stattfindet, kann es nicht genug von diesen Menschen geben. Denn sie sind diejenigen, die mit Umstrukturierungen oder neuen Herausforderungen gut umgehen können. Sie wollen in ihrer Arbeit gefordert sein und nicht immer auf Altbewährtes zurückgreifen. Wenn ein Vorgesetzter einen Mitarbeiter („Erneuerer") hat, der dieses Talent mitbringt, so weiß er diesen als Triebfeder für Neuerungen an seiner Seite. Denn wenn es um Offenheit für Veränderungen geht, wird der flexible und neugierige Mitarbeiter den Mut zum Querdenken haben und die Entscheidung des Chefs mittragen. Er freut sich darauf, etwas Neues auszuprobieren. Wahrscheinlich kann er mit seiner Motivation andere anstecken – es kann jedoch auch den ein oder anderen („Bewahrer") geben, der sich von der Aktivität des Kollegen überfordert fühlt. Dies ist jedoch normal und notwendig, da durch die Diskussion der „Bewahrer" mit den „Erneuerern" alte Strukturen aufgebrochen und zu innovativeren Formen geführt werden können. Ein neugieriger Mitarbeiter wird dafür sorgen, dass Bewegung im Team bleibt und dadurch die Leistung verbessert wird. Der Mensch ist ja bekanntermaßen ein Gewohnheitstier und hat daher häufig Angst vor Neuerungen, die ja eventuell den Status Quo – nicht immer zum Besseren – verändern könnten. Die Erneuerer im Team entzünden jedoch oft ein Feuer, das die anderen ansteckt. Sie haben Freude am Neuen und zeigen dies auch, so dass die Grundstimmung bei einer anstehenden Veränderung dadurch geprägt wird und kein Angstgespenst entsteht. Dies hebt die Stimmung erheblich.

Selbstbeherrschung

Viele Menschen halten sich und ihre eigenen Ideen für die wichtigsten. Dies ist bei Topkräften sicherlich auch in vielen Fällen richtig, was aber nicht heißt, dass sie ihre Sichtweisen grundsätzlich durchsetzen müssen. Es gehört auch dazu, sich selbst zügeln zu können und im Team die eigenen Gedanken nicht immer an erste Stelle setzen zu müssen. Die Fähigkeit zu besitzen, eigene Gefühle und das Verhalten zu kontrollieren, ist im Umgang mit anderen sehr wichtig. Über einen Mitarbeiter sagen zu müssen, er habe die Beherrschung verloren, gilt gemeinhin als schlecht und unproduktiv. Menschen mit großer Selbstdisziplin hingegen können im Team einen positiven Effekt erzielen, da hiermit auch eine gewisse Beharrlichkeit und Arbeitsantrieb vorausgesetzt werden können. Ein Mitarbeiter, der diszipliniert ist, wird auch anspruchsvolle Aufgaben lösen und sich nicht so schnell von einem Vorhaben abbringen lassen. Dies ist für die Arbeitsmoral entscheidend, so dass eine Führungskraft in seinem Team immer einige Menschen haben sollte, die souverän und selbstbeherrscht auftreten. So wird Ablenkung oder unkonzentriertes Arbeiten von disziplinierten Menschen als schädlich empfunden, was auf andere Mitarbeiter, die eventuellen „Verführungen" erliegen, abfärben kann. Die stark disziplinierten Mitarbeiter geben auch hin und wieder den Ton vor, wenn ein Ergebnis erreicht werden muss. Sie wissen um die Notwendigkeit, dass alle dabei sind und dirigieren sie daher in diese Richtung. Denn nur, wenn alle ihren Einsatz zeigen, sind sie auch zufrieden bzw. ärgern sich nicht über die weniger aktiven Kollegen. Perfekt also, um Aufgaben gemeinsam abzuarbeiten bzw. ein Projekt erfolgreich umzusetzen.

Vorgesetzten muss es nun gelingen, ihre Mitarbeiter dazu motivieren, an ihren eigenen Stärken zu arbeiten und diese im Team einzubringen. Durch ein vertrauensvolles Klima können Vorgesetzte ihr Team „coachen" bzw. dazu anregen, ihr Leistungspotenzial zu erkennen und zu steigern, indem sie ihren Mitarbeitern zu mehr Eigenmotivation verhelfen. Denn damit lernen sie sich selbst und ihre Fähigkeiten besser kennen. Doch wie kann ein Vorgesetzter diese Mitarbeiter-Stärken herausfinden?

Beziehung zum Mitarbeiter herstellen und verbessern

Um mit seinen Mitarbeitern in gutem Kontakt zu stehen und zu bleiben, ist generell eine positive Grundhaltung gegenüber dem Team notwendig, die die Mitarbeiter auch erkennen müssen. Denn nur wenn ein Gefühl entsteht, dass alle „auf gleicher

Wellenlänge" sind, können sie ihre Beziehung zueinander als positiv empfinden oder sogar noch verbessern.

Das vertrauensvolle Miteinander drückt sich u. a. in Gestik, Körperhaltung und Blickkontakt aus, die sich entsprechen bzw. auf natürliche Art zueinander passen. Ähnliche Sitzhaltung, Zugewandt- oder Zurückgelehnt sein, gekreuzte Beine und Arme, Lautstärke, Sprechgeschwindigkeit etc. sind entscheidend.

Aber auch ein Einlassen auf das „Vokabular" des anderen kann helfen und schafft Zugang zum anderen. So geht es um bestimmte Wörter, die gemeinsam verwandt werden, vergleichbare Ausdrücke oder eine bestimmte Art, wie Sätze aufgebaut sind. All diese Übereinstimmungen stellen eine Beziehung her, sollten aber nicht künstlich oder gespielt sein, indem bewusst ein Dialekt aufgegriffen oder eine bestimmte Sprache (Slang, sehr umgangssprachlicher Ton) imitiert wird.

▶ **TIPP:** Achten Sie auf Körperhaltung, Bewegungen, Blickrichtung, Mimik und Gestik, Atmung sowie Aussprache und lassen Sie sich damit mehr auf Ihr Gegenüber ein.

Fragen

Führungskräfte müssen nicht immer auf alles eine Antwort haben. Im Gegenteil – es wirkt oft überheblich, wenn immer prompt auf ein Problem reagiert wird, ohne vorher mit entsprechenden Fachkräften Rücksprache genommen zu haben. Das Zauberwort lautet hier: Fragen. Eine gute Führungskraft bezieht ihr Team in die eigenen Überlegungen ein und kann somit den Prozess gemeinsam mit ihren Mitarbeitern gestalten.

Dabei sind die Fragen nicht in Form eines „Abfragens" gemeint, sondern als Aufforderung, über ein Thema nachzudenken und Gedanken zu formulieren. Damit erhalten Führungskräfte möglichst viele Informationen von Mitarbeitern und können auf dieser Basis in Denk- und Sichtweisen, Bedürfnisse, Wünsche und Erwartungen des Teams Einblick nehmen. So wird ein Vorgesetzter zwar nach wie vor eigene Ziele darlegen, aber gleichzeitig Freiraum für Anregungen der Mitarbeiter schaffen.

▶ **TIPP:** Denken Sie also daran, in Gesprächen mit Ihren Mitarbeitern Fragen zu stellen – kurz, präzise und einfach sowie mit ehrlichem Interesse an der jeweiligen Antwort und damit am Menschen.

Aktives Zuhören

Was mit den Fragen eng zusammenhängt, aber dennoch ein eigenes Tool darstellt, ist das aktive Zuhören. Die volle Aufmerksamkeit und die Gedanken müssen beim anderen sein, während dieser sich zu einer Thematik äußert. Es ist unhöflich und nicht zielführend, wenn während der Antwort des anderen bereits die eigene folgende Sprechphase geplant wird, denn damit werden die Worte des anderen nicht gehört geschweige denn wertgeschätzt. Dies ist jedoch notwendig, damit das Gegenüber sich öffnet und Vertrauen fasst. Sich auf den anderen einzulassen, Absichten und Überzeugungen des andern zu hören und sich zunächst mit seiner Meinung zurückzuhalten – dies ist die Kunst in einem guten Gespräch.

Es kommt gelegentlich vor, dass im Austausch mit einem Gesprächspartner dieser nicht so richtig bei der Sache ist. Er schaut links und rechts oder zur Seite, beobachtet das Geschehen intensiver als den Gesprächspartner. Das kann schon wirklich auf die Nerven gehen! Oder es fällt auf, dass der andere nicht zuhört und schon an seiner eigenen Antwort bastelt bzw. einen eigenen Gedanken spinnt.

Und umgekehrt hört man ein Stichwort, und sofort sind die Gedanken nicht mehr beim Gesprächspartner, sondern anhand des Gesagten wird schon das eigene Statement vorbereitet. Das ist nicht wirklich schön für den anderen.

▶ **TIPP:** Bringen Sie bei Ihrer nächsten Unterhaltung mit einem Mitarbeiter Verständnis für dessen Sichtweise auf, indem Sie ihm zuhören. Halten Sie den Blickkontakt, vermeiden Sie Störungen und versuchen Sie, Ihren Gesprächsanteil zu reduzieren, um dem anderen eine Chance zu geben, seine Position darzulegen.

Erwartungsaustausch

Häufig kommt es zu Missverständnissen, weil die Menschen im Berufs- und Privatleben Erwartungen an sich und andere Menschen stellen, die diese nicht erfüllen bzw. teilen. Es ist auch nicht immer leicht, sich in den anderen hineinzuversetzen oder zu erahnen, was dieser denkt oder erwartet. Eine wichtige Voraussetzung, um eine gute Beziehung zum anderen zu haben, ist daher der Austausch von Erwartungen.

Diese können natürlich unterschiedlich sein und voneinander abweichen. Erst durch das Aussprechen und Formulieren von Erwartungshaltungen können Wünsche und Bedürfnisse eruiert und diskutiert werden. Führungskräfte neigen oft zu der Annahme, dass ihre Mitarbeiter doch wissen müssten, was sie erwarten. Dies ist ein Trugschluss und trifft nur in den seltensten Fällen zu.

Ein Beispiel aus dem häuslichen Bereich kennen sicherlich alle: Das Geschirr stapelt sich auf der Spüle und in den Mülleimer geht auch schon kein Teebeutel mehr. Das fällt dem einen oder anderen Haushaltsmitglied oft nicht auf, weil es in Gedanken eventuell anderweitig unterwegs ist. Irgendwann bricht es aus dem auf den Haushalt achtenden Partner heraus: Mensch – siehst Du das denn nicht? Räum' doch endlich auch mal die Spülmaschine ein und bring' den Müll runter.

Der andere ist eventuell überrascht, da er gar nicht über häusliche Aktivitäten nachdachte. Also – manchmal einfach dem anderen deutlich sagen, was seine Aufgabe ist. Wenn es sein muss, mit einem Post-it am Badezimmerspiegel oder mit einer direkten Aufforderung (ohne unterschwellig tadelnden Ton).

▶ **TIPP:** Formulieren Sie künftig klarer, was Sie von Ihrem Team und jedem Einzelnen erwarten. Nur so kann Enttäuschung vermieden werden und Sie erhalten, was Sie sich wünschen. Auch der Austausch, welche Anforderungen machbar und welche Vorstellungen eventuell zu hoch gegriffen sind, sollte regelmäßig stattfinden, um eine realistische Aufgabenerfüllung zu erreichen, die nicht von Frustration begleitet wird.

Feedback geben und annehmen

Für Führung und Weiterentwicklung ist ein angemessenes und kontinuierliches Feedback unentbehrlich. Hierdurch wird dem Gegenüber vor Augen geführt, wo Fremdbild und Selbstbild eventuell nicht übereinstimmen. Damit wird dem Mitarbeiter ein Spiegel vorgehalten und die Beziehung zum Gegenüber geklärt. Mit der Rückmeldung, die ein Vorgesetzter seinem Mitarbeiter gibt, wird klargestellt, wie Leistung bzw. Verhaltensweisen wahrgenommen werden.

Auch umgekehrt kann ein Vorgesetzter seinem Team signalisieren, dass er durchaus für Anregungen oder Kritik offen ist und sich jeder damit an ihn wenden kann. Je vertrauter der Vorgesetzte dabei mit seinem Team agiert, desto wirkungsvoller ist das Feedbackgespräch, da erst dann ein ehrlicher Austausch stattfinden kann. Ein Chef ist dabei in der Lage, seine Ansichten offen zu äußern, und der Angesprochene hat ebenfalls die Möglichkeit, seine Einschätzung diesbezüglich abzugeben. Eine konstruktive Diskussion kann entstehen, so dass beide Seiten sich

verstanden fühlen und sich über eine künftige gute bzw. noch bessere Zusammenarbeit Gedanken machen können.

▶   **TIPP:** Geben Sie nicht nur ein Feedback bei den turnusgemäßen
    Beurteilungsgesprächen, sondern nutzen Sie auch andere Gelegen-
    heiten, um Ihre Mitarbeiter zu loben bzw. konstruktive Kritik zu üben.
    Anerkennung ist extrem wichtig und gehört zu den Grundbedürfnissen
    der menschlichen Natur. Seien Sie damit nicht geizig und zeigen Sie
    diese. Ebenso kann eine konstruktive Kritik dazu beitragen, Leistun-
    gen zu verbessern und Fehler künftig zu vermeiden. Denn wenn Sie
    schon in der Anfangsphase eines potenziellen Reibungsthemas ein-
    greifen und sich mit dem Mitarbeiter dazu auseinandersetzen, kommt
    es wesentlich seltener zu ernsthaften Konflikten. Eine Sache muss nicht
    eskalieren. Und unerwünschte Verhaltensweisen können von vornher-
    ein korrigiert werden, so dass sie sich nicht einschleifen. Seien Sie daher
    nicht sparsam mit Feedback!

Umgang mit Fehlern

Lernen und die eigenen Fähigkeiten auszubauen gehört zu einer befriedigenden
Arbeit dazu. Hierbei werden natürlich auch Fehler gemacht – sie sind Teil einer
neuen Arbeitssituation bzw. Herausforderung. Fehler an sich sind nichts Problema-
tisches, wenn sie als Gelegenheit gesehen werden, Erkenntnisse daraus zu ziehen
und beim nächsten Mal anzuwenden. Denn dies wird als Lernfortschritt bezeichnet.

Als Führungskraft bedeutet dies, einen Mitarbeiter auch ungewohnte oder neue
Tätigkeiten verrichten zu lassen – und dies in einer angstfreien Atmosphäre. Das
Team muss wissen, dass es immer Situationen geben wird, die ungewohnt und anders sind. Und nur, wenn auch einmal etwas gewagt werden darf, kann gewonnen
werden. Die negative Bewertung von Fehlern sowie die Forderung nach Perfekti-
on machen dies oft schwer, aber es steht und fällt mit dem verständnisvollen und
aufgeklärten Vorgesetzten, der Fehler als notwendig und unabdinglich ansieht, um
voranzukommen.

▶   **TIPP:** Machen Sie Ihren Mitarbeitern als Vorgesetzter klar, dass Fehler
    menschlich sind und zum Arbeiten bzw. Fortkommen dazu gehören.
    Die Analyse und die Optimierung müssen natürlich vorgenommen

werden, um aus Fehlern zu lernen. Aber unterlassen Sie es, Fehler als
schlecht oder jederzeit vermeidbar darzustellen. Damit werden Mitarbeiter nur eingeschüchtert und verlieren schnell ihre Motivation,
Neues auszuprobieren und damit Aufgaben erfolgreich zu lösen.

Halten wir also fest: Sind einzelne Mitarbeitertalente erkannt, so ist es wichtig, die
entsprechenden Positionen mit den Personen zu besetzen, die ihre Stärken dort
voll einsetzen können. Dies erfordert oft eine Zeit der Beobachtung oder intensiver
Gespräche, eventuell sogar eines Coachings durch den Vorgesetzten bzw. einen ex-
ternen Coach, so dass Talente erkannt und gefördert werden können. Beziehungen
herstellen und verbessern, Erwartungsaustausch, aktives Zuhören, Fragen, Feedback und der richtige Umgang mit Fehlern sind hierbei wichtig. Helfen können
mitunter Gruppen- und Einzeldiskussionen, Persönlichkeitsanalysen und natürlich eine gute Beobachtungsgabe.

Literatur

Covey, Stephen R. 2013. *Die 7 Wege zur Effektivität. Prinzipien für persönlichen und beruflichen Erfolg.* 26. Aufl. Offenbach: Gabal Verlag GmbH, 2005.

Gebot 3: Sei souverän

3

Auftakt: Fühle Dich in Deiner Position entspannt und sicher

Es gibt Menschen, in deren Gegenwart wir uns einfach wohl fühlen. Sie strahlen Sicherheit, Selbstbewusstsein und Optimismus aus. Dabei wirken sie dynamisch und entschlossen, sind aber zugleich ruhig und gelassen. Diesen Menschen wollen wir unser Vertrauen schenken, da wir uns geborgen und verstanden fühlen. Und auch bei Entscheidungen verlassen wir uns gerne auf Menschen, die eine solche Ausstrahlung haben, da wir ihnen Verantwortungsgefühl und guten Instinkt zutrauen.

Das eigenständige und selbstbestimmte Denken, Fühlen und Handeln, das einen souveränen Menschen auszeichnet, ist etwas, wonach die meisten Führungskräfte streben. Dazu gehören in der Regel eine gewisse Lebenserfahrung sowie eine gute Selbstreflexion. Weil sie sich selbst sowie ihre Ziele kennen, können souveräne Menschen – auch in schwierigen Situationen – Eigeninitiative entwickeln, da sie wissen, wofür sie sich einsetzen bzw. einstehen.

Hierbei ist auch einmal der Mut gefragt, sich gegen andere durchzusetzen und nicht opportun der Mehrheitsmeinung zuzustimmen. Ein standhaftes Auftreten, das mit den eigenen Prinzipien verbundene selbstbewusste Äußern und Beibehalten einer Meinung sowie Zivilcourage in bestimmten Situationen zeichnen einen souveränen Menschen aus. Wer mit seinen Entscheidungen Erfolg hat, darf natürlich auch die Anerkennung dafür genießen, die ihm entgegengebracht wird. Dies führt wiederum zu größerem Selbstvertrauen, das zum Annehmen neuer Herausforderungen ermutigt und das Erschließen weiterer Verantwortungsbereiche ermöglicht.

3.1 Situationen gewachsen sein

Wer sich in seiner Führungsfunktion wohl fühlt, gesunden Menschenverstand besitzt und für seine Prinzipien einsteht, ist sich seiner Verantwortung bewusst und trifft für sich und sein Team die richtigen Entscheidungen. Hierzu gehören einige

C. Ahrens, L. Ahrens, *Leadership-Intelligenz - Zehn Gebote für souveräne und sozial kompetente Führung*, DOI 10.1007/978-3-658-05052-8_3,
© Springer Fachmedien Wiesbaden GmbH 2014

wichtige Faktoren, die auch in schwierigen Situationen zu souveränen Handlungsweisen und nicht zum Aufgeben führen.

Stephen R. Covey spricht in seinem Buch „Die 7 Wege zur Effektivität" von vier
zeitlosen, unveränderlichen Prinzipien, die zum fundamentalen Paradigma eines
effektiven Lebens führen (Covey 2005, S. 139 und S. 140). Hierauf sollten sich Führungskräfte fokussieren, um allen Situationen gewachsen zu sein:

Sicherheit

Sie beruht auf festen Prinzipien, die sich nicht ändern, unabhängig von äußeren Bedingungen oder Umständen. Diese wahren Prinzipien können wiederholt durch eigene Erfahrungen bestätigt werden. Sie helfen, die eigene Entwicklung zu verstehen
und geben das Vertrauen, mehr zu lernen und dadurch Wissen und Verständnis zu
mehren. Die Quelle von Sicherheit versorgt den Menschen mit einem unbewegli-
chen, unveränderlichen, unfehlbaren Kern, der Wandel als aufregendes Abenteuer
und die Möglichkeit sehen lässt, wesentliche Beiträge zu leisten.

Orientierung

Eine Führungskraft verfügt über einen Kompass, der erkennen lässt, wo sie hin will
und wie sie dorthin gelangen kann. Genaue Daten machen ihre Entscheidungen
umsetzbar und sinnvoll. Abseits von Situationen, Emotionen und Umständen des
Lebens steht sie und betrachtet das ausgewogene Ganze. Ihre Entscheidungen und
Handlungen spiegeln sowohl kurz- wie langfristige Überlegungen und Auswirkungen. In jeder Situation bestimmt sie bewusst und pro-aktiv die beste Alternative,
wobei die Entscheidungen auf einem von Prinzipien geschulten Gewissen beruhen.

Weisheit

Die Urteile eines Leaders schließen ein breites Spektrum von langfristigen Konsequenzen ein und reflektieren weise Ausgewogenheit und stille Versprechen. Dinge
werden anders gesehen und daher denken und handeln souveräne Führungskräfte
auch anders als die größtenteils reaktive Welt. Diese Welt wird in Bezug auf das
betrachtet, was der Leader für die Welt und ihre Menschen tun kann. Er nimmt einen pro-aktiven Lebensstil an und versucht anderen zu dienen und sie aufzubauen.
Lebenserfahrungen werden als Möglichkeiten interpretiert, zu lernen und einen
Beitrag zu leisten.

Kraft

Eingeschränkt ist die Kraft lediglich durch eigenes Verstehen und Betrachten der Naturgesetze und korrekter Prinzipien inklusive derer natürlicher Konsequenzen. Als Führungskraft wird man ein selbst(-)bewusstes, wissendes, pro-aktives Individuum, das weitgehend unbehindert von den Einstellungen, Verhaltensweisen und Handlungen anderer agiert. Die Fähigkeit zu handeln reicht viel weiter als die eigenen Ressourcen und fördert hoch entwickelte Ebenen von Interdependenz, also selbständigem Handeln bei gleichzeitiger Anerkennung der Tatsache, dass gemeinsam mit anderen noch viel mehr erreicht werden kann.

Wer diese Prinzipien verinnerlicht, fühlt sich sicher und verhält sich in unterschiedlichsten Situationen entsprechend reif und handlungsfähig. Neben den eigenen Prinzipien, Wertmaßstäben und Vorstellungen ist auch wichtig, sich über die Erwartungen anderer bewusst zu werden. Wenn sich das Verhalten, das man zugunsten der Erwartungshaltung anderer an den Tag legt, mit dem Verhalten, das aus persönlichen Prinzipien und Wertvorstellungen erwächst, deckt, dann strahlt eine Führungskraft Stärke und Souveränität aus. Inneres (Prinzipien) und äußeres (Erwartungshaltung von anderen) Selbstbild decken sich, so dass das eigene Verhalten schlüssig und zielgerichtet ist. Daraus folgt auch, dass Menschen eine Führungskraft anerkennen und ihr gerne folgen.

3.2 Anerkennung erhalten

Nur wer sich wirklich engagiert und Motivation geben kann, wird langfristig Erfolg haben. Denn Menschen möchten für eine Führungskraft arbeiten, die sie respektieren und achten können. Zu dieser Souveränität gehört es auch, anderen Menschen Energie zu spenden und Hindernisse zu überwinden. Souveräne Persönlichkeiten bewirken viel und dienen dadurch auch als Vorbild, das ihr Umfeld im entscheidenden Maß positiv prägt. Wer souverän handelt, zeigt zahlreiche der folgenden Eigenschaften (frei nach Bergauer 2008):

- Wertschätzung anderer statt Verachtung
- Respektvolles Miteinander statt aufreibendem Gegeneinander
- Kompromissbereitschaft statt stetiger Konfrontation
- Arbeiten in und mit dem Team statt allein zu kämpfen
- Vorausschauende Kreativität statt fortwährendem Mitlaufen
- Tatkräftiger Visionär statt theoretischer Gedankenspinner
- Mitfühlendes Interesse statt Gleichgültigkeit gegenüber anderen

- Mut zur Veränderung statt dogmatischen Festhaltens an überkommenen Prinzipien
- Innovative Denkweise statt Verbleiben in der Komfortzone
- Begeisterung statt Frust
- Vertrauen in andere statt Kontrolle und Misstrauen
- Disziplin ohne Verbissenheit

Wer sich an diese Zeichen der Souveränität hält, kann auf den Zuspruch anderer zählen und findet Anerkennung. Kontinuierlich daran zu arbeiten, mit seinem Team selbstbewusst und respektvoll umzugehen, wird größere Zufriedenheit erlangen und auf andere Souveränität ausstrahlen. Die innere Zufriedenheit und das positive Feedback anderer Menschen geben Sicherheit und machen glücklich. Dadurch werden Lebensqualität und Leistungsfähigkeit einer Führungskraft sowohl beruflich als auch privat gesteigert. Denn mit der Unterstützung durch andere und den Respekt von Mitmenschen können große Dinge bewegt werden. Dies bewirkt Freude und gibt Kraft und Energie für neue Projekte, die gemeinsam mit anderen angegangen und erfolgreich absolviert werden können.

3.3   Freude empfinden und ausstrahlen

Ein missmutiger Mensch und ewiger Zweifler wird von den wenigsten als angenehmer Zeitgenosse empfunden. Daher ist es für erfolgreiche Führungskräfte von maßgeblicher Bedeutung, sich immer selbst permanent zu motivieren und gute Stimmung in ihrem Umfeld zu verbreiten. Dies ist jedoch nur möglich, wenn ein Mensch wahrlich glücklich ist und Freude an sich und seinen Mitmenschen empfindet.

Freude dient auch als Quelle für zukünftige Leistungen. Sie spendet Kraft und lässt auch Widerstände überwinden, die auf dem Weg zu einem bestimmten Ziel nahezu immer vorprogrammiert sind. Wer jedoch mit positiver Grundhaltung, Selbstvertrauen und Freude an ein Projekt geht, hat schon den wichtigsten Teil zum Bewältigen seiner Aufgabe geleistet. Denn die Überzeugung von einer Sache ist wesentlich für das Gelingen.

Doch wie ist es nun möglich, mit Freude an seine Tätigkeit zu gehen und auch andere dabei mitzureißen? Es ist hierbei wichtig zu wissen, dass Freude als emotionale Empfindung nicht von Geburt an fix eingestellt ist. Natürlich gibt es ein angeborenes Temperament, das einen Menschen in gewisser Hinsicht prägt, eher griesgrämig oder vergnügt zu sein. Doch dieses müssen wir nicht so hinnehmen, denn wir können unsere Tendenz zu mehr Freud oder Leid selbstbestimmt in die

Hand nehmen. Glücksgefühle stellen sich beispielsweise dann ein, wenn negative Erfahrungen oder ein Hindernis überwunden wurden und wir in einen ruhigeren, zufriedeneren Geisteszustand zurückkehren können. Erfordert beispielsweise eine neue Situation ein Hineindenken oder Heranarbeiten, so kann dies als Stress oder Gelegenheit gesehen werden. Eine neue Umgebung oder Herausforderung ist somit besser durch Neugierde und gemeinschaftliches Erkunden zu erschließen bzw. bewältigen. So wird der Stress überwunden und kann zu Glücksgefühlen führen. Das unbekümmerte und offensive Herangehen an neue Situationen ist also ein Schlüssel zum Glück. Natürlich sollte hierbei eine Herausforderung nicht unüberwindlich sein. Eine positive Stimmung und Erregung entsteht erst, wenn der Erfolg beim Erschließen neuer Gebiete auch möglich ist. Das Ziel sollte mit Leichtigkeit, Durchsetzungsvermögen und Kraft erreichbar sein, sonst ist statt Glücksgefühlen eher Frustration die Folge.

Nach außen hin strahlen Menschen ihre Freude durch Signale wie Lächeln aus. Dies führt beim Gegenüber zu einer erstaunlichen Reaktion. Denn es ist nachgewiesen, dass das menschliche Gehirn eine Vorliebe für lächelnde Gesichter hat und sie schneller und besser erkennt, als Gesichter mit negativem Ausdruck. Diese positiven Zeichen werden auch auf andere übertragen bzw. gespiegelt. Sie fühlen sich vom Lächeln animiert und geben dieses nicht selten zurück an denjenigen, der zuerst lächelte. Die Beziehung zum anderen wird also mit einer positiven Grundhaltung gefestigt und gestärkt, da eine gemeinsame Basis geschaffen wird.

Doch es gibt auch noch weitere Faktoren in der Beziehung zu anderen, die Freude erzeugen. Hierzu gehört beispielsweise die **Nächstenliebe**. Das vorbehaltlose Zugehen auf andere Menschen. Ihnen eine Chance geben, dass wir sie mögen. Ohne Vorurteile und vorschnelle Meinungsbildung. Dies kann zu anregenden Gesprächen und neuen Verbindungen führen, die erfüllen.

Auch zu **inspirieren** ist ein Grund, der Freude bereitet. Wenn wir feststellen, dass sich andere motiviert fühlen und etwas gerne tun oder sogar feststellen, dass sie ungeahnte Potenziale in sich erkennen, so ist dies beglückend. Eine Führungskraft kann damit Effekte erzielen, die ein Projekt, eine Abteilung oder gar den gesamten Unternehmensgeist beflügeln können. Denn Mitarbeiter, die sich selbst etwas zutrauen und Verantwortung übernehmen, bringen eine Firma nach vorn und machen sie erfolgreich.

Auch die **Einflussnahme** auf Dinge und Menschen ist äußerst befriedigend. Wenn wir feststellen, dass wir etwas tun, das im Leben anderer etwas verändert, so ist dies auch ein Quell der Freude. Denn es gibt kaum etwas Schöneres, als mit Taten und Worten eine Wirkung zu erzielen. Dies motiviert zu weiteren Schritten oder Ambitionen, um voranzukommen. Ein Grundbedürfnis für einen Leader, das nur durch positives Denken und Freude am Tun gestillt werden kann.

3.4 Charisma, Charakter und Authentizität

Was wir schon im Gebot 1 unter den Stärken bzw. der Wirkung auf andere „gestreift" haben, darauf gehen wir in diesem Abschnitt noch etwas stärker ein. Ein wichtiges Stichwort für authentisches Verhalten, das letztlich in Charisma und Charakter mündet, ist die **Integrität**. Sie stellt einen Wert dar, der eine wesentliche Leitlinie für das gesamte Leben – unternehmerisch wie privat – bedeutet.

Hierbei geht es darum, dass sich ein Mensch an seinen eigenen Prinzipien orientiert, die für das Miteinander mit anderen Menschen universell geltend und unabdingbar sind. In jeder Kultur finden sich bestimmte Regeln, wie Menschen miteinander umgehen sollten, so dass Respekt vor dem anderen und somit ein gemeinsames Auskommen gesichert sind. Dies bedeutet natürlich, dass gelegentlich auch eigene Werte hinter diesen allgemeingültigen Prinzipien des Zusammenlebens zurückstehen müssen. Doch dies macht menschliche Größe aus, da das kleine Teilchen, das subjektive Ich, zugunsten eines größeren Ganzen in den Hintergrund tritt.

Integrität bedeutet aber auch, dass unsere Prinzipien Bestand haben, auch wenn wir einmal eine unpopuläre Meinung ergreifen, die nicht als allgemeiner Konsens gilt bzw. akzeptabel oder diplomatisch ist. Es fällt meist leicht, die Meinung der Mehrheit aufzugreifen und sich ihr anzuschließen. Das mag zunächst dazu dienen, sich bei anderen beliebt zu machen und den leichteren Weg zu gehen.

Auf lange Sicht ist es jedoch nicht ratsam, sich von den wesentlichen Prinzipien zu entfernen, um populär bei anderen zu sein. Wenn wir etwas für richtig befinden, sollten wir dies auch thematisieren. Ansonsten verlieren wir an Integrität und Vertrauen. Starke Menschen beweisen Charakter, indem sie sich auch einmal gegen die Ansicht anderer stellen, um ihren Lebensprinzipien treu zu bleiben. Hiermit erzeugen wir Respekt, da wir das Fähnchen nicht nach dem Wind ausrichten, sondern für andere charakterlich einschätzbar sind.

Nachdem eine Führungskraft Charakter und Authentizität bewiesen hat, geht es nun auch um die Fähigkeit, bei anderen Menschen Emotionen auszulösen, die sie mitreißen oder für eine Sache begeistern. Hierzu ist **Charisma** notwendig, über das einige Menschen von Natur aus in gewissem Maße verfügen, was aber auch bei geringerer Begabung erlernt werden kann. Gerade bei Reden und Vorträgen vor größerem Publikum gehören die genaue Dosierung von Gefühlen bzw. emotionaler Expressivität, ein gutes Timing und der richtige Tonfall zum gelungenen Auftritt.

Erfolgreiche Redner bzw. Führungsfiguren lösen bei ihren Zuhörern genau die Emotionen aus, die sie auf der Bühne ausstrahlen. Doch dies wirkt nur, wenn ein Mensch sich selbst nicht verstellt, sondern mit Authentizität, Mut, Offenheit, Integrität und Selbstbewusstsein agiert. Wer sich zu einem Verhalten vor anderen

Menschen zu etwas zwingt, wird dies nicht lange durchhalten, sondern über kurz oder lang einknicken. Darum gehört zu Charisma als unabdingbare Voraussetzung die Selbstreflexion mit anschließender Entwicklung zu einer starken, souveränen Persönlichkeit. Dann kann diese Ausstrahlung auch auf andere übertragen werden – und zwar nur dann. Ansonsten ist das Charisma nicht mehr als eine Fassade, die zur Manipulation anderer dient, aber in der Regel nicht oder nur kurzzeitig wirkt.

Es ist für einen Leader auch viel leichter, andere Menschen von seinen Vorstellungen und Handlungsweisen zu überzeugen, wenn er mit sich im Reinen und zufrieden ist. Dann folgen die Worte eigenen Überzeugungen bzw. Prinzipien und müssen nicht je nach Situation jeweils neu definiert werden. Gelassenes, selbstbewusstes Agieren ist die Folge, und es fällt nicht schwer, andere von seiner eigenen Meinung zu überzeugen und mitzureißen.

3.5 Gelassenheit und innere Ruhe empfinden

Ruhe ausstrahlen und Stärke beweisen – dies sind wesentliche Voraussetzungen, um als Führungskraft erfolgreich zu sein. Denn nur wer auch in kritischen Situationen einen kühlen Kopf bewahrt und Gelassenheit beweist, wird auf Dauer von anderen akzeptiert und für sein engagiertes, durchgreifendes Handeln geachtet werden.

Hierbei gilt es, auch im Alltagsstress von Zeit zu Zeit zu verharren und sich nicht mitreißen zu lassen, wenn alle anderen den Kopf verlieren. Mit etwas Distanz und Ruhe kann die Situation eher von außen betrachtet und bewertet werden. Dabei entwickeln sich Lösungsansätze und mögliche Auswege aus vermeintlichen Sackgassen. Hierzu ist aber häufig ein Perspektivwechsel notwendig. Nicht von innen heraus sollte das Problem gesehen werden, sondern von einem weiter entfernten Standort, der sich außerhalb des „Kessels" befindet. Dies ermöglicht den Blick über den Tellerrand und vermeidet, dass sich eine Führungskraft zusammen mit seinem Team wie ein Hamster im Rad bewegt.

Gerade in hektischen Zeiten gehen Kräfte verloren und die Nerven stehen vor der Zerreißprobe, wenn wir uns nicht aus diesem Karussell heraus begeben und zu innerer Ruhe kommen. Eine alte chinesische Lebensweisheit besagt so richtig: Wenn Du es eilig hast, gehe langsam. Auf diesen Satz sollten wir uns in Stress-Situationen viel häufiger besinnen.

Um Gelassenheit zu stärken und innere Störfaktoren zu eliminieren, ist eine Besinnung auf sich selbst und die wesentlichen Dinge im eigenen Leben notwendig. Jeder findet auf seine eigene Art zu Entspannung, die letztlich zu Gelassenheit auch in beruflichen Situationen führen. Ob es Meditation, ein Spaziergang im Freien, sportliche Aktivitäten, Gespräche mit Vertrauten oder das Lesen einer guten Lektüre ist – es gibt immer Wege, die zu innerer Ruhe führen. Daraus kann auch ein Mechanismus entwickelt werden, der auch in Stressmomenten im Berufsalltag greift. So gibt es immer wieder Situationen, in denen sich Führungskräfte überfordert fühlen bzw. unüberlegt reagieren. Je häufiger diese Momente jedoch beobachtet, reflektiert und bewusst gemacht werden, desto besser lassen sich diese bewältigen. Kommt eine Stress-Situation auf, so geht es zunächst einmal darum, diese zu erkennen und sich nicht von einer allgemeinen Stimmung mitreißen zu lassen. Anschließend kann mithilfe der eigenen Mechanismen, die zu Ruhe und Gelassenheit führen, kurz innegehalten werden. Erst danach sollte eine Entscheidung gefällt oder eine Anweisung zum Handeln erteilt werden.

Denn meist lässt sich eine schwierige Situation mit etwas Abstand viel besser meistern und wirkt mit der Distanz – manchmal nur einiger weniger Minuten – viel weniger erschreckend als unmittelbar nach Auftreten des Problems. Je häufiger solche Momente eintreten, desto routinierter kann damit umgegangen werden, da die innere Ruhe sich immer schneller einstellt und für die richtige Handlung zum entsprechenden Zeitpunkt sorgt.

Selbstreflexion zum Thema Persönlichkeit (Teil I)

Bitte prüfen Sie die folgenden 20 Punkte und beantworten Sie die Aussagen mit Ja oder Nein. Bitte notieren Sie für jedes „Ja" einen Punkt. Daraus ergibt sich Ihr Persönlichkeitsquotient.

Ihr Persönlichkeitsquotient

1. Ich nehme mir regelmäßig Zeit zur Selbstreflexion.
2. Ich kenne meine Wirkung auf andere Menschen.
3. Ich habe bereits eine Persönlichkeitsanalyse gemacht.
4. Ich fühle mich mit mir selbst im Reinen.
5. Ich habe Vertrauenspersonen in meinem Umfeld.
6. Ich kann andere für meine Ideen gewinnen.
7. Ich erkenne es, wenn Mitarbeiter unzufrieden sind.
8. Ich empfinde häufig Freude und teile diese mit anderen.
9. In schwierigen Situationen bleibe ich ruhig.
10. Ich habe gute Freunde.
11. Ich kann andere inspirieren und motivieren.
12. Ich bin bereit, Dinge zu verändern.

13. Mir macht es Spaß, Neues zu wagen.
14. Bevor ich Wichtiges entscheide, halte ich kurz inne.
15. Ich habe inspirierende Hobbys.
16. Ich weiß, wie mein Team mich einschätzt.
17. Ich kenne Mechanismen, die mich zur Ruhe bringen.
18. Ich befasse mich gerne mit anderen Menschen.
19. Ich kann beurteilen, wem ich Aufgaben anvertraue.
20. Andere haben mich schon als charismatisch bezeichnet.

Persönlichkeitsquotient PQ: ... von 20 Punkten

Literatur

Bergauer, Theo. 2008. Gelassen und selbstbestimmt Erfolge verbuchen (Online-Artikel). Waldsassen, www.b-wirkt.de.
Covey, Stephen R. 2005. Die 7 Wege zur Effektivität. Prinzipien für persönlichen und beruflichen Erfolg (26. Aufl 2013). Offenbach: Gabal Verlag GmbH.

Teil II
Kommunikation

Ein chinesisches Sprichwort besagt: Achte auf Deine Gedanken, denn sie werden Deine **Worte**. Achte auf Deine Worte, denn sie werden Deine Taten. Achte auf Deine Taten, denn sie werden Deine Gewohnheit. Achte auf Deine Gewohnheiten, denn sie werden Dein Charakter. Achte auf Deinen Charakter, denn er wird Dein Schicksal.

In diesem zweiten Teil, der die Leadership-Intelligenz bestimmt, werden wir uns mit der Kommunikation beschäftigen. Die höchste Stufe von Kommunikationsfähigkeit bedeutet hierbei, immer das richtige Wort parat zu haben. Diese Eigenschaft haben nur wenige erwachsene Menschen, während Kinder meist (noch) über ein hohes Maß an natürlichen Kommunikationstalenten verfügen. Sie reagieren häufig intuitiv, wenn es um die Bereiche Schlagfertigkeit, Wortgewalt, Fragen, Überzeugungstechnik, Small Talk und Reaktion auf Killerphrasen geht.

Kinder passen sich an das Kommunikationsverhalten der Eltern an, testen aber auch ihre Grenzen aus und entwickeln aus dem elterlichen Vorbild – kombiniert mit den eigenen Erfahrungen – die eigenen Kommunikationsmittel aus. Schule, Lehre und Arbeitsumfeld beeinflussen die Kommunikation erheblich und verändern sie ständig. Beim Übergang von Schule in die Ausbildung bzw. Universität ins Arbeitsumfeld oder beim Wechsel von Arbeitgebern können die Kommunikationsfähigkeiten jeweils befruchtet oder eingeschränkt werden.

Daher ist es von enormer Bedeutung, seine eigenen Worte und Aussagen immer genau zu beobachten, so dass die Kommunikation stimmt. Hierzu gehören u. a. das Nutzen einfacher Sprache, gute Reaktionsfähigkeit, das Erkennen wichtiger Informationen sowie deren Abgrenzung zu unwichtigen Fakten, auf den Punkt zu kommen, einfache Worte sorgsam auszuwählen sowie kein Verstecken hinter Phrasen und Wortmonstern.

So kann vermieden werden, dass eine Botschaft ausgesendet wird, die der andere nicht richtig oder gar nicht versteht. Oft erfahren wir auch erst im Nachhinein, wie unser Gegenüber unsere Botschaft verstanden hat. Und dann ist es in den meisten Fällen zu spät, um nochmals zu korrigieren oder zu präzisieren.

Zwar kann man Kommunikationstechniken lernen, was sicher sinnvoll ist. Aber die Quelle der Missverständnisse ist oft die mangelnde Kenntnis unserer unzureichenden Sprachfähigkeit. Diese beeinflusst unsere Kommunikation, ohne dass wir es merken. Um diese Unzulänglichkeiten kennen zu lernen und künftig zu vermeiden, werden wir uns bei der Kommunikation mit drei Geboten befassen: Sei direkt, verständlich und lösungsorientiert. Mit diesen drei Geboten können die gröbsten Fehler vermieden werden, so dass der flüssige Austausch mit anderen künftig ohne Hindernisse erfolgen kann.

Wenn Kommunikationsfähigkeiten verbessert oder auch andere besser verstanden werden sollen, ist ein großes Maß an Selbstreflexion und Einfühlungsvermögen erforderlich. Dieses ist Teil einer Führungspersönlichkeit, die sich und ihr Verhalten stets hinterfragt. Wir beginnen nun, auf diese Strukturen der eigenen Persönlichkeit die passende Kommunikation aufzusetzen. Wie eine andere Person eingeschätzt wird und welche Art der Kommunikation passt, ist nun entscheidend.

Auch das Thema Fragen als zentrales Kommunikationsinstrument wird in diesem Abschnitt eine Rolle spielen. Damit ist zielführendes Fragen gemeint, das dem besseren Verständnis unseres Gegenübers dient. Und es gehört echtes, interessiertes Zuhören dazu, wenn wir die Antworten wirklich verstehen wollen.

Auftakt: Komm auf den Punkt

Endlose Meetings, langandauernde Telefongespräche und zähe Debatten – all dies sind ungeliebte, aber uns nur allzu bekannte Situationen im Geschäftsalltag. Wie oft möchten wir dem Gesprächspartner zurufen: Nun komm' schon zum Punkt! Oder ärgern uns über uns selbst, wenn wir in Gesprächen Dinge nicht beim Namen nennen. Worauf müssen wir achten, um gerade schwierige und unangenehme Gespräche souveräner zu führen? Vorbereitung ist ein Faktor, der von vielen prinzipiell unterschätzt wird. Doch diese ist elementar, um in Gesprächen zu punkten.

Das Motto „Nach dem Spiel ist vor dem Spiel" gilt prinzipiell auch für das Thema der Gesprächsführung. Sich vor schwierigen Gesprächen ausreichend Zeit zur Vorbereitung zu nehmen, ist daher elementar! Den eigenen Standpunkt zu durchdenken und zu überlegen, welche Informationen im Gespräch preisgegeben werden und welche zu erfragen sind, hierauf kommt es an.

Es ist wichtig, sich klar zu machen, was wir im Gespräch erreichen wollen und auch, zu welchen Kompromissen wir möglicherweise bereit sind. Wenn die eigenen Argumente, Ziele und Grenzen klar sind, finden sich auch entsprechend deutliche Worte, um die Anliegen im Gespräch besser durchsetzen zu können.

Gerade, wenn eine Führungskraft zusammen mit einem Mitarbeiter ein Kundengespräch zu führen oder eine Präsentation abzuhalten hat, ist das gemeinsame Vorbereiten wichtig. Denn nach außen hin als geschlossene Einheit aufzutreten, sich nicht zu widersprechen und Dinge nicht unterschiedlich zu erklären, wirkt professionell. Werden während einer Diskussion mit Kunden oder Geschäftspartnern Meinungsunterschiede klar, so liegt das an der fehlenden Absprache im Vorfeld. Dies gilt es unbedingt zu vermeiden.

In einer Art „Generalprobe" vor einem Meeting können sich Führungskräfte und ihre Mitarbeiter nochmals gegenseitig Feedback geben. Möglicherweise treten dabei noch Themenkomplexe oder Fragen zutage, die in der Präsentation nicht berücksichtigt wurden. Besser diese Dinge treten im Vorfeld auf, so dass die Vorlagen für das Kundengespräch noch ergänzt werden können. Oder es kann bereits eine

C. Ahrens, L. Ahrens, *Leadership-Intelligenz - Zehn Gebote für souveräne und sozial kompetente Führung*, DOI 10.1007/978-3-658-05052-8_4,
© Springer Fachmedien Wiesbaden GmbH 2014

Antwort zurechtgelegt werden, bevor das Meeting beginnt und hier ad hoc reagiert werden muss. In manchen Fällen wecken solche unvorbereiteten Fragen vom Gesprächspartner ungeahnte Kräfte und die Improvisation gibt dem Dialog Würze. Zur Regel sollte dies allerdings nicht werden, es sei denn, man ist sehr erfahren und seiner Sache sicher.

Warum Gespräche häufig nicht zielführend sind, liegt zum einen an der mangelnden Vorbereitung. Aber auch daran, dass wir oft nicht direkt ausdrücken, was wir uns von dem anderen vorstellen oder wünschen. Dies mag daran liegen, dass wir es selbst noch nicht wissen oder aber aus diversen Gründen nicht offen mit einem Thema nach außen gehen. Dies ist jedoch für Mitarbeiter, Kunden und Partner schwer, da sie spüren, dass nicht alles gesagt wird, was auf den Tisch kommen müsste.

Daher muss bereits vor dem Gespräch klar sein, worauf es hinauslaufen soll und welches Ziel es hat. Nur dann kann etwas erreicht werden. In einer Diskussion sind oft auch zu viele Worte im Spiel, die den eigentlichen Sinn oder die Botschaft verschleiern. Daher müssen die wesentlichen Punkte immer im Vordergrund stehen. Was will ich dem anderen vermitteln? Welche Informationen benötigt er, damit er sinnvoll arbeiten kann? Was zuerst und welche Themen soll ich später ansprechen?

Nach dem Definieren des Gesprächsziels kommt es dann auf einen guten Gesprächsaufbau an. Wenn dieser im Vorfeld geplant ist, ist schon die Hälfte des Ziels erreicht. Denn es ist weder sinnvoll, mit der Tür ins Haus zu fallen noch zu sehr mit den wichtigen Dingen zu warten. Hier kommt es darauf an, den Gesprächspartner einzuschätzen und sich klar zu machen, wie die Informationen verpackt sein müssen, damit er diese versteht.

Wie Eisbrecher im Gespräch zu formulieren sind, wie wir uns als Experte zu einem Thema darstellen können, wie wir Menschen zu etwas motivieren und dies emotional vermitteln – das sind weitere Punkte, die im Gespräch zählen. Darauf gehen wir in diesem Gebot näher ein.

4.1   Im Gespräch auf das Wichtigste konzentrieren

Jeder hat in seinem Leben schon zahlreiche Gespräche geführt – privat und im geschäftlichen Alltag. Dabei konnten wir feststellen, dass einige Unterhaltungen oder Diskussionen befriedigend bzw. erfolgreich waren, andere eher weniger. Um Gespräche möglichst zielorientiert zu führen, müssen wir uns darüber im Klaren sein, welches Ziel wir verfolgen. Natürlich ist dies im „kleinen Gespräch" nicht immer so wichtig wie bei einem Strategie-Meeting. Während erstgenanntes auf Entspannung oder Kennenlernen des Gegenübers abzielt, hat zweitgenanntes eine größere Tragweite, bei dem ein Ergebnis am Ende der Diskussion stehen sollte.

Wie bereitet man sich dementsprechend auf ein Gespräch vor, das ergebnisorientiert verlaufen soll? Zunächst einmal steht das Ziel des Gesprächs im Mittelpunkt der Planung:

Warum setze ich mich mit den jeweiligen Gesprächspartner zusammen?

Was will ich erreichen?

Was wäre ein gutes Ergebnis?

Wenn dies geklärt ist, müssen auch die Beteiligten der Diskussion darüber informiert werden, was der Grund für das Gespräch ist, so dass diese sich ebenfalls ihre Argumente zurechtlegen können. Eventuell sollten im Vorfeld eine Agenda oder Dokumente an die Teilnehmer versandt werden.

Was ebenfalls zu einer guten Vorbereitung des Gesprächs gehört, ist eine ausgeglichene Grundhaltung. Gerade wenn ein schwieriges Thema auf der Tagesordnung steht, ist Ruhe und Gelassenheit erforderlich. Um diese innere Haltung zu erreichen, hilft es, sich im Vorfeld mit angenehmen Dingen zu beschäftigen. Ein kurzer Abstecher ins Grüne für wenige Minuten, der Espresso nach dem Mittagessen an ruhigem Ort, das Lesen aufheiternder Zeilen oder das Verfassen einer Mail, die jemand anderem Freude bereitet.

Klären des Gesprächsziels

Was der Zweck einer Zusammenkunft ist, muss immer im Vorfeld feststehen. Hierzu haben Christine Scharlau und Michael Rossié in ihrem Buch „Gesprächstechniken" (Scharlau und Rossié 2012, S. 47) ein paar sinnvolle Fragen formuliert, um Absichten bzw. Notwendigkeiten vor dem Gespräch zu klären:

Brauchen Sie eine gemeinsame Klärung oder Entscheidung?

Geht es um den Austausch von Informationen?

Oder um das Zusammentragen von Ideen oder Meinungen?

Sind Sie als Experte mit Ihrem Fachwissen gefragt?

Wollen Sie in der Vorgesetztenrolle ein Statement abgeben?

Sind Sie in der Rolle, jemanden zu beraten oder anzuleiten?

Wollen Sie für eine Sache werben?

Wollen Sie eine Entscheidung mitteilen?

Doch auch wenn es klar ist, welches Ziel im Vordergrund steht, so sollte nicht der Fehler begangen werden, das Ergebnis vorweg zu nehmen. Sollte ein Gespräch nicht dem Austausch dienen bzw. eine Diskussion ermöglichen, so fühlen sich Gesprächsteilnehmer übergangen und bevormundet. Es ist also entscheidend – gerade bei Fachdiskussionen – die jeweiligen Experten mit ihren Meinungen und ihrem Know-how zu Wort kommen zu lassen. So kann in einer Besprechung ein zufriedenstellendes Ergebnis bei allen erreicht werden.

Was ein gutes Gesprächsergebnis wäre bzw. erreicht werden soll, kann für jeden Teilnehmer natürlich etwas anderes bedeuten. Wenn jeder unflexibel auf seinen Vorstellungen bestehen würde, nähme man sich im Dialog die Chance, eventuell von Möglichkeiten zu erfahren, die bislang unbekannt waren oder an die nicht gedacht wurde. Eine Offenheit gegenüber dem Neuen ist also bei jeder Verhandlung notwendig, wobei dennoch die eigenen Ziele im Auge behalten werden müssen.

Bei Besprechungen am Thema bleiben

Es ist bei der Leitung von Besprechungen eine gewisse Sensibilität notwendig, um in manchen Situationen das Gespräch „laufen zu lassen", in anderen Momenten jedoch wieder auf das eigentliche Thema hinzuleiten. Natürlich sollten Gespräche möglichst zügig und ohne Umwege zu einem Ergebnis führen, es kann jedoch manchmal zielführend sein, gewisse Sachverhalte von mehreren Seiten zu beleuchten.

Hierbei ist Fingerspitzengefühl, Erfahrung und Menschenkenntnis gefordert. Denn um seine Gesprächspartner ins Boot zu holen, müssen Meinungen gehört und ausgetauscht werden. Ansonsten fühlen sich einige der Teilnehmer eventuell übergangen und werden in der Folge des Gesprächs nicht kooperieren oder an einem gemeinsamen Projekt effektiv arbeiten.

Gerade bei unterschiedlichen Interessen, die die Beteiligten haben, muss ein gewisser Teil des Gesprächs für den Austausch von Informationen eingeplant werden. Der Moderator bzw. Leiter des Gesprächs sollte jedoch darauf achten, dass die Statements kurz und zielgerichtet sind. Bei schwierigen Themen bzw. emotionsgeladener Stimmung ist es jedoch elementar, um kurze, sachliche Argumente zu bitten. So kann vermieden werden, dass sich Teilnehmer des Gesprächs zu sehr in Szene setzen, zu viel Raum einnehmen und womöglich andere verletzen.

Sobald die Meinungen gehört wurden, sollte jedoch wieder auf das ursprüngliche Ziel der Besprechung hingeführt und an ihm gearbeitet werden. Insbesondere, wenn sich im Gespräch eine Grundsatzdebatte abzeichnet bzw. der Rahmen des zu diskutierenden Themas gesprengt wird. Hier kann auf einen separaten Termin verwiesen werden, der sich mit der Klärung von grundsätzlichen bzw. Strategie-Themen befasst.

Mit dem vorab festgelegten Ziel, das allen Teilnehmern bekannt ist, kann auf den eingeschränkten Radius des Gesprächs verwiesen werden. In einem einzigen

Termin kann nicht immer alles geklärt bzw. eine Lösung für jedes Problem gefunden werden. Der Gesprächsleiter muss das Thema der Besprechung immer im
Kopf behalten und gegebenenfalls das Zurückleiten zum wesentlichen Punkt her-
beiführen.

Wenn die Gespräche einmal schwierig sind

Natürlich gibt es in Gesprächen mit Mitarbeitern und Kunden auch einmal Themen, die unangenehm oder problematisch sind. Hierbei ist es besonders entscheidend, sich auf das Wichtigste zu konzentrieren und sein Ziel nicht aus den Augen
zu verlieren.

Denn gerade in Momenten, in denen die Sachlichkeit zugunsten emotionaler
Ausbrüche zurücksteht, muss ein klarer Kopf bewahrt werden. Druck und Nervosität bei allen Gesprächspartnern bringt eine Diskussion nicht voran und sollte durch
gute Argumente, die entsprechend vorbereitet sind, aufgefangen werden. Hierbei
spielt die soziale Intelligenz eine große Rolle. Wer sein Gegenüber gut einschätzen
kann, weiß sich in kritischen Situationen am besten zu helfen. Denn erst wer andere versteht, wird auch selbst verstanden werden.

Um also ein Gespräch mit Beteiligten unterschiedlicher Meinungen mit Respekt
und möglichst umgänglich zu führen, sollten nicht nur angelernte Gesprächstechniken und Regeln zum Tragen kommen. Viel wichtiger sind in angespannten Situationen die Wertschätzung des Gesprächspartners und der Wille, zu einer guten
Lösung für alle Seiten zu finden.

Dafür ist auch die innere Einstellung wichtig, die wir zu uns selbst haben. So
können wir uns positiv motivieren und eine optimistische Grundhaltung an den
Tag legen oder das genaue Gegenteil. Es hängt von uns selbst ab. Auch die selbsterfüllende Prophezeiung ist in diesem Zusammenhang wieder einmal ein wichtiger Faktor. Wir können uns dahingehend beeinflussen, dass wir vom erfolgreichen
Ausgang eines Gesprächs überzeugt sind. Hierbei hilft es sogar, wenn wir uns Bilder vor Augen führen, die den freundschaftlichen Ausgang des Gesprächs sehen:
Ein kollegiales Händeschütteln, ein Lächeln bei der Verabschiedung und ein gutes
Gefühl, das bei allen Beteiligten vorhanden ist.

Bei allen Verhaltensunterschieden und Differenzen bei Meinungen ist es dennoch möglich, Andersartigkeiten zu verstehen und zu respektieren. Diese persönlichen Verschiedenheiten als Bereicherung oder Ergänzung zu sehen, ist wesentlich
zielführender, als anderes Verhalten grundsätzlich abzulehnen. Die innere Einstellung ist hierbei entscheidend.

Toleranz, Respekt und Anerkennung unterschiedlicher Denkweisen lassen das Gegenüber sein Gesicht wahren. Dies ist bei jedem Gespräch von entscheidender Bedeutung, um zu Ergebnissen zu kommen und auch künftig gute Gespräche mit den jeweiligen Menschen zu führen. Dies ist befriedigender, als sich im Streit zu trennen und nicht mehr zueinander zu finden. Mit der richtigen Einstellung ist dies in der Kommunikation mit anderen machbar und sollte zu einem wesentlichen Grundsatz im Gespräch mit anderen werden.

4.2 Gesprächsaufbau

Auch wenn es darum geht, auf den Punkt zu kommen, ist es nicht immer sinnvoll, mit der Tür ins Haus fallen. Es gibt gewisse Regeln, nach denen Gespräche geführt werden sollten. Wenn ein sogenannter Gesprächsleitfaden eingehalten wird, ist sichergestellt, dass sich ein Gesprächspartner auf die Diskussion einstellen kann, alle wesentlichen Informationen ausgetauscht werden und nach einer Verhandlungsphase ein guter Gesprächsabschluss gefunden wird.

Einstieg: Hierzu gehört die Begrüßung des anderen, indem man ihn mit seinem Namen anredet, Blickkontakt herstellt und mit Small Talk oder einer Anknüpfung an frühere Gespräche eine gute Atmosphäre schafft. Wichtig ist es, sich dem Gegenüber zuzuwenden und die Gesprächssituation zu eröffnen, damit von Anfang an auf den eigenen Standpunkt hingeleitet werden kann.

Informationsphase: Während dieser Gesprächsphase werden die Interessen und Wünsche des Gesprächspartners erkundet, sein Standpunkt eingeholt sowie die eigene Sichtweise dargestellt. Informationen werden aktiv ausgetauscht, so dass die Situation eingeschätzt und Meinungsunterschiede sowie Gemeinsamkeiten festgestellt werden können.

Verhandlungsphase: Zu diesem Zeitpunkt werden Argumente ausgetauscht, um zu einer gemeinsamen Entscheidung zu kommen. Die Wege zu einer für beide Seiten annehmbare Lösung werden erarbeitet, um eine Vereinbarung zu treffen. Hierbei können zahlreiche Alternativen diskutiert werden, die aber letztlich für beide akzeptabel sein müssen. Daher geht es nicht um das alleinige Durchsetzen des eigenen Standpunkts, sondern um das Finden von Kompromissen, denen die Gesprächspartner zustimmen können.

Abschluss: Zum Ende des Gesprächs sollte eine positive Schlussformel gefunden werden. Darüber hinaus ist es hilfreich, sich dem anderen weiterhin als Gesprächspartner anzubieten und umgekehrt die Möglichkeit der Nachfrage zu erbitten. Mit diesem positiven Abschluss können kleine Unstimmigkeiten, die während der Verhandlungsphase entstanden sind, ausgebügelt werden. Und es ist sicher gestellt, dass der Gesprächspartner künftig zu weiteren Gesprächen bereit sein wird.

Die richtige Strategie führt im Gespräch zum Erfolg

Nachdem der allgemeine Gesprächsaufbau klar ist, kommt es im Folgenden auf die richtige Gesprächsstrategie an. Bei der Ausformulierung von Argumenten konzentrieren sich erfahrene Redner auf die wichtigsten Themen und priorisieren. Die wesentlichen Punkte sollten große Aufmerksamkeit erfahren, u. a. mit Stilmitteln wie der Wiederholung oder auch parallel aufgebauter Sätze, die aufeinander folgen. Ein Beispiel hierfür wäre: „Wir wollen gemeinsam daran arbeiten. Wir wollen damit unser Ziel erreichen. Wir wollen gemeinsam den Erfolg auskosten".

Bei der Gesprächsstrategie kommt es vor allem darauf an, Position zu beziehen (und nicht positioniert zu werden). Um die eigenen Wünsche und Bedürfnisse zu verwirklichen, gibt es zwei Möglichkeiten, um den Gesprächspartner an die eigene Sichtweise heranzuführen.

Bei der ersten Möglichkeit geht es darum, den Gesprächspartner zu einer Kooperation zu bringen. Wir wollen ihn von der eigenen Meinung **überzeugen**, er soll sich dieser anschließen und bei der Umsetzung der Ziele unterstützen. Es geht also darum, an einem Strang zu ziehen und die Interessen als gemeinsame zu verkaufen. Dabei werden die Wünsche und Bedürfnisse des anderen berücksichtigt und mit der Erfüllung der eigenen Interessen verknüpft, so dass eine Lösung zu beiderseitigem Vorteil gefunden wird.

Die zweite Möglichkeit zielt auf die eigene **Selbstbehauptung** ab. Hierbei spielen Positionierung, Stärke und Abgrenzung eine Rolle. Eine Kooperation ist zwar wünschenswert, aber nicht notwendig. Sollte also der Gesprächspartner einen anderen Standpunkt haben, so ist dies kein Hindernis für die eigenen Ausführungen. In diesem Falle geht es in der Hauptsache darum, eigene Interessen mitzuteilen, Hintergründe zu beleuchten, Lösungen aufzuzeigen sowie Auswirkungen klar zu machen.

Um die eigene Strategie in beiden Fällen verfolgen zu können, ist Planung wichtig. Hierzu gehören das Festlegen von Gesprächszielen, das Sammeln guter Argumente und Recherche im Vorfeld sowie das Überlegen des eigenen Vorgehens.

Damit können Einwände des Gesprächspartners eventuell vorweg genommen und sinnvoll aufgegriffen werden.

Die in die Vorbereitung investierte Zeit und Energie lohnt sich in jedem Falle und wird damit belohnt, dass ein besseres Gesprächsergebnis erzielt sowie eine Umsetzung gesichert wird. Welche Ziele werden verfolgt und welche könnte eventuell ein Mitarbeiter oder Kunde haben? Mögliche Lösungen oder Wege zur Problemlösung können bereits im Vorfeld angedacht werden. Hierbei sollten auch Alternativen ins Kalkül gezogen werden, da sich nicht alle Lösungen hundertprozentig umsetzen lassen.

Um Gespräche erfolgreich zu führen, gehört es auch dazu, **Zeit und Ort** sorgfältig auszuwählen. Wenn es um elementare Dinge geht, die kompliziert sind und eventuell ausgeführt werden müssen, sollte ein Zeitpuffer nach hinten eingeplant werden. Denn auch bei guter Zeitplanung kommen in schwierigen Gesprächen oft Themen auf, die zu einer Lösung führen könnten, wenn man ihr Raum gibt. Denn es wäre schade, wenn die sich schon abzeichnende Lösung durch ein paar Minuten, die fehlen, nicht umsetzen ließe.

Beim Raum ist es auch sinnvoll, die Atmosphäre zu beachten. Wenn das Gegenüber kurz von etwas überzeugt werden soll, dann ist es für die eigene Strategie besser, sich in einem neutralen Umfeld zu treffen, beispielsweise in einem Tagungsraum. Hierbei kann es auch von Vorteil sein, das Gespräch im Stehen zu führen, um zu schnellen Ergebnissen zu kommen. Geht es eher um das Finden einer gemeinsamen Lösung, bei der Brainstorming zum Teil des Gesprächsaufbaus gehört, so ist eine etwas behaglichere Atmosphäre angesagt, z. B. im eigenen Büro oder in einem Café bzw. Restaurant.

Am Ende des Gesprächs ist bei allen Gesprächen darauf zu achten, dass gemeinsame Ziele nochmals festgehalten und konkrete Vereinbarungen zur Umsetzung getroffen werden. Dies kann in Form einer Zusammenfassung des vorher Gesagten oder auch als eine Art Apell erfolgen. Die beiden Seiten sollten sich darauf verständigen, welche Maßnahmen ergriffen werden müssen, wer sich womit befasst, welche Ziele erreicht werden sollten und wann ein Austausch bei einem erneuten Gesprächstermin stattfinden wird.

Mit diesen Schritten wird erreicht, dass aus einem Ist-Zustand der gewünschte Soll-Zustand gemacht bzw. in mehreren Stufen herbeigeführt wird. Jedem Beteiligten im Gespräch sollte nach Abschluss klar sein, welche Aufgabe auf ihn zukommt und welche Verantwortung er trägt. So kann jeder Gesprächspartner an eigenen Projekten bzw. Projektbestandteilen arbeiten, um gemeinsam ein Ziel zu erreichen. Mit der richtigen Gesprächsstrategie versteht jeder Diskussionsteilnehmer, worum es geht und was von ihm erwartet wird.

4.3 Eisbrecher, Experte, Motivator, Emotionalisierer

Ob in Gesprächen zu zweit, einer kleinen Gruppe oder einem Vortrag vor vielen Zuhörern – um fokussiert zu reden und zu überzeugen, können wir mit wenigen Regeln die Aufmerksamkeit unserer Gesprächspartner wecken. Hierbei gilt nach wie vor, sich auf das Wichtigste zu konzentrieren und schnell auf den Punkt zu kommen.

Besonders wichtig ist der Einstieg ins Gespräch bzw. in die Rede. Wer hier schon mit abgedroschenen Floskeln arbeitet („Guten Tag, meine Damen und Herren. Ich begrüße Sie aufs Herzlichste…"), verliert seine Zuhörer schon in den ersten Sekunden. Denn das Gehirn braucht stetig neue Impulse, um sich inspiriert und zur Aufnahme bereit zu fühlen.

Ein Gespräch sollte immer von Anfang an eine gewisse Spannung haben, die durch eine aufmerksamkeitsstarke Aussage eingeleitet wird. Damit stellen wir sicher, dass unsere Zuhörer am Ball bleiben. Und auch im weiteren Verlauf des Gesprächs bzw. Vortrags sollten ein paar rhetorische Kniffe eingesetzt werden, um in wache, gespannte Augen beim Auditorium zu schauen. Wie können wir dies erreichen?

Eisbrecher

Um einen gelungenen Einstieg in eine Rede oder ein Gespräch zu haben, empfiehlt es sich, mit einer Headline, Schlagzeile oder einem Zitat zu beginnen. Anhand eines Beispiels lässt sich dies besser veranschaulichen. Geht es um ein Plädoyer für die Nutzung umweltfreundlicher Autos, können wir leicht ein knackiges Statement finden, um die Aufmerksamkeitsspanne zu bedienen. Mit einem Satz wie „Es gibt keine Alternative zu Autos" ziehen wir die Zuhörer mit Sicherheit in unseren Bann, da sicherlich einige zustimmen, einige ablehnen, aber garantiert alle neugierig auf die Erklärung dieser Aussage sein werden. Diese Ausführungen sollten als nächster Schritt im Gespräch folgen.

Experte

Um auf die griffige Headline aus dem Eisbrecher weiter einzugehen bzw. sie verständlich zu machen, sollte der Zuhörer nun ins Boot geholt werden. Am besten mit der eigenen Erfahrung, die zur Beruhigung der vorher aufgewühlten Emotionen dient. Um wieder auf das Beispiel des umweltfreundlichen Autos einzugehen, könnte eine Aussage wie diese folgen: „Ich bin Leif Ahrens und arbeite seit 1998 als Mobilitätsforscher".

Zur Ergänzung könnten auch noch kurze Erklärungen zur Problemlösung angesprochen werden. Z. B. „Ich werde zeigen, wie Sie den Schadstoffausstoß senken, wie Sie günstig ans Ziel kommen und wie Sie mit dem Auto enorme Kosten sparen können". Es zählt, dass die Erfahrung tatsächlich glaubwürdig dargestellt wird und auf die Gesprächspartner überzeugend wirkt.

Denn nur der Experte wird vom Gegenüber ernst genommen und für seine Kompetenz geschätzt. Ohne die entsprechenden Erfahrungen wirken die Worte leer und haben keine Substanz. Nach der Erläuterung und Beispielen aus dem eigenen Leben und Wirkungskreis muss nun der Zuhörer zu einer Handlung aufgefordert werden.

Motivator

Um die Zuhörer oder Gesprächspartner zu einer Handlung zu motivieren, können ihnen am besten die nächsten Schritte aufgezeigt oder eine Anweisung gegeben werden. Die entsprechende Aufforderung könnte lauten: „Sprechen Sie mit Freunden, Vereinskumpeln oder Kollegen über das Thema Umwelt". Mit einer solchen Aussage bringen wir Menschen dazu, sich mit dem vorher Gehörten auseinanderzusetzen und auch andere in die eigenen Überlegungen einzubinden.

Denn erst, wenn aus dem Gesagten bzw. der Theorie auch Praxis wird, haben wir etwas mit unseren Worten erreicht. Denn was nützt es, wenn Gesprächspartner zwar zustimmend nicken, aber ohne Motivation zum Handeln aus dem Gespräch gehen? Daher sind das Aufzeigen konkreter Maßnahmen zur Umsetzung für einen effektiven Austausch zwischen Vorgesetztem und Mitarbeiter elementar.

Dabei kann das Thema, um das sich das Gespräch dreht, auch wiederholt bzw. weiter ausgeführt werden, indem die entscheidenden Aussagen bewertend und stichwortartig zusammengefasst werden: „Die drei wichtigsten Aspekte sind: weniger Verbrauch, weniger Schadstoff und bessere Luft". Diese Fakten unterstützen den Zuhörer in seiner Argumentation, wenn er sich mit Freunden oder Teammitgliedern über das Autofahren der Zukunft auseinandersetzt. Als letzter Schritt in der logischen Abfolge eines guten Gesprächs gibt es noch einen weiteren, abschließenden Faktor, der zum Erfolg beiträgt.

Emotionalisierer

Zum Ende eines Vortrags oder einer Diskussion sollten wir den Zuhörern einen guten Wunsch mit auf den Weg geben. Dies kann auch ein Traum oder eine Sehnsucht sein, die er hegt. Denn nach den Thesen, Fakten und dem Erkenntnisgewinn, die im Vorhergehenden ausgeführt wurden, sollte nun auf das Bauchgefühl abgezielt werden. Im Falle von Umwelt bzw. gesunder Umgebung könnte dieser Emotionalisierer folgendermaßen formuliert werden: „Ich wünsche Ihnen, dass Sie noch lange tief durchatmen können".

Eine solche Aussage gibt ein gutes Gefühl und lässt eventuell auch ein wenig Hoffnung auf eine bessere Welt in der Zukunft aufkommen. Als Futurist kann ein erfahrener Redner auch noch auf den Stand der Entwicklung zu sprechen kommen, indem er vermutet: „Meine Einschätzung ist, dass in fünf Jahren alle Autos umweltfreundlich fahren". Dies vermittelt eine positive Stimmung und ermöglicht einen angenehmen Ausstieg aus dem Gespräch.

Literatur

Scharlau, Christine, Michael Rossié. 2012. *Gesprächstechniken.* Freiburg: Haufe-Lexware GmbH & Co. KG.

Gebot 5: Sei verständlich

5

Auftakt: Einfache, klare und glaubhafte Sprache als Erfolgsgeheimnis

Wie häufig kommt es vor, dass wir eine Rede oder einen Vortrag in Erinnerung behalten, weil wir begeistert vom packenden Inhalt und der ebensolchen Art der Darstellung sind? Eine Redner-Persönlichkeit, die uns in ihren Bann zieht und alles andere um uns herum vergessen lässt? Und die uns nachhaltig beeinflusst, weil die Worte Wirkung zeigen.

Solche großartigen Redner gibt es eher selten, aber sie haben alle etwas gemein: Wir hören ihnen gerne zu, weil sie klar, offen und verständlich sprechen. Dies lässt uns an den Lippen des Sprechenden hängen und hinterlässt Spuren – auch noch lange nach dem Vortrag. Willy Brandt konnte dies, John F. Kennedy hatte ebenfalls diese unglaubliche Ausstrahlung und sicherlich ist auch Barack Obama eine solche Redner-Persönlichkeit.

Sie vermitteln nicht nur Inhalte, sondern vermögen Menschen zu faszinieren. Mit gut gewählten Worten, passenden Stilmitteln und dem Spiel mit ihrer Stimme. All dies dient dazu, den Zuhörern das „Dranbleiben" zu erleichtern und zu verstehen, was gemeint ist. Es wird dadurch ein Funke entzündet, der in uns weiterbrennt, weil er etwas in unserem Inneren ausgelöst hat.

Doch auch im Gespräch mit nur einem oder wenigen Gesprächspartnern kann dieser Funke überspringen. Hierfür müssen wir erreichen, dass der andere gerne zuhört und nicht abschweift, weil er das Gesagte nicht versteht oder sich von der Ansprache des anderen überfordert fühlt.

Womit wir unser Gegenüber auch immer wieder einfangen können, ist der Überraschungsfaktor. Es fällt leider auf, dass in Gesprächen das Überraschen eine Kunst ist, die nur noch wenige beherrschen. Doch hiermit schließt man seinen Gesprächspartner auf und dringt in tiefere Bereiche vor, da mit ehrlichen Antworten gerechnet werden kann.

Ohne ein gewisses Maß an Überraschung droht das Gespräch eintönig zu werden und den anderen mit altbewährten Floskeln einzuschläfern. Kommt jedoch

C. Ahrens, L. Ahrens, *Leadership-Intelligenz - Zehn Gebote für souveräne und sozial kompetente Führung*, DOI 10.1007/978-3-658-05052-8_5,
© Springer Fachmedien Wiesbaden GmbH 2014

zwischendurch eine Frage oder ein Statement, das unser Gegenüber aufhorchen lässt, ist der Gesprächspartner wieder voll bei der Sache.

Besonders entscheidend ist auch eine bildhafte Sprache, die die Spannung aufrecht erhält und nicht langweilt. Hier gibt es zahlreiche Möglichkeiten, um passende Worte zu finden, die treffend beschreiben. Dabei hilft es, neben Fachinformationen und Tagespresse auch einmal Literatur zu lesen, die einen höheren Anspruch an den Lesenden stellt als lediglich Inhalte zu vermitteln.

Daher ist ein gut sortiertes Bücherregal sowohl mit Fachlektüre, Romanen, alten Klassikern wie auch Trendsettern aus der heutigen Zeit gefüllt. So ist gesichert, dass die Sprache auf einem soliden Grundstock aufbaut und gleichzeitig auf dem neuesten Stand der Sprachentwicklung bleibt. Die alten Meister haben hierbei durchaus ihre Berechtigung und werden nicht an Aktualität verlieren, da ihre kreative literarische Leistung in den klassischen Werken ihre Gültigkeit bis zur Jetzt-Zeit behalten und diese auch überdauern werden.

Was bei einer guten Rede oder einem nachhaltigen Gespräch ebenfalls zählt, ist das Wecken von Emotionen beim Zuhörer. Dies kann auch dadurch geschehen, dass Fakten nicht aneinandergereiht, sondern in eine Geschichte oder Anekdote verpackt werden. Hier steht das semantische gegenüber dem episodischen Gedächtnis, auf das wir unter Punkt 5.3 zu sprechen kommen.

Last but not least ist Storytelling eine hohe Kunst, die wir auch näher beleuchten wollen. Hierbei spielt es eine große Rolle, Fakten gut aufzubereiten und eine leicht verständliche Geschichte zu erzählen. Auch die Charaktere, die im Storytelling eine Rolle spielen, sollten keine „flat", sondern „round" characters sein – also nicht nur die äußere Fassade und die offensichtlichen Fähigkeiten des Hauptdarstellers schildern, sondern auch seine Emotionen, Werte und Bedürfnisse widerspiegeln. Dies ermöglicht ein Miterleben und das Hineinversetzen in die jeweilige Person, was wesentlich nachhaltiger ist als eine bloße Schilderung.

5.1   Einfache Sprache und Bilder

Wenn wir an Mitarbeitern, Kunden oder Partnern vorbeireden, werden wir mit unseren Worten keinen Erfolg haben und nichts erreichen. Zwar hört es sich immer sehr belesen und gelehrt an, wenn komplizierte Fachbegriffe oder lateinische Fremdworte gebraucht werden. Sie haben aber oft nicht die erwünschte Wirkung und beeindrucken eher selten. Denn je geringer die Schnittmenge gemeinsamer Begriffe zwischen Sender und Empfänger ausfällt, desto unbefriedigender entwickelt sich deren geführter Dialog.

Was bei Gleichgesinnten und Kollegen aus derselben Branche gut ankommt, wird bei Fachfremden meist in eine Sackgasse führen. Denn der Austausch von komplexen Phänomenen und Sprachmitteln zeugt unter Menschen mit gleichem Hintergrund von Respekt gegenüber dem Wissen der anderen und sorgt für eine gemeinsame Basis. Bei Laien allerdings kommt der Fachjargon schlecht an, da eine Botschaft nur wirkt, wenn sie verständlich ist.

Unverständliche Sprache und ihre Auswirkung

Wenn sich ein Experte gegenüber seinem Publikum unverständlich und kompliziert ausdrückt, fühlt sich ein Zuhörer unterlegen. Oder er ärgert sich über das unverständliche Gerede. Damit werden Blockaden erzeugt und Gegenwehr provoziert. Für Vorgesetzte ist es daher wichtig, ihre Mitarbeiter immer mit klaren und verständlichen Worten anzusprechen. Auch wenn er seine Kompetenz durch eine komplizierte Wortwahl hervorheben möchte, ist dies meist kontraproduktiv. Sich auf die Gesprächspartner einzustellen, ist elementar und sollte nicht mit Bauernfängerei oder populistischer Sprachweise verglichen werden, wenn die Worte einfach und treffend gewählt sind. Es entspricht vielmehr der Vernunft und macht ein Miteinander angenehm und leichtgängig.

Werden zu komplizierte Worte gewählt, ist die Reaktion eher die, dass ein Vorgesetzter als arrogant und unnahbar empfunden wird. Und gerade in einer Situation, in der er auf Fragen mit unverständlichen Antworten aufwartet, kann noch dazu unterstellt werden, dass er Dinge verschleiern möchte. Wenn diese Sätze dann auch noch verschachtelt sind und von elitärem Jargon geprägt – dann ist der Zuhörer auf jeden Fall verstimmt und damit verloren.

Im Zweier-Gespräch mit dem Chef kann es auch vorkommen, dass ein Mitarbeiter sein Verständnisproblem zu verbergen sucht. Nachzufragen erscheint ihm als unangemessen oder peinlich, so dass er seine Unzulänglichkeiten überspielt. Dies kann jedoch verheerende Folgen haben, da ein Arbeitsauftrag nicht oder falsch verstanden wird, was sich zum Abschluss eines Projekts zeigt. Bemerkt der Vorgesetzte z. B. aufgrund der Unruhe seines Angestellten oder fragendem Gesichtsausdruck, dass er nicht verstanden hat, so sollte unbedingt nachgehakt und eine alternative Erklär-Methode angewandt werden.

Dass ein Vorgesetzter nicht verstanden wird, kann auch daran liegen, dass er zu lange am Stück redet und damit seine Zuhörer verliert. Diese Überforderung führt dazu, dass Mitarbeiter nicht mehr bei der Sache sind und sich gedanklich abwenden. Auch die Stimme ist in manchen Fällen für ein Abschweifen verantwortlich. Ist sie zu monoton bzw. wenig dynamisch kann sie das Gegenüber einschläfern. Die Aufmerksamkeit ist dann nur schwer wiederherzustellen, da die Konzentration auf andere Dinge gerichtet ist.

Neigt ein Vorgesetzter dazu, Dinge zu ausführlich und ausufernd zu erläutern, so ist ebenfalls die Gefahr gegeben, seine Zuhörer zu verlieren. Dies kann gerade dann passieren, wenn er ein Projekt besonders genau und detailliert umschreiben möchte. Doch oft ist weniger auch mehr – selbst wenn die Konsequenz sein kann, dass ein Mitarbeiter nach einem einzelnen Detail oder den geplanten Schritten nochmals nachfragt. Aber dies sollte dann nachträglich leicht und passgenau erläutert werden können.

Denn die Kunst der Erklärung liegt darin, Dinge einfach zu vermitteln und dies möglichst in knappen, gut gewählten Worten. Dies erfordert im Vorfeld Planung und Aussortieren von Unwichtigem, aber das Ergebnis sind zufriedene Mitarbeiter, die nicht bei überflüssigen Ausführungen verwirrt dreinblicken oder sich anderen, vermutlich erquicklicheren Dingen zuwenden. Dies zu erkennen und sich auf das jeweilige Gegenüber einzulassen, ist für eine Führungskraft ein Mittel, um gehört, verstanden und folglich von den Mitarbeitern respektiert zu werden.

So werden Informationen leichter vermittelt

Wenn ein Chef seinen Mitarbeitern etwas **Neues** erklären möchte, so empfiehlt es sich, die unbekannte Materie mit etwas Vertrautem zu verknüpfen. Denn Gewohntes und Bekanntes können leichter und schneller vom Gehirn verarbeitet und verstanden werden. Etwa indem ein Beispiel aufgezeigt wird, wie ein Sachverhalt auf eine einfachere Ebene gehoben wird. Oder abstraktes Zahlenwerk mit griffigen Vergleichen erklärt.

Eine unbekannte Fläche kann so mit der Größe von Fußballfeldern oder das Gewicht mit dem eines Elefanten beschrieben werden. Eine Strecke ist verständlicher, wenn sie ins Verhältnis zum Erdumfang gesetzt wird, die Höhe kann mit der des Eifelturms verglichen werden. Normale MP3-Hersteller sagen, sie haben eine bestimmte Anzahl von Megabyte als Datenspeicher. Die meisten User wissen aber noch nicht einmal, wie groß ein Song ist. Steve Jobs hat dasselbe für seinen iPod beschrieben mit „1000 Songs für Deine Hosentasche". Diese Beschreibung macht eine nichtssagende Zahl wesentlich anschaulicher und greifbarer.

Auch ein besonders **umfangreicher Themenkomplex** kann besser vom Gesprächspartner verdaut werden, wenn dieser in kleinere Einzeleinheiten unterteilt wird. So können Sprechpausen eingeplant werden, die das Gesagte beim Zuhörer setzen lassen. Oder es wird nach einem gedanklichen Abschnitt eine kurze Zusammenfassung gegeben, die das Wichtigste nochmals darstellt. Auch die Möglichkeit, Fragen zu stellen, sollte gegeben sein. Auch mithilfe einer kleinen Erkundigung, ob soweit alles verstanden wurde bzw. klar gemacht werden konnte. Hierfür ist es auch wichtig, Themen selbst noch einmal zu durchdenken und zu hinterfragen, bei welchen Punkten eventuell Missverständnisse aufkommen könnten oder gedankliche Hürden überwunden werden müssten. Und es schadet nichts, sich immer wieder vor Augen zu führen, dass das Thema so aufgearbeitet sein sollte, dass auch ein zwölfjähriges Kind verstehen könnte, worum es beim Gesagten geht.

Wenn **abstrakte Themen** erklärt werden müssen, so bietet es sich an, kleine Anekdoten, Illustrationen oder Visualisierungen einzubauen. So kann der Zuhörer sich etwas mehr entspannen und sein Interesse ist geweckt. Werden Ideen dadurch transparent, so kann mit der Unterstützung der Mitarbeiter gerechnet werden, da die wesentlichen Informationen übermittelt und verstanden wurden. Werden Zahlen und hard facts zu trocken dargelegt, so kommt es eventuell zu Unverständnis und erzeugt Blockaden.

Einige hilfreiche Tipps, um Sprache einfach zu halten

Verständliche Worte können erst dann gewählt werden, wenn das Thema uns bekannt und vertraut ist. Wir müssen den Sachverhalt für uns selbst geklärt und durchdacht haben. Erst dann kann eine Essenz der wichtigsten Fakten daraus gezogen und anderen vermittelt werden. Wenn wir selbst etwas noch nicht ganz verstanden haben, tendieren wir dazu, mit vielen Worten zu umschreiben, weil wir hoffen, der andere wird sich schon die richtigen Informationen zusammensuchen. Irgendetwas wird ja hoffentlich dabei sein.

Weniger ist oft mehr, da in unseren Ausführungen häufig zu viel an Information steckt bzw. Dinge wiederholt werden. Doppelt und dreifach werden die Themen auf den Tisch gebracht und mit mehr oder minder verständlichen Details ausgeschmückt. Konzentrieren wir uns jedoch auf die wesentlichen Tatsachen, die mit etwas Gefühl angereichert sind, so kommt dies beim Gegenüber in der Regel am besten an und führt nicht zu Langeweile.

Sätze zu Ende zu bringen, ist eine hohe Kunst, die im Mündlichen häufig nicht angewendet wird. Denn nur ein komplett ausformulierter Satz bringt eine Aussage in einen Zusammenhang. Wird ein Teil einfach weggelassen, so lässt dies Platz für Interpretationen, die oft nicht stimmig sind.

Präzise Sprache statt unendlicher Füllworte kommt beim Zuhörer erheblich besser an, als wenn er ständig über Wörter hinweghören muss, die dem Inhalt nicht zuträglich sind bzw. das Gesagte verwässern. Hierzu zählen Füllsel wie „also", „allerdings", „gleichwohl", „mehr oder weniger", „schlichtweg" oder „ziemlich", um nur ein paar Beispiele zu nennen. Es ist also von Nutzen, seine eigene Sprache einmal zu durchleuchten und auf Wörter zu achten, die überflüssig sind. Diese ärgern die Zuhörer und lenken vom Wesentlichen ab.

Spontane und zur Persönlichkeit passende Worte wirken in der mündlichen Sprache am glaubwürdigsten. Es erscheint lächerlich, wenn ein Mittvierziger mit Ausdrücken der Jugendsprache um sich wirft, um damit bei der Zielgruppe anzukommen. Auch ein handfester Arbeiter, der sein Gespräch mit akademischen „Termini" anreichern möchte, wirkt nicht besonders authentisch. Und auch wenn jemand sich im Schriftdeutschen gut ausdrücken kann, so heißt das noch lange nicht, dass er diese Sprache auch bei einem Vortrag zum Einsatz bringen sollte. Hier ist es sinnvoll, dem natürlichen Redefluss Vorrang vor dem Manuskript zu geben.

Logik beim Sprechen nicht außen vor lassen – dies sollten wir bei unseren Ausführungen immer berücksichtigen. Denn für den Zuhörer ist es nicht immer klar, welche Gedankensprünge wir im Kopf vollziehen. Diese mögen für uns keinen Bruch zum vorher Gesagten darstellen, weil wir wahrscheinlich ein Gesamtbild vom Thema haben. Dies muss jedoch beim Zuhörer zunächst ausgebildet werden und entstehen, so dass wir besser Schritt für Schritt erklären sollten, als uns zwischen verschiedenen Polen zu bewegen. Damit verlieren wir im Zweifelsfalle unseren Gesprächspartner, da er die Sprünge nicht nachvollziehen kann.

Ein letzter Tipp umfasst **„Sieben Goldene Rede-Regeln"** (nach Rolf Breitenstein, Ghostwriter von Helmut Schmidt, in Schneider 2001, S. 130):

Man kann über alles reden, aber nicht über 45 min.

Das Publikum ist wichtiger als das Manuskript.

Nicht jede Rede muss bei Adam und Eva beginnen.

Wer verstanden werden will, muss verständlich sprechen.

Auch wenn alles falsch ist, müssen die Namen stimmen.

Witz ist gut, selbst gute Witze sind nicht immer angebracht.

Wer keine Frage offen lässt, hat die Diskussion abgewürgt.

Bilder, die wirken

Inhalte mit einer bildhaften Vorstellung zu verknüpfen macht das Gesagte plastisch und bleibt dadurch besser im Gedächtnis. Unabhängig davon, ob wir diese Technik im privaten Bereich oder im Geschäftsleben anwenden. Denn gerade bei Vorträgen oder Reden ärgern uns immer wieder die trockenen, abstrakten Ausführungen, die dazu verleiten, sich mit anderen Dingen zu beschäftigen. Doch um die Aufmerksamkeit zu erhalten, bieten sich Bilder hervorragend an.

Wenn das Kopfkino gestartet ist, lassen sich die Zuhörer meist gerne in den Bann des Redners ziehen. Denn meist ist es eine interessante Reise, auf die wir uns einlassen dürfen. Wir können uns die geschilderte Situation viel besser vor Augen führen, wenn wir uns dazu Bilder vorstellen, die ungewöhnlich sind und im Kopf bleiben.

Bestandskraft von Bildern aus früheren Zeiten

Ein gutes Exempel für langanhaltende Wirkung ist die Werbung, die sich mit großartigen Bildern in die Erinnerung einbrennt. Wer vor 1970 geboren ist, wird sich
beispielsweise sicherlich gut an den TV-Spot erinnern, der den „Weißen Riese" in
den Mittelpunkt stellte. Um die Ergiebigkeit und Waschkraft eines Pakets Wasch-
mittel zu veranschaulichen, wurden weiße Bettlaken auf eine Leine gehängt, die
sich scheinbar ohne erkennbares Ende in die Ferne zog. Oder auch die Fernseh-
werbung von Wrigleys – hier bewegten sich Menschen mit überdimensionalen
Kaugummi-Packungen unter dem Arm über den Bildschirm. Ungewöhnlich und
einprägsam – genau wie Bilder für die Ewigkeit sein sollten.

Bereits in der Bibel wurde in Bildern und Gleichnissen geredet, was für den
ungebrochenen Erfolg dieses Werks sicherlich auch ein maßgeblicher Faktor ist.
So konnten Menschen jeglicher Herkunft und aller Bildungsschichten einen Anteil
des neuen und alten Testaments verstehen und sich eventuell sogar damit identifizieren, weil sie Geschriebenes bzw. Erzähltes aus der Bibel nachvollziehen und auf
ihr Leben übertragen konnten.

Übernehmen wir Bilder auch in unsere eigene Sprache, so erhöhen wir die
Chance um ein Vielfaches, mit unseren Worten in Erinnerung zu bleiben. Denn
bildhafte Sprache weckt Assoziationen und ist inspirierend. Eine gute Idee kann
das „Salz in der Suppe" sein, in einer Notlage „steht uns das Wasser bis zum Hals"
oder etwas „stößt uns sauer auf", wenn es keinen Gefallen findet. All diese Bilder
führen uns genau vor Augen, in welcher Situation sich jemand gerade befindet,
und vermitteln einen Eindruck von seiner Not oder Freude. Damit ist auch schon
ein Mitgefühl vorprogrammiert, das beim Zuhörer entsteht. Und dies bleibt fest
verwurzelt in der Erinnerung.

Bilder im Führungsalltag

Wenn Führungskräfte es verstehen, Bilder gekonnt einzusetzen, so gestalten sie
ihre Sprache lebendig und schlagkräftig. Sie animieren ihre Mitarbeiter, da sie dynamisch und überzeugend in ihrer Argumentation sind. Denn damit wird der Zuhörer gefesselt und kann von Zielen und Meinungen überzeugt werden. Zunächst
wecken die Bilder Aufmerksamkeit für das Gesagte, echtes Interesse für ein Thema
entsteht und die Überzeugung des Sprechers wirkt ansteckend. So kann das Team
von einer Sache begeistert und zur Mitarbeit motiviert werden.

Unabhängig von der Zielgruppe können Vorgesetzte in ihrem Unternehmen,
bei Kunden oder Partnern punkten, wenn sie sich mit ihrer Sprache beschäftigen

und sich um mehr Bildhaftigkeit bemühen. Dies ist angesichts von Zahlen, Fakten und Strategien nicht immer einfach, wird aber von den Angesprochenen umso mehr gedankt, weil es selten genug praktiziert wird. So fällt ein Vorgesetzter mit bildhafter Sprache positiv aus dem Rahmen.

Manchmal lohnt es sich auch, über weniger Bilder in Form von Slides in Powerpoint nachzudenken, als vielmehr einmal die Informationen auf dem Bildschirm zugunsten der sprachlichen Bilder zu reduzieren. Oder den Rechner während einer Ansprache einmal komplett auszulassen. Dies ist sicherlich ungewohnt, da immer mehr Menschen mit Präsentationen groß wurden und es kaum anders kennen. Aber wer wirkt überzeugender – ein charismatischer Redner, der sein Thema ohne Hilfsmittel lebhaft darstellt, oder ein faktenorientierter Vortragender, der selbst kaum in Erscheinung tritt, weil die Abbildungen im Hintergrund seiner Person zu viel Aufmerksamkeit erfordern?

Es schadet übrigens nicht, wenn neben den „seriösen" Medien der Tagespresse auch hin und wieder einmal eine Bild-Zeitung oder eine farbenfrohe Illustrierte zur Hand genommen wird – auch außerhalb der Arztpraxis, des Friseursalons oder des Fliegers. Hier gibt es zahlreiche Beispiele für gelungene Bilder und Schlagzeilen, die eventuell zu mehr Wagnis und dem Beschreiten neuer (bebilderter) Wege ermutigen.

5.2   Gefühle erzeugen

Bildhafte Sprache hängt bereits sehr eng mit dem Thema der Emotionen zusammen, die im Gespräch oder einer Rede geweckt werden. Diese können positiv inspirieren, aber natürlich auch negative Gefühle erzeugen. Die Bandbreite hierfür ist groß. Was einen großen Vorteil des Anregens von Sinnen und Erregens von Gefühlen darstellt, ist die Nachhaltigkeit eines Vortrags oder Gesprächs. Denn alle Informationen, die nicht nur vom Kopf verarbeitet werden, sondern auch den Bauch einbeziehen, bleiben in Erinnerung.

Emotionen in einer Rede erzeugen

Wenn die Gefühle in einem Vortrag angesprochen werden, so appelliert der Redner an den Geist seiner Zuhörer und **inspiriert** sie. Damit eröffnet er neue Denkrichtungen und Denkweisen, die motivieren. Wenn eine Führungskraft dieses Freidenkertum ermöglicht, so werden Mitarbeiter dies danken, weil sie damit auch Raum für Selbstverwirklichung erhalten und Perspektiven sehen. Dies alles ist mit dem großen Gefühl der Freiheit sowie Visionen für die Zukunft verbunden, was für eine positive Grundstimmung im Team sorgt.

Doch auch wenn nicht immer das ganz große Gefühl erzeugt wird bzw. Freiräume für eigene Perspektiven geschaffen werden, so kann zumindest die Gefühlsebene bei einer Rede angesprochen werden, indem der Vortragende **unterhält**. Denn Geschichten, Anekdoten oder passende Zitate geben einem sachlichen Thema die entsprechende Würze, um „dranzubleiben".

Auch Lachen kann für eine gute Atmosphäre unter den Zuhörern sorgen, weil dies ebenfalls mit positiven Gefühlen verbunden ist. Für Führungskräfte ist es daher sinnvoll, sich für einen Vortrag auch ein paar lustige Fakten oder Witze zurechtzulegen. Damit wird das Plenum aufgelockert und strahlt wiederum auf den Redner ab.

Sich auch selbst in eine entsprechend positive Stimmung zu versetzen, kann ebenfalls ansteckend sein. Wenn sich ein Vorgesetzter vor einem Vortrag auch mit Humor oder einem kleinen Ritual inspiriert, so werden die Mitarbeiter dankbar sein, dass der Vortrag nicht langweilt, sondern gute Gefühle weckt.

Wenn ein Redner dann noch die Fähigkeit hat, seine Zuhörer zu **berühren**, ist die gesamte Bandbreite von Inspiration, Unterhaltung und Berührung abgedeckt, was für den Erfolg des Gesagten spricht. Wenn ein Mensch während einer Rede zum Nachdenken kommt, weil ihn ein Schicksal oder eine Beschreibung einer Situation berührt, kann der Vortragende davon ausgehen, dass er das Wichtigste beim Zuhörer erreicht hat. Er hat Gefühle geweckt, die seine Worte von trockenen Fakten zu gelebten Erfahrungen machen. Auch wenn diese zunächst nur im Geiste des Zuhörers entstehen.

Besonders eindrucksvoll hat in den letzten Jahren Barack Obama das Auditorium in seinen Bann gezogen. Er versteht es bei jeder Rede, Gefühle beim Publikum zu erzeugen, die eine Verbindung zum Redner schaffen. So legt er beispielsweise einen Schwerpunkt darauf, gemeinsame Bezugspunkte mit dem Publikum herzustellen, um starke emotionale Beziehungen zu erzeugen. Gemeinsame Berührungspunkte schafft er u. a. dadurch, dass er die trennenden Elemente wie gesellschaftliche Unterteilungen – Schicht, Hautfarbe, Abstammung, Herkunft und Religion – auf Gemeinsamkeiten wie geteilte Werte und Träume lenkt.

Auch wenn das Publikum noch so bunt ist, meist gibt es ein verbindendes Element, das lediglich gefunden und betont werden sollte. Ob es ein gemeinsamer Traum, das Streben nach Wohlbefinden und Gesundheit, das Festhalten an Werten wie Loyalität und Freundschaft oder das erfolgreiche Gelingen eines gemeinsamen Projekts sind – all diese Aspekte ermöglichen ein Gemeinschaftsgefühl, das den Redner in ein positives Licht stellt und zu Höchstleistungen motiviert.

In Gesprächen Gefühle einfließen lassen und den Bauch ansprechen

Die stärkste Macht und der größte Motivator, um Menschen zum Handeln zu bewegen, sind ihre Emotionen. So muss letztlich in einem Gespräch, das Vorgesetzte mit ihrem Team oder Kunden führen, keine logische Kette von Argumenten in Gang gesetzt, sondern auf deren Gefühlswelt abgezielt werden. Es geht im Wesentlichen darum, einen Mitarbeiter von etwas zu überzeugen und ihn dadurch zum Handeln zu bringen.

Doch keine noch so schlüssige Beweisführung oder das Aufzählen von Gründen wird einen Gesprächspartner auf die Seite des Sprechenden ziehen, wenn er mit seinen Worten nicht auch den Bauch anspricht. Beobachten wir Politiker, Schauspieler und Moderatoren, so sind diese immer darauf bedacht, Gefühle bei ihrem Gegenüber zu wecken. Sie wollen Freude, Spaß oder Begeisterung aktivieren bzw. umgekehrt Wut, Empörung, Angst oder Enttäuschung hervorrufen. Denn diese Emotionen sind unglaubliche Treiber, die eine Handlung geradezu provozieren.

Die **zwei Mechanismen, Freud oder Leid** beim anderen zu erzeugen, sind für den Verlauf eines Gesprächs die entscheidenden. Will ein Vorgesetzter sein Team zu großen Leistungen bringen, so muss er einen der beiden Knöpfe drücken, um etwas zu bewegen. Beispielsweise wenn es um die Planung eines Betriebsausflugs geht, der auf der Kippe steht, weil ein Projekt noch nicht zu Ende gebracht ist. So kann er an sein Team appellieren, indem er eine Bandbreite von Gefühlen weckt. Die fleißigen Bienen werden Unmut über diejenigen empfinden, die sich noch nicht genügend engagiert haben und somit den Ausflug eventuell verhindern. Hingegen pocht bei den bislang noch nicht so erfolgreich arbeitenden Projektmitgliedern eher das schlechte Gewissen, weil sie eventuell die Verantwortung für die nicht stattfindende Tour tragen. Eine enorme Triebkraft auf beiden Seiten, die möglicherweise in Unstimmigkeiten oder Streit münden.

Umgekehrt können statt der vorher genannten Negativemotionen auch positive Gefühle geweckt werden, indem die Projektfortschritte gelobt werden. Wenn beispielsweise die schnell und gut arbeitenden Mitarbeiter gelobt werden, so kommt Freude und sicherlich auch ein wenig Stolz auf. Die etwas langsamer Wirkenden werden mit der Aussicht auf eine Belohnung (wie Freibier) gelockt, wenn sie bis zum Betriebsausflug einen gewissen Projektstatus erreicht haben. Hier kommt gesunder Ehrgeiz und der Wille auf, etwas gut zu machen. Auch hier wird eine Menge Energie freigesetzt.

Die höchste Stufe, Emotionen zu wecken, sind nicht nur die sich diametral entgegenstehenden Gefühle Freud und Leid zu wecken, sondern die **gesamte Bandbreite**, die dazwischen liegt, zu nutzen. Erklärt ein Vorgesetzter seinem Mitarbeiter, wie er die Fortschritte in einem Projekt bewertet, so kann dies in einzelnen Etappen erfolgen. Dabei löst der Chef bei seinem Mitarbeiter eine Anzahl unterschiedlichster Gefühle aus.

Zunächst äußert er sich enttäuscht darüber, dass zu Beginn der mangelnde Informationsaustausch unter den Projektteilnehmern zu Verzögerungen führte (Frustration). Mit der schlimmsten Konsequenz, dass dadurch der Mitarbeiter aus dem Projekt hätte ausgeschlossen werden müssen (Angst). Dies wäre für den Gesamterfolg des Projekts problematisch geworden (Betroffenheit).

Doch im Verlauf des Projekts habe sich die Situation zum Positiven verändert, weil eine rege Kommunikation unter den Teammitgliedern eingesetzt habe (Freude). Danach sei sogar Lob von höchster Stelle für das Projekt geäußert worden (Stolz). Dies habe die anfänglichen Unebenheiten in den Hintergrund treten lassen und habe keinerlei negative Konsequenzen für die weitere Zusammenarbeit mit dem mittlerweile erfolgreich agierenden Teammitglied (Erleichterung).

Der Mitarbeiter durchlebt in solchen Momenten große Gefühlsschwankungen, die jedoch von der Führungskraft bewusst ausgelöst wurden. Denn damit kann ein neues Projekt weiter beflügelt werden, da die Erfahrungen aus dem alten mit dem anstehenden verbunden und genutzt werden.

Wichtig ist es jedoch die Reihenfolge, in der die Emotionen angesprochen werden. Zunächst gilt es, die negativen Gefühle zu wecken, die den Mitarbeiter aufrütteln sollen, also Misstrauen, Scham, Angst, Betroffenheit oder Frustration. Nachdem diese unangenehme Situation vom Mitarbeiter durchlebt und der Ärger des Vorgesetzten verstanden wurde, wird er nun wieder eingefangen und positiv gestimmt, indem er die andere Seite kennen lernt. Er erlebt Freude, Stolz, Genugtuung oder Anerkennung und wird diese Gefühle als Hauptmotivator für seine künftige Arbeit empfinden.

Eine gute Führungskraft muss sich also genau überlegen, wie sie ihr Gespräch mit einem Mitarbeiter aufbaut und Gefühle bewusst anspricht. Die Struktur einer solchen Kommunikation ist oft komplex und sollte wohldurchdacht sein, so dass die entsprechende Schlagkraft beim Mitarbeiter erzielt werden kann. Dies erfordert vorherige Planung, hat jedoch den positiven Effekt, nachhaltige Wirkung zu zeigen.

Gute Ressourcen, um Gefühle zu erzeugen

Es gibt zahlreiche Möglichkeiten, um sich für Reden und Gespräche Quellen zu suchen, die beim Gegenüber Emotionen erzeugen. Hierfür eigenen sich Beispiele, aktuelle Nachrichten, Vergleiche, Geschichten und Witze (frei nach Braun 2001, S. 112).

Die **Beispiele** können eigene Erfahrungen, Erfahrungen anderer Anwesender oder Erfahrungen von dem Publikum unbekannten Personen sein. Begründen Führungskräfte gegenüber ihren Mitarbeitern ihre Entscheidungen mit einleuchtenden Beispielen, die sie selbst oder die Mitarbeiter schon erlebt haben, so wirken ihre Ausführungen wesentlich glaubhafter. „Erinnern Sie sich an die Lautstärke, die wir bei der letzten Diskussion erreichten, weil alle durcheinander redeten? Dieses Mal habe ich mich entschieden, dass wir während der Debatte nur diejenigen zu Wort kommen lassen, die sich per Handzeichen melden. Dies verursacht sicherlich weniger Kopfschmerzen und Heiserkeit, als einige sie beim letzten Mal nach Verlassen des Tagungsraums hatten".

Auch **aktuelle Nachrichten** wecken Gefühle. Wenn ein Thema die Medien beherrscht, so kann dies einem Vorgesetzten zum Unterstreichen seiner Argumente dienen. Wenn Zeitungen und die Nachrichten beispielsweise von Korruptionen oder Steuerhinterziehung bei prominenten Sportlern, Politikern oder Unternehmern sprechen, hat die Führungskraft einen guten Ansatz, um über Compliance zu unterrichten, die künftig bei der Belegschaft – aus bekannten Gründen – noch wichtiger sein wird.

Vergleiche können trockene Aussagen zu mehr Schlagkraft verhelfen. Diese bleiben langanhaltend im Gedächtnis, wenn sie gut gewählt sind. Werden Verkäufer auf neue Methoden eingeschworen, so kann es von Nutzen sein, ihnen einige Beispiele für richtiges und falsches Vorgehen bei den Kunden an die Hand zu geben. So ist es eher hinderlich, einen Kunden wie eine Wildkatze zu belauern, um dann bei erstem Einverständnis wie ein Adler auf ihn herab zu stechen. Hingegen kann es hilfreich sein, die Ohren wie ein Luchs zu spitzen und bei den wesentlichen Aussagen des Kunden ein Gedächtnis wie ein Elefant an den Tag zu legen, um beim nächsten Gespräch darauf zurückzukommen.

Was **Geschichten** bewirken können, darauf gehen wir im nächsten Abschnitt noch etwas umfangreicher ein. Nur so viel sei bereits gesagt, dass Lehrgeschichten wie Märchen oder Fabeln, historische Anekdoten oder Ausschnitte aus Filmen oder Dramen ein theoretisches Konstrukt plastisch machen können. Und gerade wenn es um Moral und Ethik geht, lassen sich Regeln besser anhand altbekannter Fabeln erläutern und erzeugen eventuell noch Sympathie bei den Zuhörern. Zum Belehren sind daher meist Fabeln oder Geschichten mit negativen Assoziationen bzw. Folgen hilfreich, zum Motivieren Anekdoten mit positivem Ausgang.

Was **Witze** anbelangt, so hat jeder schon die Erfahrung gemacht, dass Humor viel bewirken kann. Wenn Menschen lachen, so ist die Stimmung sofort eine andere, als wenn der Ernst und die Seriosität eine Redesituation beherrschen. Zitate, gute Pointen und Situationskomik erheitern die Zuhörer und lösen auch Blockaden, die eventuell zuvor entstanden sind. Und auch hier sollte für eine Rede gut geplant werden: Denn auch bei Radio- und TV-Moderatoren, deren Witze vermeintlich spontan erzählt werden, sind die Gags im Vorfeld genau durchdacht. Und auch das Testen an Personen, die vertraut sind, ist sinnvoll, da manche humoristischen Einlagen im Schriftlichen wirken mögen, aber nicht fürs Mündliche taugen und daher im Vortrag nicht zünden.

5.3 Semantisches versus episodisches Gedächtnis

Häufig fragen sich Führungskräfte, warum bei ihren Mitarbeitern Informationen nicht oder nicht immer ankommen bzw. hängen bleiben. Hierbei ist es wichtig, sich über die Funktionsweise des Gehirns bzw. Gedächtnisses klar zu werden. Es gibt ein semantisches Gedächtnis, das mit Fakten, Zahlen, Verfahren und abstrakten Informationen arbeitet sowie ein episodisches, das mit Bildern, Geschichten und greifbaren Darstellungen gefüttert werden möchte.

Das episodische Gedächtnis entwickelte sich schon vor mehreren Millionen Jahren, da die Menschen schon seit jeher mit Geschichten und Bildern arbeiteten, um ihre Erlebnisse zu berichten. Hingegen existiert das semantische Gedächtnis erst seit Erfindung der Buchdruckkunst, da zu dieser Zeit Wörter und Zahlen aufgeschrieben wurden und somit stärker mit Buchstaben und Maßeinheiten gearbeitet wurde.

Beschreibungen

Hätte man in der Frühzeit beispielsweise einen **Weg beschreiben** müssen, so nahm man hierfür Bilder und Wegmarken in Anspruch: „Gehe bis zur großen Eiche, dann rechts und weiter bis zum Brunnen, wo Du das Haus siehst". In Zahlen ausgedrückt würde man heute sagen: „Nach zwei Kilometern fährst Du rechts und dann nochmals 300 Meter, bis Du das Gebäude siehst". Dies ist wesentlich abstrakter, und das Ziel kann nur durch moderne Hilfsmittel wie einen Kilometer-Zähler oder ein Navigationssystem erreicht werden (Schritte zu zählen wäre sicherlich auch möglich, aber ebenfalls kompliziert).

Identische und unterschiedliche Dinge

Auch Dinge, die identisch sind, kann sich das Gehirn nicht gut merken, wie beispielsweise zwei baugleiche Häuser. Hier ist es wichtig, dass zur Wiedererkennung **Unterschiede** wie die individuelle Gestaltung des Gartens oder verschiedene Zäune vorhanden sind. Das macht es wesentlich leichter zu erkennen, wohin man sich wenden muss.

Rätsel lösen

Auch bei **Rätseln** wird die Vorliebe des Gehirns sehr schnell klar: Bei zwei Bildern, auf denen die Unterschiede festgestellt werden müssen, fällt es wesentlich leichter, dies zu tun, als wenn es sich um Buchstaben-Kombinationen handelt, wozu die gleiche Aufgabe gestellt ist. Verantwortlich hierfür sind ebenfalls das episodische bzw. im zweiten Falle das semantische Gedächtnis.

Sich etwas merken

Auch die **Merkfähigkeit** ist durch Bilder höher. Sollen sich Kinder beispielsweise drei Begriffe merken wie ein 90 × 90 cm großes, rotes Seidentuch, einen beigefarbenen Bastkorb mit 20 cm Durchmesser und 30 cm Tiefe sowie einen 15 Jahre alten Lupus, so wird dies problematisch. Haben Sie jedoch dazu die Assoziation vom Rotkäppchen und dem bösen Wolf, so bringen sie die Begriffe in einen inhaltlichen Zusammenhang und merken sich die genannten Dinge sehr einfach.

Vorstellungskraft

Sollen sich Menschen etwas **vorstellen**, so können sie dies ohne größere Probleme, wenn sie Bilder erhalten. Es fällt ihnen sogar extrem schwer, sich keine Bilder von etwas zu machen, wenn sie dazu aufgefordert werden. Das Gehirn erzeugt sie automatisch. Wird beispielsweise gesagt: „Stellen Sie sich jetzt bitte keinen grünen Elefanten mit rosa Punkten vor", so ist dies fast unmöglich. Das Gehirn setzt die genannten Informationen zu diesem Bild direkt um.

Eigene Erfahrungen haften besser

Geben wir Menschen ein Bild wie das des Elefanten, so sollten nicht zu ausführliche Infos über die Größe des Tieres, die Anzahl der Punkte oder die Farbschattierungen gegeben werden. Denn damit versuchen wir, dem anderen unsere eigenen Vorstellungen aufzubürden. Wenn er allerdings die Möglichkeit hat, sich seinen eigenen Elefanten „auszumalen", so wird diese Erinnerung nachhaltiger bzw. persönlicher, da er die gegebenen Informationen aktiv mit seinen eigenen Erfahrungen verbindet und damit im Gehirn verankert. Dies gilt auch für Bücher im Vergleich zu Kinofilmen: Im Buch entstehen Bilder nach eigenen Vorstellungen und Erfahrungen, so dass diese langlebig sind. Im Kino werden die Eindrücke vorgegeben. Dies bringt häufig eine kürzere Verweildauer im Gehirn mit sich.

Grenzenlose Fantasie nur im Kopf, nicht auf Zelluloid

Um das Filmbeispiel nochmals aufzugreifen, so wurde in den letzten Jahren über das Projekt geredet, Frank Schätzings „Der Schwarm" zu verfilmen. Bislang ist dies jedoch noch nicht geschehen, da die Umsetzung einzelner Szenen zu schwierig sein dürfte. Beim Lesen des Buches entstehen große, pompöse Bilder im Kopf. Dies funktioniert jedoch nur dort, weil es **eigene Bilder** sind. Die Eindrücke auf die Leinwand zu bannen bzw. zu reduzieren, würde Enttäuschung hervorrufen. Die Fantasie ist grenzenlos, aber die Reduzierung auf ein Medium wie einen Film dadurch kaum machbar.

Abstraktes bildlich machen

Auch die Einführung **abstrakter Begriffe** ab der Zeit des Buchdrucks wurde für die meisten Menschen zur Herausforderung. Nimmt man heute beispielsweise ein Wort wie das der Innovation, so ist es mit der Vorstellungskraft nicht weit her. Im Kopf entsteht kein Bild. Erst über den Umweg einer konkreten Umsetzung einer Innovation kann diese Begrifflichkeit im Kopf verankert werden. Eine Übersetzung fürs episodische Gedächtnis könnte beispielsweise ein Elektroauto oder ein Windrad zur Energieerzeugung sein. Dies wird zu einem Bild im Kopf (wie beispielsweise auch das der Sonne), so dass auch abstrakte Begriffe haften bleiben, sobald wir sie in der „übersetzten" Form eines vorstellbaren Bildes anbieten.

Storytelling

Ein wichtiges Thema, um abstrakte Dinge oder Zahlen greifbar zu machen, ist ihre Emotionalisierung durch Geschichten und Anekdoten. Der Dalai Lama sagte einmal: „Fakten werden mächtig, wenn sie emotional ansprechen". Dies müssen Führungskräfte berücksichtigen, wenn sie etwas begreifbar machen und in der Erinnerung ihrer Mitarbeiter verankern wollen.

Werden Geschichten erzählt, wird auch ein **schwieriger Stoff verständlich** und überzeugend, weil die „Verpackung" stimmt. Wissen kann anschaulich und unterhaltsam übermittelt werden, so dass die Inhalte nicht nur gehört, sondern auch erlebt werden. Dies ist ungemein wichtig, um die Kommunikationsebene vom Bewussten auf eine unterbewusste Schiene zu bringen. Der Bauch wird angesprochen, wodurch Verständnis für die eigene Sache geschaffen wird. Denn die Zuhörer fühlen sich persönlich berührt, weil sie das Thema nachvollziehen und in ihren Lebensbereich einordnen können.

Um das **Kopfkino** in Gang zu setzen, ist natürlich die Wahl des Themas entscheidend. Geschichten aus dem Leben, die kein Einzelschicksal beschreiben, sondern was uns alle beschäftigt sind der Schlüssel, um Kopf und Bauch beim Zuhörer anzusprechen. Welche Themen bewegen und haben das Potenzial, Emotionen zu wecken? Hier kommt alles zum Tragen, was berührt, ärgert, freut oder frustriert. Und wenn eine Lösung aufgezeigt wird, die aus einem Dilemma oder einem Tal herausführt, so wird dies den Zuhörer mit einem guten Gefühl aus einem Vortrag oder Gespräch gehen lassen.

Für den Führungsalltag besonders wichtig ist die **Beobachtung des Gegenübers**. Denn mit Geschichten können Emotionen erzeugt und abgelesen werden. Dies zeigt auf, wie das Gesagte ankam. Am besten werden Inhalte in einer bestimmten Reihenfolge präsentiert. Den Anfang sollte eine kurze Geschichte zum Einstieg machen, im Mittelteil folgen harte Informationen und Fakten, um gegen Ende wieder eine Anekdote oder ein Element aus der „Storytelling-Kiste" zu ziehen. So sind wichtige Themen gut strukturiert, um sie überzeugend und mit Erinnerungsfaktor im Gehirn und der Gefühlswelt des Zuhörers zu platzieren.

Natürlich spielt auch der **Machtfaktor** eine Rolle, wenn Dinge von einer Führungskraft unverständlich bzw. schwer nachvollziehbar erklärt werden. Will der Vorgesetzte seine Machtposition ausspielen, so spricht er in Fakten, Zahlen und Daten, die für seine Mitarbeiter weder zu verstehen noch zu merken sind. Damit grenzt er sich ab. Will er sein Team einbinden, so gibt er ihnen verständliche Bilder und begreifbare Zusammenhänge an die Hand, so dass ihnen mithilfe dieser einfachen Darstellungen Nachvollziehbares für ihre Arbeit gegeben wird, womit sie bei deren Umsetzung etwas anfangen können.

Auch die **Menge der Informationen** ist bei der Übermittlung von Wissen ein zu beachtender Aspekt. Denn der Tag hat nur 24 Stunden bzw. der Arbeitstag zwischen 8 und10 Stunden, die nur mit einer gewissen Anzahl von Inhalten gefüllt werden können. Als Beispiel für die Datenflut möge ein einfacher Vergleich dienen: In den 80er Jahren wurden weltweit pro Tag etwa 1,5 Mrd. Briefe verschickt. Heute werden täglich etwa 250 Mrd. Mails verschickt. Niemand wäre früher auf die Idee gekommen, statt der heutigen Funktion des Einkopierens in Mails („in CC") einen Brief 20 Mal zu kopieren, die Duplikate in einen Umschlag zu stecken und diese wiederum alle mit einer Marke zu versehen.

So erhält eine Führungskraft im Schnitt 100 Mails pro Tag im Vergleich zu einer überschaubaren Anzahl von Briefen, wie es noch vor wenigen Jahren der Fall war. Ihr Gehirn hat sich jedoch nicht wesentlich verändert im Vergleich zu dem in den 80er Jahren, in der die Datenflut noch nicht so stark war. Die Informationen können also teilweise nicht oder nur schlecht verarbeitet werden, so dass wir Relevantes so gut und intelligent verpacken müssen, dass sie auch ankommen bzw. eingeordnet werden können. Dies ist über gutes Storytelling möglich.

Im **privaten Leben** nutzen wir die Möglichkeit viel häufiger, uns Geschichten zu erzählen. Jeder tut dies. Nicht nur, um Kindern Dinge zu veranschaulichen, sondern auch um unseren (erwachsenen) Nachbarn von einem feucht-fröhlichen Gartenfest unter Kastanien zu erzählen oder Ehepartnern vom stressreichen Telefonat mit einem Ungeheuer beim Finanzamt zu berichten. Hier werden häufig Geschichten und Anekdoten um die eigentlichen Tatsachen gebaut, die das Erlebte wesentlich plastischer machen.

Wirbt beispielsweise eine Bäckerei mit puren Fakten, erweist sich dies nicht immer als die beste Weise, um Kunden für das Angebot zu begeistern. Denn wer kann sich schon vorstellen, was uns erwartet, wenn in der Werbeanzeige von einem gesunden Saatenbrot oder einem 40 g schweren, salzigen Laugengebäck gesprochen wird? Anschaulicher und verlockender ist der Slogan: „Es wird Ihnen das Wasser im Munde zusammenlaufen, wenn Sie unsere leckeren Brezeln mit grobem Meersalz und unsere knackig-frischen Sonnenblumen- und Kürbiskernbrote testen".

In allen Lebensbereichen – privat wie im Geschäftsleben – sind und waren Geschichten schon immer ein wichtiger Faktor, um seine Botschaft bei den Zuhörern und Gesprächspartnern erfolgreich zu platzieren. Wir tendieren dazu, während der Arbeitszeit die mit der linken, verstandesorientierten Seite des Gehirns arbeitenden Analytiker zu sein bzw. sein zu wollen. Und im privaten Umfeld Geschichten zu erzählen, was von der rechten, gefühlsbetonten Gehirnhälfte gesteuert wird.

Mit der linken Gehirnhälfte arbeitende Führungskräfte wollen ihr rationales Arbeiten nicht mit leidenschaftlichen Schilderungen aus der Erzählwelt verwässern. Und umgekehrt wollen sie den im privaten Leben stattfindenden Austausch von Geschichten nicht mit Gedanken aus der Geschäftswelt verschmutzen. Doch diese Trennung der beiden Welten ist unnötig und nicht zielführend. Denn beide können sich gegenseitig befruchten.

Daher lohnt es sich, gute Geschichten, Anekdoten, Witze oder auch persönliche Erfahrungen zu sammeln und für eine Rede aufzuschreiben. Je größer das **Repertoire**, desto passender werden die gesammelten Werke zum jeweiligen Thema passen. Mit der Zeit fällt es auch nicht mehr schwer, Gelegenheiten zu finden, die sich für eine gute Story anbieten. Sie kann dann leicht und ohne Umwege in einen Vortrag oder ein Gespräch eingebaut werden und verankert das Gesagte in den Emotionen und im Gedächtnis des Zuhörers.

Literatur

Braun, Roman. 2001. *Die Macht der Rhetorik. Besser reden – mehr erreichen.* Frankfurt: Redline Wirtschaft bei Ueberreuter.

Schneider, Wolf. 2001. *Deutsch für Profis. Wege zu gutem Stil.* Hamburg: Gruner + Jahr AG & Co.

Gebot 6: Sei lösungsorientiert

6

Auftakt: Verhandle kompromissbereit und öffne Dich der besten Idee

Bei Gesprächen läuft es oft darauf hinaus, dass wir unsere eigenen Positionen darstellen und wahren wollen, obwohl diese nicht mit denen des Gesprächspartners harmonieren. In solchen Situationen lohnt es sich, die Sichtweisen abzugleichen und die des anderen nachzuvollziehen. Denn nur dann kann eine Win-Win-Situation entstehen, mit der sich beide Gesprächspartner wohlfühlen, ohne dass einer von beiden zu kurz kommt.

Natürlich ist die eigene Idee im ersten Moment die beste, die man durchsetzen möchte. Aber mit einer entsprechenden Neugier und der Bereitschaft, sich zu öffnen, kann diese Idee eventuell noch durch die Gedanken eines anderen bereichert oder um sinnvolle Aspekte erweitert werden. Und erhält damit den letzten Schliff, um brillant zu sein.

Das Einbeziehen anderer in unseren Gedankenprozess und das Entwickeln von Stellungnahmen ist dementsprechend ein Prozess, der von Stärke und nicht etwa von Schwäche zeugt. Denn hierdurch lassen wir zu, dass unsere eigenen Gedanken durch die von anderen eventuell noch ein Stückweit besser werden. Auch wenn wir bereits eine gangbare Lösung vor Augen haben, sollten wir uns nicht dazu hinreißen lassen, unseren Kopf in jedem Falle durchzusetzen. Denn der Austausch mit anderen führt zu einer Optimierung der eigenen Gedankengänge und ermöglicht eventuell das Erzielen eines noch besseren Ergebnisses eines Projekts.

Dieses Geben und Nehmen ist ein Kompromiss, der jedoch noch einen weiteren Effekt hat: Der andere wird sich nicht nur respektiert fühlen und kann sein Gesicht wahren. Er wird darüber hinaus in einer nächsten, vergleichbaren Gesprächssituation viel eher dazu bereit sein, sich der Idee des anderen zu öffnen. Ist im vorhergehenden Gespräch einer der beiden Verhandelnden als Sieger hervorgegangen, so wird derjenige, der die Niederlage erlitten hat, im nächsten Falle natürlich auf Revanche aus sein. Eine faire und von einer positiven Grundstimmung begleitete Diskussion ist damit meist vereitelt.

C. Ahrens, L. Ahrens, *Leadership-Intelligenz - Zehn Gebote für souveräne und sozial kompetente Führung*, DOI 10.1007/978-3-658-05052-8_6,
© Springer Fachmedien Wiesbaden GmbH 2014

Daher ist eine kompromissbereite Haltung gegenüber dem anderen in jedem Falle ein Vorteil für beide Seiten. Denn erst durch den Austausch und die Akzeptanz der Tatsache, dass jeder Gesprächspartner berechtigte, eigene Ideen und stichhaltige Argumente hat, ermöglicht das Finden einer allseits akzeptablen Lösung.

Das Prinzip „Wie Du mir, so ich Dir" spielt bei Verhandlungen immer eine wesentliche Rolle. Beharren beide Gesprächspartner auf ihrer eigenen, nicht mit der anderen zu vereinbarenden Position, so wird das Gespräch keinen positiven Ausgang finden. Und mit Sicherheit auch die Grundlagen für weitere Diskussionen erschweren bzw. die Kompromissbereitschaft schmälern. Lassen sich Gesprächspartner hingegen aufeinander ein und akzeptieren die jeweils andere Position, so wird der Austausch von Gedanken und Informationen möglich.

Und aus zwei eigenen, divergierenden Ideen wird in den meisten Fällen in einer konzertierten Aktion eine dritte, gemeinsame Lösungsalternative gefunden. Diese sollte für beide akzeptabel sein, so dass einer weiteren Begegnung in produktiver Gesprächsstimmung nichts im Wege steht. So gehen beide als „Gewinner" aus dem Ring und wahren den Respekt voreinander.

Bereits Erich Fromm erkennt in seinem Klassiker „Haben oder Sein" (Fromm 2012, S. 51), dass beim Gespräch miteinander etwas Neues entstehen kann, wenn der Mensch den Mut hat, loszulassen und zu antworten. Die Unterhaltung ist nicht mehr nur lediglich ein Austausch von Waren, die er als Informationen, Wissen oder Status definiert, sondern wird zu einem Dialog, bei dem es keine Rolle spielt, wer recht hat. Die Gesprächspartner tauschen sich in angenehmer, lebendiger Atmosphäre aus („tanzen miteinander") und trennen sich dadurch nicht im fruchtlosen Gefühl des Triumphs oder der Niederlage.

6.1 Sichtweisen austauschen und würdigen

Entwickelt sich ein Gespräch in eine Richtung, die für beide Seiten unangenehm wird, weil die Kompromissbereitschaft fehlt, so entsteht großer Druck. Dieser ermöglicht meist kein sinnvolles Austauschen von Argumenten, da keine Seite bereit ist, die des anderen zu hören, geschweige denn nachzuvollziehen. Auch wenn die Position des anderen befremdlich erscheinen mag, so ist es dennoch sinnvoll, sie zu würdigen. Durch einen einfachen Satz wie „ich verstehe, was Sie meinen" oder „ich kann nachvollziehen, was Sie damit sagen wollen" ist zwar noch keine inhaltliche Zustimmung gegeben, aber der andere fühlt sich mit seinem Anliegen verstanden.

Ratschlag und Urteil

Den anderen ernst zu nehmen ist besonders wichtig, wenn eine gemeinsame Lösung gefunden werden muss. Selbst wenn eine Sache unterschiedlich beurteilt wird. Dabei sollte nur nicht der Fehler begangen werden, einem anderen ein eigenes Urteil aufzunötigen, sondern ihm vielmehr mit einem Ratschlag zur Seite zu stehen. Der Unterschied besteht darin, dass das Urteil etwas Endgültiges hat und dem anderen keinen Raum für die eigene Entscheidung lässt. Der Ratschlag hingegen eröffnet weitere Möglichkeiten, die in den eigenen Denkprozess einbezogen werden können und noch kein fertiges Ergebnis vorwegnehmen.

In Deutschland ist der Markt für Ratgeber übrigens so groß wie in keinem anderen Land auf der Welt. Die Deutschen geben also sehr gerne Ratschläge, was prinzipiell nichts Schlechtes ist. Es kommt lediglich darauf an, wie nachdrücklich solche übermittelt werden. Wenn der eigene Rat als der einzig seligmachende empfunden wird, so kann dies zu Zurückweisung und Ablehnung bei anderen führen. Wirft man seinen Hut bzw. Ratschlag jedoch als eine Möglichkeit von mehreren in den Ring, so ist dies ein weiteres Argument für alle und kann als Diskussionsgrundlage genutzt werden.

Denn in Gruppen kommt das Prinzip der Schwarmintelligenz zum Tragen. Diese erzielt gute Ergebnisse, da nicht immer ein einziger mit der besten und richtigen Lösung aufwarten kann. Bereits zwei Personen werden zu einem korrekteren Ergebnis kommen und eine ganze Gruppe wird durch die zusammengetragenen Erfahrungen das Optimum erreichen.

Muss z. B. die Anzahl von Kugeln in einem Glas geschätzt werden, so liegt ein Einzelner nur mit großem Zufall richtig. Auch bei zwei Meinungen ist die Wahrscheinlichkeit für das Finden der richtigen Anzahl noch nicht besonders hoch. Je mehr Leute jedoch eine Schätzung wagen, desto mehr nähert sich die Gruppe der richtigen Anzahl von Kugeln durch das Errechnen eines Mittelwerts an.

Wendet man die Schwarmintelligenz auf das Finden von Lösungen in Gesprächen an, so gilt auch hier: Je größer die Anzahl an guten Ideen und Ratschlägen ist, desto wahrscheinlicher ist das Aufzeigen einer Lösung, die für alle akzeptabel und gangbar ist. Gibt ein einziger Gesprächspartner sein Urteil ab und lässt keine Gegenargumente zu, so kann er nicht auf die Kompromissbereitschaft der anderen zählen, da der vorhergehende Austausch zur Entscheidungsfindung fehlt. Damit wird die Akzeptanz eines Ergebnisses schwierig, da sie nicht von allen gemeinsam gefunden und somit getragen werden kann.

Eigene Position beziehen und dem anderen Raum geben

Sind zwei Meinungen völlig gegensätzlich, so kann das zwei Gesprächspartner vor eine schwierig zu meisternde Aufgabe stellen. Wichtig ist in der Diskussion, dem anderen das Gefühl zu geben, dass er die Welt aus seiner Sichtweise sehen kann, während die eigene Position jedoch nicht aufgegeben wird. Das Anliegen des anderen wird damit ausdrücklich gewürdigt und ernst genommen. Die eigene Stellung ist jedoch unbenommen. Damit wird eine Ausgangsbasis dafür geschaffen, dass ein Thema konstruktiv von allen Seiten beleuchtet wird. Im Umgang mit Mitarbeitern, Kunden oder Partnern.

Unabhängig davon, ob ein Gespräch unter vier Augen oder in einer größeren Gruppe geführt wird, muss ein Anliegen, das einem Vorgesetzten am Herzen liegt, möglichst überzeugend vertreten werden. Dabei sollte es sich jedoch um Interessen handeln, nicht um eine feste Position. Denn wer dogmatisch an seinem Anliegen festhält, wird keinen Erfolg in seiner Kommunikationsstrategie verbuchen können.

Geht es beispielsweise darum, über längere unbezahlte Arbeitszeit zu verhandeln, so wäre eine feste Position, wenn der Vorgesetzte auf drei Stunden mehr pro Woche beharrte oder der Mitarbeiter zu keiner Minute mehr bereit wäre. Diese Positionen können nicht gleichzeitig realisiert werden. Wenn jedoch beide diese Positionen verlassen könnten, aber an ihrem Interesse festhielten – mehr bzw. weniger Arbeitsstunden – so wäre ein Kompromiss von 1,5 Stunden denkbar.

Je härter ein Konflikt bei Verhandlungen ist, umso wichtiger ist es, dass die eigenen Interessen im Vorfeld klar durchdacht werden. So ist es möglich, von weniger wichtigen Punkten einen Teil aufzugeben und als Verhandlungsmasse in den Ring zu werfen. Bei den wesentlichen Aspekten sollte jedoch möglichst klar artikuliert werden, warum diese jeweiligen Faktoren beibehalten werden sollen.

Auch das Eindenken in die Situation des anderen ist entscheidend, so dass er sich verstanden fühlt und seine Argumente vorbringen kann. Damit lässt man ihm Raum für eigene Gedanken und Sichtweisen, so dass dieser sich bei der Entscheidungsfindung nicht übergangen fühlt.

Denn wenn der Gesprächspartner spürt, dass er gehört wird und mit seinem Anliegen ankommt, muss er nicht mehr so stark dafür kämpfen. Erfährt er hingegen, dass er trotz aller guten Argumente weiterhin vom Gegenteil überzeugt werden soll, wird er weiterhin seinen Freiraum erobern wollen. Das Gespräch kann hier in eine Sackgasse laufen, anstatt einer Lösung eines gemeinsamen Problems nahe zu kommen.

Anders, nicht besser oder schlechter

Um andere Sichtweisen akzeptieren zu können, müssen Wertungen möglichst ausgespart werden. Es ist wichtig, sich in einem Gespräch darüber im Klaren zu sein, dass Menschen Dinge unterschiedlich sehen. Damit sind ihre Ansichten anders, aber weder besser noch schlechter.

Geht es beispielsweise um das Planen einer Wander-Tour im Urlaub, so können zwei Personen anhand der Wanderkarte über unterschiedliche Routen nachdenken und diese vorschlagen. Der eine will lieber den kurzen, an Höhenmetern reicheren Weg auf den Gipfel nehmen, während der zweite sich für ein paar mehr Schlenker entscheidet, um den Aufstieg etwas sanfter zu gestalten. Beide werden mit ihrer Strategie das Ziel erreichen, jeder jedoch auf einem anderen Weg. Es ist also nicht die bessere oder schlechtere Route, die gewählt werden kann, sondern jeweils eine andere. Zwei Sichtweisen einer Strecke, die es zu bewältigen gilt.

Dasselbe gilt für das Betrachten von Kunst. Ob ein Bild gefällt oder nicht, hängt mit den jeweiligen persönlichen Erfahrungen sowie mit dem Geschmack des Einzelnen zusammen. So ist es eigentlich unmöglich, ein Werk als gut oder schlecht zu bewerten, da es bei jedem Betrachter eine andere Saite zum Klingen bringt. Findet der eine düstere Farben und dunkle Schattierungen beängstigend, mag ein anderer gerade diese Stimmung als beruhigend oder mystisch empfinden.

Wenn diese Tatsache auch in Gesprächen berücksichtigt wird, so können vermeintliche Kontrahenten ganz anders miteinander umgehen. Denn zunächst einmal ist das Verstehen und Akzeptieren anderer Sichtweisen die Grundlage für den Erfolg jeder Verhandlung. Wird hierauf verzichtet, kann keiner der Gesprächspartner seine Argumente vorbringen, ohne dass der andere sie kritisieren wird. Denn sie können in diesem Falle nur schlecht sein, weil sie nicht mit den eigenen übereinstimmen.

Für die Beziehungsebene bedeutet dies, dass das Gesprächsanliegen des anderen in jedem Falle gewürdigt werden sollte, um miteinander zu Ergebnissen zu kommen. Mit kurzen Sätzen wie „Ich verstehe, dass Sie das so sehen müssen" oder „Ja, es ist klar, dass Sie wütend über diese Veränderung sind" wird die Diskussion in wesentlich ruhigeres Fahrwasser gebracht. Der andere fühlt sich verstanden, was natürlich noch nicht heißt, dass seine Position geteilt wird.

Aber die grundsätzliche Akzeptanz der anderen Sichtweise und damit das Entgegenbringen von Respekt gegenüber dem Gesprächspartner kann Wunder bewirken. Denn seine Gefühle und seine Gründe, die ihn zu bestimmtem Handeln bewegen, werden gesehen. Und mit der Wahrnehmung dieser Einstellungen wird der Gesprächspartner ernst genommen und verspürt Akzeptanz. Denn nicht selten ist nur verletzte Eitelkeit oder das Übergehen von Interessen für das Scheitern von Verhandlungen verantwortlich.

Daher sollte sich eine gute Führungskraft mit den Wünschen von Mitarbeitern und Kunden auseinandersetzen, bevor eigene Anliegen abgefordert bzw. durchgesetzt werden. Mit dem Wissen, warum der Gesprächspartner bestimmte Sichtweisen hat, kann eventuell ein gemeinsamer Weg gefunden werden. Denn die eigenen Interessen durchzusetzen, ohne dass der andere sich gehört und respektiert fühlt, wird nur den Widerstand erregen und zu schlechter Umsetzung bzw. unbefriedigenden Ergebnissen führen.

6.2   Aktiv zuhören und Feedback geben

Um gute Informationen zu erhalten, ist aktives Zuhören von entscheidender Bedeutung. Dem anderen zu zeigen, dass ihm zugehört wird, vermittelt Wertschätzung und Verständnis. Es geht um das aktive Vergewissern, ob das, was verstanden wurde, auch dem entspricht, was das Gegenüber mit seinen Aussagen gemeint hat.

Durch aufmerksamen Blickkontakt, Nicken oder kurze Worte wie „Mhm" oder „Ja" wird Aufmerksamkeit signalisiert. Denn damit verzichtet der Zuhörer darauf, selbst zu sprechen bzw. seine eigenen Gedanken bereits im Geiste zu formulieren und diese dann bei passender Gelegenheit oder auf ein Stichwort hin einzuwerfen.

Nach dem Anhören der Argumente des anderen, sollte danach in kurzen Worten zusammengefasst werden, was verstanden wurde. Das hilft einerseits dabei, Missverständnissen auf die Spur zu kommen, und zeigt dem Gesprächspartner andererseits, dass seine Sichtweise nachvollzogen werden kann. Abschließend ist es sinnvoll, dem Gesprächspartner ein Feedback zu geben, wenn gewünscht. Damit kann das Gegenüber einschätzen, wie seine Position gesehen wird und erhält die Möglichkeit, darauf zu reagieren.

Aktives Zuhören vermeidet Missverständnisse

Falsche Vorannahmen können eine gute Verständigung oft behindern oder zunichtemachen. Denn zu meinen, den anderen verstanden zu haben, heißt noch lange nicht, dass dies auch tatsächlich der Fall ist. Denn gehört ist nicht immer gleichzusetzen mit verstanden. Darüber hinaus ist die aktive Bereitschaft gefordert, die eigenen Bedürfnisse zurückzustellen, um den anderen genau zu verstehen.

Die meisten Menschen sind heutzutage nicht mehr in der Lage, einem anderen zuzuhören. Denn zumeist ergreift der vermeintliche „Zuhörer", während ein anderer spricht, die Chance, sich bereits mit seiner eigenen nächsten Botschaft zu beschäftigen. Er schweift gedanklich ab und legt sich seine eigenen Worte zurecht, so dass er sich nicht auf das Gesagte konzentrieren kann und längst mit anderen Dingen befasst ist.

Meist reicht es auch nicht, sich lediglich vorzunehmen, dem anderen zuzuhören. Denn gerade, wenn der Gesprächspartner uns besonders wichtig ist und wir uns mit guten Worten präsentieren wollen, tendieren wir dazu, noch weniger zuzuhören. Denn wir wollen beim Gegenüber ankommen und wirken, daher zählt umso mehr, was und wie wir uns äußern. Und daher fehlt es an der Aufnahmebereitschaft für die Worte des anderen, weil wir uns schon überlegen, was wir als Nächstes sagen wollen.

Zuhören, Zusammenfassen, Reagieren

Besser ist es, erst konzentriert zuzuhören und danach zu überlegen, wie wir darauf reagieren wollen. Hierfür gibt es einen Mechanismus, der noch besser funktioniert, als dem anderen in die Augen zu sehen und zu nicken. Während die erste Person redet, hört die zweite Person zu und wiederholt danach in eigenen Worten, was gesagt wurde. Hierzu kann die erste Person danach zustimmen bzw. korrigieren oder ergänzen. Durch diese Methode entsteht Konsens.

Ein weiterer Vorteil, der neben dem wirklichen Verständnis zum Tragen kommt, ist das Sortieren der eigenen Gedanken, während das Gesagte des Gegenübers wiederholt wird. Denn während man die Aussage des anderen nochmals mit eigenen Worten zusammenfasst, können die eigenen Gedanken zu diesem Thema hierzu formuliert werden. Etwas Sinnvolles entsteht während dieses Prozesses und führt zu echtem Dialog.

Was also muss beim aktiven Zuhören an Investition getätigt werden und was ist der Profit? Das einzige, was für aktives Zuhören investiert wird, ist ein wenig mehr Zeit. Diese dient dazu, den anderen ausreden zu lassen und während der Wiederholung des Gesagten seine eigenen Gedanken zu sortieren. Der Profit, den beide Seiten im Gespräch haben, ist das größere Verständnis. Denn jetzt kommen die Informationen tatsächlich an, ohne dass sie überhört und von den Ideen des anderen überlagert werden. Der Profit macht die Investition also um ein Vielfaches wett.

Wann müssen wir aktiv zuhören?

Aktives Zuhören sollte in möglichst vielen Fällen Anwendung finden. Es gibt jedoch einige Situationen, in denen es nahezu unerlässlich ist, diese Technik anzuwenden. Ein wesentlicher Anlass besteht darin, wenn wir uns **vergewissern** wollen,
dass etwas richtig verstanden wurde. Dies bietet Raum zur Klärung, falls die Botschaft des anderen tatsächlich missverständlich war oder wesentliche Informationen fehlen. Gerade Führungskräfte müssen dafür sorgen, dass ihre Mitarbeiter eine
Aufgabenstellung richtig und vollständig verstanden haben. Ansonsten wird das
nicht oder unvollständig Übermittelte sicherlich Auswirkungen auf die Arbeitsleis-
tung und deren Ergebnis haben. Aktives Zuhören vermitteln Führungskräfte im
Team übrigens ganz einfach, indem sie es selbst vorleben.

Auch wenn es um **wichtige Nachrichten** geht, die ausgetauscht werden, sollte
aktiv zugehört werden. Denn hierbei können Missverständnisse vermieden werden, die bei schwierigen Themen häufig auftauchen. Gibt ein Projektmitarbeiter
seinem Projektleiter beispielsweise zu verstehen: „Wir treten bei diesem Problem
auf der Stelle", ist dies oft nicht konkret genug und löst dadurch eventuell falsche
Handlungsweisen aus. Die richtige Nachfrage des Vorgesetzten könnte sein: „Sie
haben also Sorge, dass wir nicht mehr im Zeitplan liegen". Worauf der Betroffene
zustimmen oder ergänzen kann: „Ja, darum geht es mir. Und zu diesem Thema
möchte ich mich gerne mit Ihnen beraten".

Wenn Missverständnisse bereits aufgetreten sind, dient aktives Zuhören dazu,
dem anderen **Raum für seine (verletzten) Gefühle** zu geben. Denn durch das
Aufgreifen des Gesagten und das Wiederholen des Verstandenen wird Respekt gegenüber den Gefühlen des anderen gezeigt. Er fühlt sich ernst genommen. Beide
Seiten haben somit die Möglichkeit zu erfahren, was in dem anderen vorgeht. Dies
ermöglicht das Finden einer Lösung für das gemeinsame Anliegen. Dies bedeutet
nicht, dass durch das aktive Zuhören auch Zustimmung signalisiert wird. Aber das
Problem wird von der Gefühls- wieder auf eine Sachebene zurückgeführt.

Aktives Zuhören kostet also auf den ersten Blick Zeit, sorgt aber letztlich für
mehr Ruhe und Effizienz, da fehlerhaftes Arbeiten, das auf Missverständnissen beruht, vermieden wird.

Feedback ermöglichen und geben

Gespräche kommen häufig ins Stocken, wenn eine Frage gestellt wird und wir darauf keine wirkliche Antwort erhalten. Dies kann schnell zu Verärgerung beim Gesprächspartner führen. Zum einen, weil zu einem bestimmten Thema nichts gesagt

wird bzw. die Antwort schuldig bleibt. Zum anderen aber vielmehr, weil die Situation an sich ärgerlich ist. Warum kommt keine Antwort? Gibt es einen Grund für die Zurückhaltung?

In diesem Falle reicht es auch nicht, dem anderen eine Frage zu der ausstehenden Antwort bzw. den fehlenden Fakten zu stellen: „Haben Sie denn nichts zu diesem Thema zu sagen?" oder „Sie müssen doch eine Meinung zu diesem Sachverhalt haben?". Hier ist es hilfreich, nun den Schritt vom Inhaltlichen hin zur Situation zu machen. Damit wird dem Gesprächspartner die Möglichkeit zu einer Erklärung gegeben, warum er zu einem Thema nichts sagen möchte oder kann. Erhält er diese Rückmeldung bzw. dieses Feedback nicht, so läuft das Gespräch unbefriedigend weiter und kommt zu keinem Ergebnis.

Drei entscheidende Feedback-„W"s: Wahrnehmung – Wirkung – Wunsch

In drei Schritten kann eine verfahrene Gesprächssituation geklärt werden:

Wahrnehmung: Zunächst einmal geht der Gesprächspartner, der keine befriedigenden Antworten erhält, aus dem Thema heraus und schildert dem anderen, wie er die Situation empfindet bzw. was er beobachtet. Beispielsweise mit einer Formulierung wie „Ich nehme wahr, dass Sie mir etwas nicht sagen wollen, gehe ich da recht in der Annahme?". Damit geht es nun nicht mehr um die vorher diskutierten Fragen, auf die keine Antworten gegeben werden. Die Situation an sich steht im Mittelpunkt der Diskussion. Und damit ist eine Ausgangsbasis für die Klärung der Frage gegeben, welche Gründe, Bedenken oder Bedürfnisse der Gesprächspartner für sein Schweigen bzw. seine verhaltene Reaktion hat.

Wirkung: In einem nächsten Schritt kann derjenige, der keine Antworten erhielt, seine Emotionen schildern: „Ich fühle mich in unserem Gespräch nicht wohl, weil wir der Lösung des Problems nicht näher kommen, wenn wir nicht ehrlich diskutieren". Hier wird dem Unbehagen Luft gemacht und gibt dem anderen die Chance, sich zu den Beweggründen für das Verhalten zu äußern. Die eigentliche Thematik wird zugunsten der Meta-Ebene, wo es um das Eruieren von Gründen für Schweigen oder Zurückhaltung geht, zurückgestellt. Zu späterem Zeitpunkt bzw. nach Klärung der Problematik, warum Dinge nicht ausgesprochen werden, kann nun viel konstruktiver und offener über das wieder aufgegriffene Thema gesprochen werden.

Wunsch: Zum Abschluss sollte nach dem Schildern der Wahrnehmung und Wirkung ein Wunsch geäußert werden, der das Gespräch wieder in Fluss bringt: „Ich würde mir wünschen, dass wir uns offen zu diesem Thema austauschen und Sie mir sagen, welche Punkte etwas heikel sind und zunächst noch unter uns bleiben sollten". So können beide Gesprächspartner auf das Verständnis des anderen zählen und sich auch über Themen unterhalten, die eventuell diskret behandelt werden sollten oder noch nicht spruchreif sind. Gerade für Vorgesetzte ist es wichtig, sich bei Mitarbeitern über einen stockenden Gesprächsfluss zu informieren, da hierbei eventuell wichtige Grundlagen für ein besseres und vertrauensvolleres Verhältnis zueinander gelegt werden.

Wie sollte Feedback geäußert werden?

Unmittelbar: Sobald eine Gesprächssituation aus dem Ruder läuft, ist ein Feedback angesagt. Denn damit kann die Problematik eingekreist und direkt angesprochen werden. Wird nicht sofort, sondern erst zu einem viel späteren Zeitpunkt reagiert, so wird das Feedback diffus und kann nicht mehr auf die jeweilige Störsituation bezogen werden.

Konkret: „Was ich Ihnen immer schon sagen wollte" oder „Sie sind immer so schlechter Stimmung, wenn wir uns sprechen" sind Sätze, die einem Feedback nicht zuträglich sind. Denn mit diesen pauschalen Aussagen wird nicht an dem aktuellen Problem gearbeitet, das hier und jetzt geklärt werden soll. Darüber hinaus wird der Widerstand des anderen damit geweckt. Ist beispielsweise in einer Präsentation an ein oder zwei Slides etwas auszusetzen, so sollten diese Punkte konkret benannt werden. Nur zu sagen: „Ihre Präsentation ist stellenweise wirklich enttäuschend", wird den Angesprochenen eher wütend machen, aber sicherlich nicht weiterbringen. Mit der konkreten Benennung der Fehler ist die Möglichkeit gegeben, diese auszumerzen und künftig zu vermeiden.

Kein Vorwurf: Setzt ein Vorgesetzter seinen Mitarbeiter im Feedback unter Druck, so wird dieser eher mit Trotz als mit konstruktiver Leistung reagieren. Daher ist es nicht sinnvoll, das Feedback in einer angstvollen Atmosphäre zu geben, sondern vielmehr einen Wunsch freundlich zu äußern als vorwurfsvoll zu fordern.

Ich-Botschaften: Werden zu viele Du- (bzw. Sie-) Botschaften formuliert, reagiert der Angesprochene eher unverständig, weil er sich angegriffen fühlt: „Sie arbeiten an diesem Projekt sehr oberflächlich und wenig involviert". Eine bessere Art, dem anderen ein Feedback zu geben, lautet: „Ich habe den Eindruck, dass Sie in dieser Sache nicht besonders motiviert sind". Damit kann ein Vorgesetzter seinem Mitarbeiter vermitteln, was er von seiner Arbeit hält. Er gibt ihm aber die Möglichkeit, sich dazu zu äußern und beschuldigt den anderen nicht sofort – eventuell sogar unbegründet. Nun können die verschiedenen Sichtweisen ausgetauscht werden, um zu einer gangbaren Lösung zu finden.

Gemeinsamkeiten betonen: Beim Feedback sollte einem Mitarbeiter vermittelt werden, dass an einem Strang gezogen wird, wenn es um das Lösen eines Problems geht. Hierbei stehen Vorgesetzter und sein Team bzw. einzelne Mitglieder nicht auf verschiedenen Seiten, sondern arbeiten miteinander statt gegeneinander. Dies trägt wesentlich zur Optimierung der Gesprächsatmosphäre bei.

Lösungen nicht sofort einfordern: Das Feedback dient nicht dazu, ein Problem auf der Stelle zu beseitigen. Derjenige, der das Feedback erhält, sollte die Möglichkeit haben, seine Fehler zu reflektieren und zu korrigieren. Dafür benötigt er Zeit und Abstand. Erst dann ist eine Beseitigung möglich, die nachhaltig ist. Wird bereits als unmittelbare Reaktion auf ein Feedback eine Problemlösung erwartet, so kann diese meist nur mittelmäßig und nicht nachhaltig sein.

Eigenverantwortliches Denken fördern: Um eine gute Wirkung des Feedbacks zu erzielen, sollten keine Lösungen vorgegeben werden. Oft ist der Vorgesetzte auch viel zu wenig in den operativen Bereich involviert und kann mit seinem Blick von außen nicht die Vielschichtigkeit des Projekts erkennen. Daher ist derjenige, der den Fehler begangen hat, auch verantwortlich für dessen Beseitigung. Einmischen ist also oft kontraproduktiv und führt beim Betroffenen nicht zu eigenständigem Denken und Handeln. Ihm jedoch die Fehlerbehebung zuzutrauen und sich auf das selbständige Lösen des Problems zu verlassen, wird dem Mitarbeiter ein gutes Gefühl und neue Motivation vermitteln.

Wiedergutmachung ermöglichen: Mit dem Feedback kann das Selbstbewusstsein des Mitarbeiters gefördert werden. Indem eine Führungskraft ihm Vertrauen schenkt, dass das Problem gelöst wird, ermöglicht er mutiges, selbstbestimmtes Handeln. Erhält der Mitarbeiter hingegen das Gefühl, dass nur der Chef kompetent genug ist, gute Ideen in ein Projekt einzubringen, wird die Eigeninitiative gehemmt oder gar gestoppt. Das Team verlässt sich künftig darauf, dass der Vorgesetzte immer eine passende Lösung präsentiert und wird sich keine eigenen Gedanken machen. Dies sollte aber gerade dann, wenn Feedback gegeben wird, ermöglicht werden. Ist etwas schief gelaufen, so muss die Möglichkeit zur (eigenständigen)

über Gespräche und entscheiden darüber, welche Wege wir in unserem Leben einschlagen. Ansonsten würden wir uns wie Reisende auf einer Straße fühlen, die ohne Landkarte unterwegs sind. Daher ist das innehalten und Fragenstellen so wichtig. Experten der Redekunst stellen ihren Gesprächspartnern immer Fragen. Optimal dazu geeignet sind die offenen Fragen, die sogenannten „W-Fragen" (wer, wie, was, wo, wieso, warum). Diese helfen, eine ausführliche Antwort zu erhalten, die aus mehr als einem Wort besteht. Um den anderen zu öffnen, sollte auch von eigenen Erfahrungen und Erlebnissen gesprochen werden. Dies möglichst offen und in geeigneten Fällen auch mit einer Stellungnahme. Denn dies gibt dem Gesprächspartner zu verstehen, dass auch er sich ehrlich äußern und Standpunkte vertreten kann.

Sollte es um eine Entscheidungsfindung gehen, bei der eine kurze und eindeutige Aussage gefordert ist, so kann mit der „geschlossenen Frage" darauf hingeführt werden, ein eindeutiges Statement zu erhalten – nämlich nur ein Ja oder Nein. Vermieden werden sollten Suggestiv-Fragen, bei denen die Antwort bereits weitestgehend vorgegeben ist, wie z. B. „Sie glauben doch auch, dass…". Hier wird der Befragte in eine Situation gebracht, wo er seine Meinung nicht mehr frei äußern kann, da ihm mit der zuvor hypothetisch gestellten Frage bereits eine Antwort in den Mund gelegt wird.

Offene und geschlossene Fragen

Offen bzw. Öffnend: Bei jedem Gespräch muss zunächst überlegt werden, was damit bewirkt werden soll. Geht es darum, Informationen zu erhalten bzw. Lösungen für ein Thema zu entwickeln, so ermöglichen **offene Fragen** diese Optionen. Dies kann besonders zu Gesprächsbeginn ein guter Einstieg sein, um die Unterhaltung in Gang zu bringen und einen Kontakt zu festigen. Meist wird in Talkshow oder Podiumsdiskussionen von offenen Fragen Gebrauch gemacht, da hierbei Meinungen, Positionen oder Erfahrungen eingeholt werden können.

Wenn ein Dialog zwischen Vorgesetztem und Mitarbeiter oder unter Geschäftspartnern eröffnet werden soll, so bietet es sich an, bei den Fragetypen eher auf die offenen Fragen zurückzugreifen. Diese lassen mehr Spiel für eigene Antworten, die umfänglich und mit Erklärungen versehen sein können. Hier Beispiele für einige offene Fragen (im Vergleich zu geschlossenen, die nur ein Ja oder Nein zulassen):

Was haben Sie bislang erreicht?" anstelle von „Haben Sie etwas erreicht?
Was konnten Sie nachvollziehen?" anstelle von „Haben Sie verstanden?

Wann werde ich von Ihnen hören?" anstelle von „Sagen Sie mir Bescheid?
Was brauchen Sie, um das zu erledigen?" anstelle von „Können Sie das sofort
umsetzen?

Bei den offenen Fragen kann der Antwortende ein wenig ausholen und seine Position darstellen. Sie dienen dazu, individuelle Antworten zu erhalten und umfang-
reiche Informationen einzuholen. Auch Details können angesprochen bzw. konkrete Aussagen mit inhaltlicher Tiefe versehen werden. Statt oberflächlicher, kurzer
Formeln erfolgen die Antworten auf offene Fragen in der Regel in vollständigen
Sätzen, die viele nützliche Inhalte vermitteln.

Während eines Gesprächs, in der die Offenheit für den Erfolg eines guten Aus-
gangs der Unterhaltung eine große Rolle spielt, werden Fragen zu einem wichtigen
Instrument. Denn mit öffnenden Fragen können Gespräche vertieft, Menschen
aufgeschlossen und die Möglichkeit für weitere Anknüpfungspunkte an ein Thema
gegeben werden. Informationen werden zusammengetragen, individuelle Antworten entlockt und ein Überblick über den Wissensstand des anderen eingeholt. Diese Erkenntnisse lassen komplexe Zusammenhänge verstehen und geben Einblick in
das Wesen des Gegenübers.

Geschlossen bzw. Schließend: Die **geschlossenen Fragen** hingegen fordern zu
kurzen Antworten auf, nämlich Ja oder Nein. Kommt es auf eine schnelle, klare
Entscheidungsfindung an, so sind diese Fragen meist angebracht. Auch kann damit
verdeutlicht werden, dass ein Gespräch für beendet erachtet wird. Denn hier werden meist die entscheidenden Antworten eingefordert, die nach einer vorhergehenden Verhandlungsphase nun zu einem Ergebnis führen sollen.

Auch wenn ein Störfaktor eingegrenzt werden soll und konkrete Informationen
zusammengetragen werden müssen, hilft eine Abfolge von Fragen, um schnelle
Schlüsse ziehen zu können. Das Gegenüber antwortet nur mit Ja oder Nein, so dass
der Kern des Problems in kurzer Zeit feststeht: „Haben Sie Schwierigkeiten mit der
Aufgabe?" – „Ja". „Geht es Ihnen körperlich schlecht?" – „Ja". „Wollen Sie diese von
einem Arzt behandeln lassen, bevor Sie mit der Arbeit fortfahren?" – „Ja, gerne".
„Wollen wir unser Gespräch für heute beenden, so dass Sie sich behandeln lassen
können?" – „Ja, das wäre wohl besser".

In einem solchen Fall kann sehr schnell die Ursache für einen Stillstand bei der
Aufgabenbewältigung oder dem stockenden Gespräch gefunden werden. Würde
ein Gesprächspartner über die Zeichen hinweggehen und nicht nach der Ursache
fragen, wäre eine Diskussion müßig und wenig aussagekräftig. Mit kurzen, geschlossenen Fragen kann der Grund für ein unbefriedigendes Gespräch zeitnah
gefunden und die Ursache zügig behoben werden.

Auch Vielredner können mit geschlossenen Fragen im Zaum gehalten werden. Aus langen Monologen ist es oft schwer, die relevanten Informationen herauszuziehen. Daher ist es für das Eingrenzen eines Redeflusses bzw. einer Aussage wichtig, mit systematischen und gezielten Fragen die „Redehoheit" an sich zu ziehen. Schweift eine Person vom Thema ab und lässt sich nur schwer stoppen, darf auch eine Unterbrechung in Angriff genommen werden. Diese sollte höflich, aber bestimmt erfolgen. Es bieten sich Sätze wie diese an: „Entschuldigen Sie die Unterbrechung, aber ich bin nicht sicher, ob ich Sie richtig verstanden habe...". Oder: „Könnte ich Sie kurz unterbrechen, um Ihnen noch einige wichtige Informationen hierzu vorab zu geben?".

Auch wenn ein Mitarbeiter sich um eine Antwort drücken möchte, die bedeutet, dass er Entscheidungen treffen oder Verantwortung für etwas übernehmen muss, können geschlossene Fragen von Vorteil sein. Denn hiermit wird er gezwungen, klarer zu einem Thema Stellung zu nehmen, da er auf detaillierte Fragen antworten muss, die nur ein Ja oder Nein zulassen. Ein Rundumschlag zu einem Problem oder Herausreden wird damit verhindert. Damit kann sich eine Gesprächssituation eventuell für kurze Zeit ein wenig unangenehm ausnehmen, aber dafür steht am Ende ein gutes, klares Ergebnis.

Denn schließende Fragen legen die Beteiligten auf bestimmte Positionen fest. Diese können auch folgen, wenn die öffnenden Fragen im Vorfeld keine Wirkung zeigten. Will beispielsweise ein Vorgesetzter seinem Mitarbeiter die Möglichkeit zu einer Erklärung für ein kompliziertes Problem geben, so stellt er zunächst offene Fragen, um das Vorgehen zu verstehen. Sollte es jedoch nach einer gewissen Zeit keine befriedigenden Antworten geben, muss zur Lösung des Problems bzw. zur Ursachenerforschung mehr in Richtung Ja oder Nein gefragt werden. Hin und wieder werden erst nach diesen eingrenzenden Fragen die wichtigen Fakten auf den Tisch gelegt.

Schließende Fragen dienen auch dazu, eine Bestätigung zu erhalten. Geht es um einen konkreten Sachverhalt, so kann mit geschlossenen Fragen auf ein Ergebnis abgezielt werden. In einer Verhandlung sollte jedoch nicht Verhör-Charakter eintreten, sondern eher wichtige Punkte hervorgehoben und festgehalten werden, indem der Gesprächspartner zu einer klaren Bestätigung seiner Aussagen gebracht wird. Meist findet diese Methode Anwendung, wenn Verhandlungsfortschritte kontrolliert werden sollen. Verständnisfragen werden gestellt und mit einer Abschlussfrage versehen, die ein bestätigendes Ja (oder eventuell auch einmal ablehnendes Nein) einfordert.

Spezielle Fragetypen

Bei den folgenden Fragearten handelt es sich meist um Unterfragen bzw. besondere Formen der offenen oder geschlossenen Frage. Im Folgenden ein kurzer Überblick über die gängigsten Typen und ihre Wirkung:

Suggestivfragen: Hierbei handelt es sich um eine Sonderform der schließenden Frage. Ein Gesprächspartner soll einer bestimmten Aussage zustimmen und er wird durch eine verkappte Behauptung in eine bestimmte Richtung gedrängt. Meist erkennt das Gegenüber die Manipulationsabsicht und reagiert verärgert. Dadurch wird oft ein Einholen wertvoller Informationen verhindert, da die Gesprächsatmosphäre vergiftet ist oder der andere sich übertölpelt fühlt.

Beispiel: „Sie sind doch sicherlich einverstanden, wenn wir diesen Passus im Vertrag noch verändern?" oder „Sie legen doch sicher hohen Wert auf Sicherheit bei der Überspielung der Daten?"

Alternativfragen: Diese sind ebenfalls mit den geschlossenen Fragen verwandt. Gegen Abschluss des Gesprächs verhelfen sie zur Klärung von Details oder bringen Verhandlungen zum Abschluss. Der Gefragte kann sich zwischen zwei aufgezeigten Möglichkeiten entscheiden. Es geht nicht mehr um die Frage „ob" oder „ob nicht", sondern um das „wann". Dabei sollte er sich jedoch nicht in die Enge gedrängt fühlen und noch eine Ausweichmöglichkeit haben.

Beispiel: „Wollen Sie Montag oder Mittwoch zum Gespräch mit dem Kunden fahren?" oder „Werden Sie Ihre Entscheidung in dieser oder erst in der nächsten Woche treffen?"

Präzisierungsfragen: Hierbei sollen detailliertere Antworten als im Vorfeld gegeben werden. Sie verlangen, dass die Antwort genauer oder anschaulicher ist. Jedoch sollte der Fragende nicht zu früh mit solchen Fragen beginnen, da hiermit vom eigentlichen Thema und dem roten Faden abgelenkt werden kann.

Beispiel: „Wann fährt Ihr Zug nach Salzburg?" oder „Welche Maßnahmen werden Sie ergreifen, um in diesem Fall einen Verkaufserfolg für unsere innovativen Produkte zu erzielen?"

Rhetorische Fragen: Diese Fragen sind Pseudofragen oder Behauptungen, auf die keine Antwort erwartet wird. Hiermit kann Aufmerksamkeit beim Gesprächspartner gewonnen oder auf eine bestimmte Sichtweise eingestimmt werden. Oft baut die Frage auch auf (vermeintlich) allgemeingültigen Aussagen auf, um den Gesprächspartner von etwas zu überzeugen. Dieses rhetorische Mittel zählt ebenfalls zu den schließenden Fragen und kann die Entwicklung des Gesprächsverlaufs entscheidend beeinflussen.

Beispiel: „Wollen Sie dabei etwa keinen Groschen verdienen?" oder „Wer kennt dieses Problem denn nicht, dass uns dabei das Geld aus der Tasche gezogen wird?"

Motivierende Fragen: Wenn ein Gesprächspartner zu einer Handlung bewegen möchte, kann er mit einer solchen Frage viel bewirken. Unbedingte Voraussetzung dafür ist jedoch, dass sie absolut ernst gemeint ist und als echt empfunden wird. Kommt jegliche Art der Manipulation zum Tragen, wird das Gegenüber diese Frage als solche erkennen. Damit kann womöglich das genaue Gegenteil vom Motivieren eintreten, da sich der Angesprochene verweigert. Offenheit und Ehrlichkeit sind also elementar. Jedoch können geschickt verpackte Komplimente Wunder bewirken. Diese können in die Verhandlung eingebaut werden und wirken sich in der Regel sehr positiv auf das Gesprächsklima aus. Es geht hierbei nicht um Informationsgewinn, sondern dient der Motivation, das Gespräch fortzusetzen.

Beispiel: „Sie haben doch viel Erfahrung in dieser Angelegenheit. Wie schätzen Sie die Wahrscheinlichkeit ein, dass Sie das mit uns angedachte Projekt zu schnellem, aber dennoch nachhaltigen Erfolg führen?" oder „Sie sind doch Fachmann hierfür. Was würden Sie mir bei meiner Vorgehensweise empfehlen, damit ich Ihnen gute Grundvoraussetzungen für das Gelingen schaffen kann?"

Fragefehler

Fragen sind in der Regel immer gut, um Gespräche erfolgreich zu führen. Die meisten Menschen sind es nicht gewöhnt, in Diskussionen tatsächlich oft und gezielt die Fragetechnik einzusetzen. Ist jedoch der Groschen gefallen und sie denken in Fragen, so treten typische Fragefehler auf, die zu Beginn immer wieder auftauchen. Hier ein paar Hinweise und Tipps, die in punkto Fragen bedacht werden sollten. Die genannten Fehler sind leicht zu verstehen und können dementsprechend auch gut ausgemerzt werden, wenn in Zukunft verstärkt auf deren Vermeidung geachtet wird.

Zu viele Fragen auf einmal: Wenn gefragt wird, dann sollte nicht mehr als eine Frage gleichzeitig gestellt werden. Wir stellen im Anschluss an eine Frage häufig eine zweite oder gar dritte, so dass der Befragte oft nicht zum Zuge kommt. Hierbei bleiben einzelne Fragen oft unbeantwortet oder das Gegenüber fühlt sich überfordert. „Werden Sie dieses Projekt übernehmen?", woraufhin der Befragte antworten möchte. Der Fragende kommt aber zuvor und fährt fort: „Meinen Sie, dass Sie das überhaupt bewältigen können?" und vielleicht im Anschluss auch noch: „Was glauben Sie, wie lange Sie für die erste Phase benötigen und erste Ergebnisse präsentieren können?".

Der Fragesteller verkennt dabei, dass sich der Befragte zu jedem Teil eine Antwort überlegen muss. Dies erfordert eine gewisse Zeit, die ihm aber gar nicht gelassen wird, da er schon mit der nächsten Frage überfallen wird. Dies führt zu Verwirrung und meist auch nur zu einer unbefriedigenden Antwort auf alle Fragen, da lediglich kurz oder gar nicht darauf eingegangen werden kann.

Antworten vorwegnehmen: Was bei Fragen in TV-Shows oder Interviews häufig vorkommt, ist das Stellen einer Frage, die selbst beantwortet wird. Oder das Hinführen auf eine Antwort, die vorausgesetzt wird. Dabei wird dem Gesprächspartner förmlich eine Antwort in den Mund gelegt, obwohl dieser sich meist selbst zu einem Thema äußern möchte. Auch wird die Denkleistung in vielen Fällen eingegrenzt, da das Gespräch in eine bestimmte Richtung weiter gelenkt wird. In einigen wenigen Situationen kann das Vorwegnehmen der Antwort aber auch ein (Stil-) Mittel sein, um jemanden zum Nachdenken zu bringen.

In der Regel ist jedoch das Stilmittel weit seltener als das gezielte Übergehen von möglichen Antworten. Wenn eine Unterhaltung fair und zu beiderlei Gunsten geführt werden soll, dann sollten Fragen, die man selbst beantwortet, besser vermieden werden.

„Fragen", die Angriffe sind: Diese Art von Frage ist meist mit einem Vorwurf versehen, der beim Gegenüber platziert werden soll. „Was – Du gehst schon?" ist in den seltensten Fällen eine bloße Feststellung. Meist ist hiermit eine Anschuldigung verbunden, die den Befragten treffen soll. Oft beginnen angreifende Fragen mit Worten wie: „Sind Sie immer so…" oder „Haben Sie ernsthaft gedacht…" oder „Sie wollen doch wohl nicht…". All dies sind keine wirklichen Fragen, sondern dienen dazu, seiner verärgerten Haltung oder Empörung Luft zu machen.

Um solche Fragen, die oft spontan auf eine Situation erfolgen, zu vermeiden, ist ein kurzes Durchatmen und Innehalten angebracht. Meist sind die Angriffe nicht zielführend, da sich der Angesprochene verletzt und ungerecht behandelt fühlt. Besser ist es, seine Enttäuschung oder den Ärger offen auszusprechen, um dem anderen eine Möglichkeit zur Rechtfertigung zu geben. Dies kann in Form eines Feedbacks erfolgen, wie z. B. „Mir fällt auf, dass Sie in letzter Zeit häufig früher gehen. Womit hängt das zusammen und kann ich eventuell helfen?". Auch eine offene Frage hilft hier weiter: „Warum gehen Sie in letzter Zeit häufig früher?" oder „Welche Gründe haben Sie für Ihre Verspätung?". So kann der „Beschuldigte" eine Antwort geben und Missverständnisse werden ohne negative Emotionen ausgeräumt.

Psychologische Fragen, um Menschen zu öffnen

Niemals wird ein Vorgesetzter zur Wurzel eines Problems vordringen, wenn eine Person sich nicht öffnet und somit keine Möglichkeit hat, einen Vorfall aus ihrer Sichtweise heraus zu schildern. Dafür ist es notwendig, das Vertrauen des Gesprächspartners zu erlangen und ihn für einen ehrlichen Dialog zu öffnen.

Gründe für Verschlossenheit

Es gibt zahlreiche Erklärungen, warum Menschen zu offener Gesprächsbereitschaft nicht zu bewegen sind. Fragt beispielsweise ein Vorgesetzter danach, warum ein Mitarbeiter ständig zu spät kommt, so gibt es nicht immer triftige Gründe. Natürlich würde es ein Leichtes sein, die Familie oder ein außergewöhnliches Ereignis für die Verspätung heranzuziehen. Aber es kann auch sein, dass die Ursache nicht ganz klar ist. So können eine generelle Unlust oder auch der ungemütliche Weg zur Arbeit im Winter unbewusste Motive sein. Dieses **„Sich-Selbst-nicht-im-Klarensein"** kann einen Grund dafür darstellen, warum dem Vorgesetzten keine ehrliche Antwort auf die Frage nach der Verspätung geliefert werden kann.

Ein zweiter Grund, warum nicht offen geredet wird, kann aus **Verletzungen** in der Vergangenheit herrühren. So sprechen viele Menschen über oberflächliche Themen, auch wenn sie schon seit Jahren Kollegen sind. Hier kann die Angst vor weiteren Verletzungen, Zurückweisungen oder das Berühren alter Wunden für die Zurückhaltung verantwortlich sein. In kleinen Schritten kann das Vertrauen zu Menschen wiederhergestellt werden, so dass die Angst, betrogen oder wieder schlecht behandelt zu werden, schwindet und den Weg zu einem offenen Dialog ebnet.

Auch wenn wir Restriktionen, Bestrafungen oder **Konsequenzen unseres Handelns fürchten**, sind wir nicht willens oder unfähig, die Wahrheit zu sagen. Es ist nicht leicht, einen Fehler zuzugeben oder sich für etwas zu entschuldigen, wenn Sanktionen die Folge sein könnten. Daher ist auch hier ein offener Dialog nicht immer an der Tagesordnung und der Betroffene versucht, seine Handlungen zu verschleiern oder ganz zu verschweigen, um für sein Fehlverhalten nicht getadelt zu werden.

Auch die Sorge, für eine Meinung, eine Idee oder gar Gefühle verurteilt zu werden, kann der Grund für Zurückhaltung sein. Häufig handelt es sich auch um eine **Vorverurteilung**, da die Vorschläge bei einer anderen Diskussion nicht bis zu Ende gehört oder abgeblockt wurden. Dies kann bei künftigen Gesprächen dazu führen, die eigenen Gedanken nicht mehr zu präsentieren. Noch schlimmer, wenn Ideen nicht nur nicht gehört, sondern eventuell sogar für absurd oder lächerlich erklärt werden. Diese Art der Zurückweisung führt bei Menschen, die ohnehin kein ausgeprägtes Selbstbewusstsein haben, zum Rückzug in sich selbst.

Ein hier zuletzt genannter Grund soll die Erwähnung der **Angst vor Ideenklau** sein. Viele Mitarbeiter fürchten, dass die eigenen Ideen von anderen verinnerlicht und als ihre eigenen verkauft werden. Dies veranlasst sie, ihre Gedanken für sich zu behalten, um nicht das Nachsehen zu haben, wenn ihre Idee von anderen öffentlich gemacht wird. Hier spielt es auch eine Rolle, dass die Idee bei Erwähnung vor anderen nicht ernst genommen wird. Sie wird heruntergespielt und erst im Nachhinein wieder aufgegriffen, wenn sie einem anderen von Nutzen sein kann. Dieser Missbrauch von Vertrauen kann zur Verschließung eigener (oft guter) Ideen vor anderen führen.

Themen und Methoden, um andere für ein Gespräch zu öffnen

Eine äußerst bewährte Methode, um Menschen zum offenen Reden zu bringen, ist echtes Interesse. Der Gesprächspartner muss spüren, dass der andere wirklich zu einem Thema etwas hören will bzw. Anteil nimmt.

Hier kommt in vielen Fällen der „**Let's talk about me**"-Faktor zum Tragen. Denn worüber können die meisten Menschen am besten reden? Auch wenn wir es nicht immer offen zugeben wollen – über uns selbst, unsere Interessen, Meinungen, Werdegänge und Erfahrungen. Dies hat einfache Gründe:

Es ist das **Thema, das wir am besten kennen** und wozu wir immer etwas sagen können.

Wir wollen **Dinge, die uns bedrücken, loswerden** und möchten diese Gedanken teilen, um Trost, Sympathien, Unterstützung oder Rat zu erhalten.

Es gibt **Botschaften, die wir vermitteln wollen**. Diese können politischer, ethischer oder religiöser Art sein. Diese Sichtweisen wollen wir anderen mitteilen.

Ruhe ist für die meisten schwer auszuhalten, weil sie schnell unangenehm werden kann. Dann wird schnell ein Thema gesucht, meist der Einfachheit halber eines, das mit der eigenen Person zusammenhängt.

Um Menschen über sich selbst reden zu lassen, ist es dennoch notwendig, einige Aspekte zu beachten. So sollten die Fragen nicht zu einer Befragung werden, die schon Verhörcharakter hat. Niemandem ist es angenehm, wenn laufend neue Fragen in Form eines Feuerwerks abgeschossen werden, die sozusagen „abgehakt" und ad acta gelegt werden können: „Sind Sie verheiratet? Haben Sie Kinder? Wie alt sind sie? Gehen sie auf eine öffentliche oder Privatschule?".

Wer wahres Interesse an seinem Gesprächspartner zeigt, stellt Fragen sensibler und wird darauf auch ehrliche Antworten erhalten. So geht es weniger um das wer, was und wann als eher um Fragen nach dem wie und warum. Denn hier können echte Meinungen ausgetauscht und erörtert werden. „Wodurch war die Weiterbildung für Ihre berufliche Karriere von so großem Vorteil?" oder „Warum haben Sie sich so sehr für dieses Projekt eingesetzt?" oder „Welche Menschen haben Sie bei dieser persönlichen Entscheidung nachhaltig beeinflusst?". Hierbei können zahlreiche wertvolle Informationen erfragt werden, die die jeweilige Person freiwillig und ehrlich geben kann.

Die Gesprächspartner werden über ihre persönliche Komfortzone, in der sie sich aufhalten und über die sie gerne reden, zu weiteren Themen geführt, die es zu behandeln gilt. Folgende Techniken und Schritte führen zu einer tiefergehenden Unterhaltung:

Zunächst muss eine **vertrauensvolle und zugewandte Beziehung** zum anderen hergestellt werden. Er will als Individuum und nicht als „ein" Kunde, Mitarbeiter oder Partner behandelt sein. Beliebige Fragen à la „wie geht es Ihnen" zu stellen ist meist nur der Höflichkeit geschuldet. Besser sind Themen, die dem Gegenüber tatsächlich die Möglichkeit geben, über eigene Interessen und Bedürfnisse zu reden. Denn jeder kann Geschichten erzählen. Und dies macht eine Unterhaltung so spannend und einzigartig.

Wenn nun mit **offenen, breitgefächerten Fragen** begonnen wird, kann der Gesprächspartner sich genügend Raum für seine bevorzugten Themen schaffen. Wenn mit der eigenen Darstellung nun ausreichend gute Atmosphäre geschaffen ist, lässt es sich viel leichter auf die Themen und Fragen hinlenken, die pointierter formuliert werden müssen. Gut ist es immer, den Gesprächspartner mit seinem Namen anzusprechen und seine Expertise nochmals explizit zu erwähnen und damit zu würdigen. Somit wird er die Selbstsicherheit gewinnen, über geeignete und ihm wohlbekannte Themen seiner Wahl zu sprechen.

Die **schwierigsten Themen sollten zuletzt** angesprochen werden. Hier können dann zunächst einmal sachliche Aspekte geklärt werden, bevor die emotionale

Korrektur gegeben werden. Ansonsten wird das Gehirn ausgeschaltet und motiviertes Arbeiten verhindert.

Eine letzte Anmerkung zum Feedback…

…sei die, dass auch Vorgesetzte ihren Mitarbeitern ein Feedback zugestehen sollten. Dies sollte eigentlich Standard sein, ist aber längst noch nicht in allen Unternehmen realisiert und an der Tagesordnung. Wenn Führungskräfte ehrliche Reaktionen ihres Teams erhalten wollen, so müssen sie die Offenheit besitzen, Feedbacks zu hören. Denn häufig schleichen sich Verhaltensweisen im Umgang mit den Mitarbeitern ein, derer man sich als Führungskraft nicht bewusst ist. Dies kann mit der Zeit zu Vertrauensverlust führen und die Stimmung im gesamten Team verschlechtern.

Es lohnt sich also, auch einmal umgekehrt ein Feedback, das auf Wahrnehmung, Wirkung und Wunsch besteht, einzufordern. Dies kann von allen Mitarbeitern erfolgen oder auch nur von einigen wenigen, die als dafür geeignet erscheinen. Dabei sollte nicht das Kriterium gewählt werden, dass nur Schmeicheleien erwartet werden oder Rückmeldungen, die nicht wehtun. Denn nur dann kann eine Situation aus einer anderen Perspektive gesehen und an deren Optimierung gearbeitet werden.

6.3   Fragen stellen

Fragen sind die Erfolgsformel eines guten Gesprächs. Von Kindern sind wir es gewohnt, dass sie uns mit Fragen löchern. Aber auch für Erwachsene gilt: Fragen sind wertvoll. Denn wer fragt, der führt. Und erfährt Neues von seinem Gegenüber. Häufig ist es für den Befragten positiv, wenn er das Interesse des anderen an „seinem" Thema spürt. Egal ob mit Kollegen, Kunden oder Dienstleistern gesprochen wird – das Gespräch sollte ausgewogen sein. Jeder muss die Möglichkeit haben, von sich und seinen eigenen Bedürfnissen, Interessen oder Spezialgebieten zu berichten.

Wozu Fragen dienen? Sie regen zum Denken an, sie erfordern bzw. provozieren Antworten, wir erhalten wichtige Informationen, sie versetzen uns in eine starke Position, sie öffnen Menschen, sie erhöhen unsere Fähigkeit zum aktiven Zuhören, sie geben Menschen eine gute Entscheidungsgrundlage für sich selbst, um nur ein paar Gründe für Fragen zu benennen. Mit Fragen übernehmen wir die Kontrolle

Komponente hinzugefügt wird. Bei den ersten Fragen sollte es bei den schwierigen Themenkomplexen immer zunächst um die leicht zu beantwortenden gehen, so dass eine behagliche Frage-Antwort-Routine für die später komplexeren Fragestellungen entsteht.

Positive, nonverbale Zeichen geben dem anderen das gute Gefühl, dass er gehört wird. So sollte die Körpersprache zugewandt sein bzw. Mimik und Gestik teilweise gespiegelt, Blickkontakt gehalten sowie eine entspannte Haltung eingenommen werden. Wenn die Körperhaltung verkrampft, geschlossen und von Nervosität geprägt ist, nutzen auch die wohlmeinendsten Worte nichts, da das Gegenüber das Unbehagen spürt. Unterstreicht die Körpersprache jedoch das Gesagte, so wird sein Effekt verdoppelt.

6.4 Umgang mit Killerphrasen

Eine unangenehme Methode, um Gespräche emotional zum Siedepunkt zu führen, sind die sogenannten Killerphrasen wie „Typisch Mann!", „Das haben wir immer schon so gemacht" oder „Alles Blödsinn!". Diese vergiften eine Stimmung oft mit einem Satz oder wenigen Worten. Dabei sind sie keineswegs zielführend und provozieren eine unsachliche Gegenreaktion. Mit etwas Übung und kurzem Innehalten können die Killerphrasen jedoch souverän gekontert bzw. entkräftet werden. Dies setzt die Debatte wieder auf die richtige Schiene und gangbare Lösungsansätze rücken näher, ohne sich von den Killerphrasen unter Druck setzen zu lassen. Denn diese erzeugen niemals eine konstruktive Gesprächsatmosphäre, sondern wirken beleidigend und anmaßend, was in keinem Falle zu einem guten Ausgang einer Diskussion führen kann.

Was bewirken Killerphrasen?

Sobald die Killerphrase ausgesprochen und gehört wurde, wird deren Inhalt ans Gehirn weitergeleitet und löst folgende Reaktion aus: Sie provoziert eine Stressreaktion, so dass die Leistungen des Denkzentrums eher blockiert als gefördert werden. Im Gehirn wird somit Verwirrung gestiftet, so dass sich dieses in einer Art Leerlauf befindet und dazu führt, dass der Faden im Gespräch verloren wird. Meist fällt die Antwort auf eine Reizformulierung dann auch eher schwach und unkontrolliert aus.

Die Killerphrasen führen zu Verunsicherung, Verletzung, Hilflosigkeit, Frust oder Wut. Genau das will erreichen, wer eine unfaire Bemerkung fallen lässt. Denn damit fühlt sich der Betroffene gelähmt, konfus oder verunsichert, was zu einem sinkenden Selbstwertgefühl führt. Lässt man sich von dieser Attacke zu sehr ins Bockshorn jagen, ist eine sachliche Diskussion nicht mehr möglich. Der andere hatte mit seinem Manipulationsversuch Erfolg, da der Angegriffene sich keine Strategie zurechtgelegt hat, um konstruktiv damit umzugehen.

Um eine solche Kurzschlussreaktion zu verhindern, ist es hilfreich, sich auf eine mögliche Verbalattacke der unfairen Art vorzubereiten. Denn wenn eine solche Phrasendrescherei durchschaut wird, kann sachlich gekontert werden, so dass dem Angreifer die Luft aus den Segeln genommen wird.

Das Entlarven und Entkräften von Killerphrasen ist reines Handwerkszeug und erfordert ein wenig Übung. Doch sie erlaubt uns, in Reizsituationen einen klaren Kopf zu behalten, flexibel und kreativ zu reagieren sowie sich gegen die verbalen Unverschämtheiten zu schützen. Damit werden Gespräche wieder in die richtige Richtung gebracht, ohne dass die eine oder andere Seite sich bloßgestellt fühlt.

Killerphrasen selbstbewusst kontern

Damit wir nicht erst nach einer Diskussion, wenn der Gesprächspartner schon wieder gegangen ist, auf sinnvolle und nützliche Repliken auf eine Killerphrase kommen, müssen wir uns vorher auf eine solche Situation vorbereiten. Denn eine Auseinandersetzung mit diesen Manipulationsstrategien des anderen ist elementar, um sie zu verstehen. Daraufhin können wir bei einer erneuten Attacke unsere Gefühle antizipieren, sie im Griff behalten und „spontan" auf die Angriffe reagieren.

Wenn wir analysieren, welche Killerphrasen uns am meisten treffen, sind dies oft Schwachstellen unserer Persönlichkeit, mit denen wir uns noch nicht auseinandergesetzt haben. Hieran gilt es natürlich zunächst zu arbeiten. Denn bevor die kommunikativen Gegenschläge einstudiert werden, ist es sinnvoll, die „wunden Punkte" auszumerzen. Sind wir selbstbewusst und mit unserer Geschlechterrolle, unserem Aussehen, unserer Position oder unserer Art zu sprechen im Reinen, kann uns wenig wirklich hart treffen. Gibt es jedoch Dinge, die wir an uns selbst nicht ausstehen können, wird ein gewiefter Gesprächspartner, der es auf eine Verunsicherung oder Verletzung abgesehen hat, diese finden und nutzen.

Je nach Situation und Gegenüber können Kommunikationsstrategien im Umgang mit Killerphrasen ganz flexibel eingesetzt werden. Einige Varianten zum erfolgreichen Abwehren der Reizsätze sind nach herrschender Meinung die folgenden und können als Standardrepertoire genutzt werden (auf den Umgang mit Killerphrasen für Profis gehen wir zum Schluss ein):

Gegenangriff: Es gibt die Möglichkeit, verbal zurückzuschlagen. Dies sollte jedoch in einer Form geschehen, womit wir uns nicht auf das Niveau des anderen begeben. Zum Beispiel über Humor. Wird etwas Witziges entgegnet, werden Lacher – möglicherweise auch des Angreifers – geschickt provoziert. „Wollen Sie uns weiter damit langweilen?" könnte z. B. mit einem Satz wie: „Wie schön, dass ich es erreicht habe, Ihren Widerstandsgeist und Ihre Energie zu wecken, damit sie nicht vor Langeweile sterben..." gekontert werden. Schlagfertigkeit und Empathie sind dafür unbedingt notwendig, daher ist dieser Umgang mit einer Killerphrase meist erst nach einiger Zeit und Übung empfehlenswert. Wird hingegen mit gleicher bzw. noch vehementerer Härte pariert, kann es schnell zu einem verbalen Machtkampf kommen, der die Fronten verhärtet. Dies gilt es zu vermeiden.

Fragen stellen: Mit dieser Methode wird der andere zunächst ausgebremst, da er nun selbst in die Situation gebracht wird, auf die Frage zu reagieren. Diese könnte lauten: „Was genau möchten Sie damit ausdrücken?" oder „Können Sie das auch anders formulieren?" oder „Glauben Sie, dass uns diese Bemerkung weiterbringt?". Die emotionale Attacke wird damit abgefedert und möglicherweise durch eine andere Ausformulierung wieder auf die sachliche Ebene gezogen. Aber auch hier besteht natürlich die Möglichkeit, dass wieder ein „dummer Spruch" kommt und somit wenig versöhnlich reagiert wird.

Ignorieren: Hier wird die Strategie angewendet, Unrat einfach vorbeischwimmen zu lassen, ohne ihn zu beseitigen. Entweder kann der Angegriffene unbeirrt weiterreden oder nur kurz darauf eingehen, wie z. B. mit einem Satz wie: „Ja, das kann wohl sein, aber lassen Sie uns doch auf das Wesentliche zurückkommen". Dies erfordert natürlich große Selbstbeherrschung, da die emotionale Komponente ausgeschaltet oder ruhig gestellt werden muss, um die sachliche Argumentation weiterzuführen.

„Missverstehen": Wenn eine verbale Attacke ironisch oder zynisch erfolgt, kann diese bewusst falsch interpretiert werden. Will sich ein Geschäftspartner beispielsweise auf unfaire Art über eine Preisgestaltung auslassen („Oh, das ist aber heute wieder besonders „günstig"..."), so kann der Angesprochene diese Aussage wörtlich nehmen und kontern: „Ja, wir finden auch, dass unsere Angebote wirklich marktkompatibel und wettbewerbsfähig sind". So muss der andere erst einmal wieder nachlegen und fühlt sich eventuell selbst zunächst verunsichert.

Die Ebene wechseln: Eine weitere Möglichkeit, den anderen wieder auf das eigentliche Gesprächsthema zurückzubringen, ohne ihn zu provozieren, ist das offene Feedback. Damit wird in die Metaebene gewechselt, wodurch das Gespräch von einer anderen Perspektive, nämlich von außen, betrachtet wird. Die Rückmeldung auf die Verbalattacke erfolgt dreigeteilt, wie es unter dem Stichpunkt Feedback bereits vorher erläutert wurde. Zunächst sollte die **Wahrnehmung** geschildert werden: Ist das Gesagte ein Ausrutscher oder gehört es zur üblichen Taktik des anderen hinzu? Was nehme ich hierbei in welcher Form und Ausprägung wahr? Daraufhin kann die **Wirkung** geschildert werden: In welche Richtung wirkt das Gespräch in fachlicher und emotionaler Hinsicht auf mich und was löst es aus? Und zuletzt kommt der **Wunsch** zum Tragen: Wie können wir den Wunsch umsetzen, eine positivere Gesprächskultur zu pflegen und unsere Grundhaltung gegenüber dem anderen zugunsten größeren Respekts zu ändern?

Beispiele

Hier nur einige wenige Praxisbeispiele für Killerphrasen, die mit oben genannten Methoden gekontert werden können. Allerdings besteht bei diesen Antwortoptionen immer die Gefahr, dass eine weitere Verbal-Attacke auf das Gesagte folgt, so dass eine Eskalation nicht mehr zu umgehen ist. Dies ist jedoch manchmal auch die passende Art, mit Killerphrasen umzugehen. Einige Vorschläge sind die folgenden:

Killer A: „Sie wollen mich nicht richtig verstanden haben? Haben Sie mir überhaupt zugehört?"
Option 1: „Habe ich. Ihre Argumentation ist unlogisch und erfordert weiterer Erläuterungen."
Option 2: „Bitte geben Sie uns hierzu einige Details, damit wir uns nicht missverstehen."
Killer B: „Nicht schon wieder! Wir haben nun bereits mehrfach erklärt, wie das ablaufen soll!"
Option 1: „Auch durch ständiges Wiederholen wird der Sachverhalt nicht anders!"
Option 2: „Das Thema ist extrem wichtig, daher lassen Sie es uns noch einmal durchgehen, weil zu viel davon abhängt."
Killer C: „Dazu fehlt Ihnen das entsprechende Fachwissen!"
Option 1: „Was soll das? Sie wissen, es war zur Sache!"
Option 2: „Das betrifft den Kern – fehlt Ihnen noch eine Information?!"

Bei all diesen Killerphrasen ist es sinnvoll, den attackierenden Äußerungen nicht allzu harsch zu begegnen, sondern eher abzufedern, um dem Gespräch eine positive Wendung zu geben. Manchen ist es gar nicht bewusst, dass sie sich im Ton vergriffen haben. Diese lassen sich durch eine unaufgeregte Aussage „wieder einfangen". Will ein Gesprächspartner bewusst provozieren und die Diskussion in eine Sackgasse laufen lassen, ist viel Fingerspitzengefühl angesagt.

Meist handelt es sich um eine einzelne Person, die mit Reizformulierungen für eine explosive Stimmung sorgt. Da dies meist nicht im Sinne der Mehrheit der Diskutanten ist, sollten die Angriffe des Provokateurs geschickt abgewehrt und die neutralen Teilnehmer vom Sieg der Vernunft überzeugt werden. Mit Gelassenheit und offenen Worten kann die erhitzte Debatte wieder auf eine konstruktive Ebene gebracht werden. Mit etwas Übung gelingt dies immer besser.

Für Profis: „Herrschende Meinung" versus „Leadership-Intelligenz" bei Killerphrasen

Während im oben Gesagten als Reaktion auf die Killerphrasen hauptsächlich mit einer abgemilderten Strategie „Auge um Auge, Zahn um Zahn" gearbeitet wird, gibt es auch die Möglichkeit, einer Killerphrase mit Versachlichung zu begegnen, was eine Führungskraft mit Leadership-Intelligenz tun sollte. Bei den herkömmlichen Techniken droht die Gefahr einer Eskalation (jede Seite möchte als Sieger aus dem Schlagabtausch hervorgehen). Wenn hingegen Leadership-Intelligenz im Spiel ist, wird mit Cleverness und Psychologie agiert, so dass die Killerphrasen entkräftet werden und weiterhin eine gute Gesprächsatmosphäre gewahrt werden kann.

Bei dem Prinzip „Auge um Auge" verliert meist ein Gesprächspartner das Gesicht. Bei der zweiten Variante der Versachlichung will man sich nicht mit demjenigen, der eine Killerphrase äußert, auf eine Ebene stellen, sondern einfach das leidige Thema vom Tisch haben. Hiermit beschäftigen wir uns jetzt.

Eine „Erdbebenphrase" wäre beispielsweise:

> Eine aktuelle Studie vom M.I.T. besagt genau das Gegenteil von dem, was Sie behaupten. Was sagen Sie dazu?

Hierauf würde eine Führungskraft mit Leadership-Intelligenz antworten:

> In welchem Punkt widerspricht diese Studie Ihrer Meinung nach meiner Präsentation?

Hiermit kann der mit der Killerphrase angegriffene Gesprächspartner zunächst einmal sehr geschickt verschleiern, ob er die Studie kennt oder nicht. Dann fragt er nach einem **Detail** („in welchem Punkt"), er thematisiert den **Streitpunkt bzw. das Spannungsfeld** („widerspricht diese Studie") und interessiert sich für die **Meinung bzw. Expertise** des anderen („Ihrer Meinung nach").

Mit dieser Technik, auf Killerphrasen zu reagieren, wird die Sachebene wieder erreicht, da zunächst nach Details gefragt wird. In dieser Situation kann derjenige, der die Killerphrase geäußert hat, nur mit guten Argumenten punkten. Er fühlt sich aber auch geschmeichelt, da er um seine Meinung gebeten wird bzw. den anderen seine Expertise bzw. Meinung interessiert. Hiermit kann ohne weitere Eskalation das Thema entweder sachlich ausgeführt werden oder derjenige, der provozieren wollte, wird das Geäußerte zurücknehmen und die Diskussion damit nicht weiter stören.

Mit dieser 3-Schritt-Methode (Details abfragen, Streitpunkt thematisieren, Meinung einholen) können Führungskräfte mit Leadership-Intelligenz also folgendermaßen auf Killerphrasen sachlich reagieren und deeskalierend wirken:

Beispiel: „Das haben wir doch alles schon versucht – es geht nicht!"
Antwort: „Welcher Punkt dessen, was ich gerade gesagt habe, widerspricht Ihrer Meinung nach der Kompetenz unseres Unternehmens?"
Beispiel: „Typisch Mann! (Anfänger, Rentner)"
Antwort: „In welchem Punkt dessen, was ich gerade gesagt habe, stecken Ihrer Meinung nach unnötig viele Emotionen?"
Beispiel: „Sammeln Sie erst einmal ein bisschen Erfahrung in diesem Projekt!"
Antwort: „Zu welchem Punkt dessen, was ich gerade gesagt habe, benötigen wir Ihrer Meinung nach zusätzliche Kompetenzen?"
Beispiel: „Das funktioniert in der Praxis nicht!"
Antwort: „In welchem Punkt widerspricht das, was ich gerade gesagt habe, Ihrer Meinung nach dem Stand der Technik?"
Beispiel: „Du hast ja keine Ahnung!"
Antwort: „In welchem Punkt widerspricht das, was ich gerade gesagt habe, Ihrer Meinung nach den Gepflogenheiten der Branche?"
Beispiel: „Sind Sie immer so empfindlich?"
Antwort: „In welchem Punkt dessen, was ich gerade gesagt habe, stecken Ihrer Meinung nach unnötig viele Emotionen?" (Hieran kann man sehen, dass Entgegnungen mehrfach angewendet werden können – siehe Beispiel 2 „Typisch Mann...")
Beispiel: „Lass' die anderen doch auf die Nase fallen."
Antwort: „Welcher Punkt dessen, was ich gerade gesagt habe, birgt Ihrer Meinung nach Risiken?"
Beispiel: „Wir werden das schon aussitzen."

Antwort: „Für welchen Punkt dessen, was ich gerade gesagt habe, haben wir Ihrer Meinung nach ausreichend Macht im Markt?"

Beispiel: „Wir lassen uns durch diese Neuheiten doch nicht aus der Fassung bringen."

Antwort: „Welche Idee der Konkurrenz, die ich gerade beschrieben habe, ist Ihrer Meinung nach banal?"

Beispiel: „Alles graue Theorie…"

Antwort: „In welchem Punkt dessen, was ich gerade gesagt habe, muss Ihrer Meinung nach noch geforscht werden?"

Beispiel: „Das mag zwar theoretisch stimmen…"

Antwort: „In welchem Punkt dessen, was ich gerade gesagt habe, fehlt Ihrer Meinung nach der Praxistest?"

Beispiel: „Geht nicht…"

Antwort: „Was von dem, was ich gerade gesagt habe, birgt Ihrer Meinung nach Risiken?"

Beispiel: „Da könnte ja jeder kommen…"

Antwort: „Was von dem, was ich gerade gesagt habe, ist Ihrer Meinung nach bereits allgemein bekannt?"

Mit Leadership-Intelligenz können Killerphrasen also sehr elegant und sachlich gekontert werden, ohne den anderen damit bloßzustellen. Dies ist für den weiteren Fortgang eines erfolgreichen Gesprächs elementar und wird die gewünschten Resultate für alle Seiten erzielen, ohne dass eine Partei das Gesicht verlieren muss.

Selbstreflexion zum Thema Kommunikation (Teil II)

Bitte prüfen Sie die folgenden 20 Punkte und beantworten Sie die Aussagen mit Ja oder Nein. Bitte notieren Sie für jedes „Ja" einen Punkt. Daraus ergibt sich Ihr Kommunikationsquotient.

Ihr Kommunikationsquotient

1. Ich bereite mich gut auf Gespräche vor.
2. Ich verliere im Dialog mein Ziel nicht aus den Augen.
3. Ich kann meine Gesprächspartner meist gut einschätzen.
4. Ich kann aktiv zuhören.
5. Die Stimmung in Diskussionen ist häufig gut.
6. Ich kenne meine Körpersprache und deren Wirkung.

7. In erhitzten Debatten kann ich für Beruhigung sorgen.
8. Ich gebe meinen Gesprächen immer Struktur.
9. Mit den Gesprächsergebnissen bin ich meist zufrieden.
10. Mitarbeiter und Kunden reden gerne mit mir.
11. Ich versuche, einfach und verständlich zu sprechen.
12. Bei einem Vortrag habe ich die Aufmerksamkeit aller.
13. Ich rede gerne vor Menschen.
14. Das Feedback auf meine Reden erhalte ich regelmäßig.
15. Zur Verständlichkeit verwende ich viele Bilder.
16. Ich baue Geschichten und Anekdoten in Reden ein.
17. Ich gebe Mitarbeitern Feedback, ohne zu verletzen.
18. Ich kann Ratschlag und Urteil unterscheiden.
19. Ich diskutiere sachlich, kann jedoch Emotionen einbauen.
20. Ich bin in Diskussionen kompromissbereit.

Kommunikationsquotient KQ: … von 20 Punkte

Literatur

Fromm, Erich. 2012. *Haben oder Sein*. 39. Aufl. München: Taschenbuch Verlag GmbH & Co. KG.

Netzwerken gehört für Leader als dritte Führungsqualität neben Persönlichkeit und Kommunikation unabdingbar dazu, um im privaten wie beruflichen Umfeld erfolgreich zu sein. Doch was genau bedeutet Netzwerken eigentlich? Und wie baut man nachhaltige Kontakte auf?

Zunächst einmal sei darauf hingewiesen, dass sich dieser Abschnitt mit den zwischenmenschlichen Beziehungen, also den Kontakten in der realen Welt beschäftigt. Das Thema „soziale Netzwerke" in der digitalen Welt gilt eher als eine Technik bzw. Methode. Hiermit befasst sich dieser Abschnitt nicht, da dem Aufbau und der Pflege von nachhaltigen, echten Verbindungen zu Mitmenschen hier der Vorzug gegeben wird. Zahlreiche Publikationen zu sozialen Netzwerken sind zurzeit auf dem Markt, so dass bei Interesse die passenden Informationen an anderem Ort gefunden werden können.

Ein wesentlicher und grundlegender Ansatz für langfristiges und werthaltiges Netzwerken beruht darauf, dass wir anderen Menschen Respekt und Wertschätzung zukommen lassen. Auch wirkliches Interesse für den Menschen ist das Erfolgsgeheimnis, das Führungskräfte im Umgang mit ihren Kollegen, Mitarbeitern und Kunden beachten sollten. Denn wer sich lediglich für die nächsten Aufträge oder Projekte aktivieren möchte und nur daher den Kontakt zu Kunden und Team sucht, wird langfristig kein stabiles Netzwerk aufbauen können.

Das Motto lautet also: Persönliches steht im Mittelpunkt, hieraus können sich in Folge auch berufliche Anknüpfungspunkte ergeben. Dies ist sogar sehr wahrscheinlich, da eine gute Verbindung auch zu erfolgreichen Beziehungen zu Kollegen, Mitarbeitern, Vorgesetzten oder Geschäftspartnern führt. Oder sogar zu einer Beförderung bzw. einem neuen Job: Beispielsweise kommen laut einer Studie des Wissenschaftszentrums Berlin für Sozialforschung (WBZ) zwischen 30 bis 40 %

der Stellenbesetzungen über Vitamin B bzw. ein gut funktionierendes Netzwerk zustande.

Auf dem Weg an die Spitze ist es leider häufig so, dass Ellbogen eingesetzt werden müssen und das Wohl von Kollegen und Mitbewerbern zeitweilig hinter das eigene gestellt wird. Bereits in der Schule hören wir häufig, dass wir zu den Besten gehören und keine Schwäche zeigen sollen. Dieser Wettbewerbsgedanke kann jedoch äußerst schädlich für ein funktionierendes Netzwerk aus guten Freunden und Kollegen sein. Und in letzter Instanz auch für das eigene Wohlbefinden, da ein Leben ohne gut gepflegte zwischenmenschliche Beziehungen zu Einsamkeit und Freudlosigkeit führen kann.

Wer sich jedoch anderen öffnet, sich für ihre Bedürfnisse und Wünsche interessiert, wird sehr bald merken, dass diese Aufgeschlossenheit gegenüber anderen zurückgespiegelt wird. Daher ist es auch immer ein richtiger Schritt, zunächst einmal zu geben. Wenn eine Führungskraft sich dazu entschließt, Türen für andere zu öffnen, Kontakte zu vermitteln und eine tolerante Grundhaltung gegenüber Anfragen aus dem Team, von Kunden oder Geschäftspartnern an den Tag zu legen, wird bald eine positive Resonanz spüren.

Denn je häufiger man Kontakte und Kenntnisse freigebig teilt, desto mehr wird auch zurückkommen. Vielleicht nicht sofort, aber in naher Zukunft. Denn kaum ein Bedürfnis ist für den Menschen größer, als nach einer erfahrenen großzügigen Geste eines anderen einen Gefallen zurück zu erweisen. Geben und Nehmen hängen also eng zusammen, und es sollte nicht aufgerechnet werden, wer mehr oder weniger investiert hat. Dies gleicht sich, je häufiger und intensiver wir Kontakte zu anderen haben, immer wieder aus.

Und es kann nicht früh genug mit dem Aufbau eines Netzwerks losgehen. Kontakte zu alten Schul- und Studienkollegen, Freunden aus Kindertagen sowie Bekannten aus dem Jugendsportverein sind wertvolle Beziehungen, die sich ein Leben lang bewähren werden. Denn diese Beziehungen sind gewachsen und ehrlicher Natur. In jungen Jahren lernen sich Kinder und Jugendliche in der Regel ohne Vorbehalte und aufgesetzte Verhaltensweisen kennen, was zu besonders wertvollen Verbindungen auch noch nach langer Zeit führt.

Doch auch in späteren Jahren gilt: Führungskräfte (und solche in spe) sollten Spaß am Umgang mit Menschen haben. Menschen wertzuschätzen und zu der Erkenntnis zu gelangen, dass der Umgang mit anderen bereichert, ist die Grundlage allen Netzwerkens. Denn erst dann entsteht wahres Interesse und Respekt für die Mitmenschen. Und auf dieser Basis können wertvolle, nachhaltige Beziehungen geknüpft werden, die nicht in erster Linie dem kurzfristigen Einholen von Aufträgen dienen, sondern auf lange Sicht erhalten bleiben.

Wie Netzwerke (erstens) aufgebaut werden können, wo es (zweitens) überall Gelegenheiten dazu gibt und welche Aspekte (drittens) beim Halten von Kontakten zum Tragen kommen sollten, damit beschäftigt sich der folgende Abschnitt mit drei Geboten (Nr. 7 bis 9) zum Thema Netzwerk. Viele der genannten Faktoren mögen einfach oder fast schon banal erscheinen, aber auch hier gilt: Nicht nur in der Theorie müssen die Dinge logisch erscheinen, sondern erst in der Praxis werden die gegebenen Tipps fruchten.

Daher ist es sinnvoll, sich die Möglichkeiten für nachhaltiges Netzwerken im eigenen Umfeld klar zu machen und sie zu nutzen. Denn Menschen kennen zu lernen und sich für deren unterschiedliche Belange und Lebenswelten zu interessieren, ist eine Bereicherung und der Schlüssel für ein erfülltes Privat- und Berufsleben. Der Weg hierzu wird auf den nächsten Seiten beschrieben.

Gebot 7: Sei aktiv

Auftakt: Wie Du nachhaltige Kontakte für Dein Netzwerk aufbaust

Je früher eine Führungskraft mit dem Netzwerken beginnt, desto besser. Denn Kontakte aus frühen Tagen sind oft die nachhaltigsten und langlebigsten. Wer bereits in seiner Schul- und Studienzeit enge Beziehungen zu Mitschülern und Kommilitonen aufbauen konnte, hat es in der Berufswelt leichter. Dann kommen die guten Bindungen zu Freunden und Mitstreitern aus jungen Jahren zum Einsatz und bewähren sich.

Später bilden Kollegen, Vorgesetzte, Mitarbeiter, Kunden und Geschäftspartner das berufliche Netzwerk, worauf täglich oder zumindest in regelmäßigen Abständen zurückgegriffen wird. Während die Freund- und Bekanntschaften aus Jugendtagen eher vertrauenswürdige Vermittler zu neuen Zirkeln werden, sind die Kontakte im Job eher interessant für inhaltliche Unterstützung oder Zusammenarbeit bei beruflichen Herausforderungen. Hin und wieder überschneiden sich diese Bereiche, so dass ein Freund aus Kindertagen auch beruflich helfen kann oder ein Geschäftspartner zum Beziehungsturbo wird.

Wichtig ist die Einstellung, dass ein Netzwerk von großem Nutzen sein kann. Denn das ist die Grundlage für das Knüpfen guter, nachhaltiger Kontakte. Wer sich nicht für Menschen interessiert, wird es schwer haben, sich beruflich und privat zu entwickeln. Denn so gut man als Einzelkämpfer auch agiert, der Erfolg ist immer auch von anderen Menschen abhängig, die Chancen geben und Möglichkeiten eröffnen.

Hier sei nochmals auf eine IBM-Studie (aus: Manager Magazin 08/2010) hingewiesen, die ergeben hat, dass die persönliche Leistung nur zu 10 % Anteil an einer Beförderung hat. 30 % gehen auf das Image bzw. den persönlichen Stil zurück und 60 % machen der Bekanntheitsgrad bzw. das „Gesehen werden" aus – und ist damit wichtigster Faktor!

Somit ist klar, dass (werdende) Führungskräfte sich sichtbar machen und auffallen müssen. Kontakte und Beziehungen sind das A und O für das berufliche Fortkommen. Dieses Selbst-Marketing muss jedoch mit den eigenen Stärken über-

C. Ahrens, L. Ahrens, *Leadership-Intelligenz - Zehn Gebote für souveräne und sozial kompetente Führung,* DOI 10.1007/978-3-658-05052-8_7, © Springer Fachmedien Wiesbaden GmbH 2014

einstimmen und soll kein falsches Bild vermitteln. Denn nur, wer ehrlich und authentisch wirkt, kann auf lange Sicht bestehen und in den Köpfen der potenziellen Förderer und Mäzene bleiben.

Um sich ein Netzwerk aufzubauen, sollten zunächst möglichst viele Gelegenheiten genutzt werden, um Kontakte aufzubauen. Hierbei können private wie auch berufliche Veranstaltungen besucht werden – ob beim Gartenfest im nachbarschaftlichen Umkreis wie auch beim Einstand eines neuen Kollegen. Eröffnungen von Kulturstätten oder der Berufsverband, der sein Jahresprogramm vorstellt bzw. einen Keynote-Speaker engagiert hat, sind weitere Stätten der Begegnung.

Später gilt es dann, aus den gesammelten Kontakten langfristige Beziehungen herzustellen. Aber das Prinzip Quantität vor Qualität schadet in jungen (Berufs-) Jahren nicht, um auch für sich selbst zu erkennen, welche Art von Treffen ergiebig ist und vor allem Spaß bringt. Dies ist von Persönlichkeit zu Persönlichkeit unterschiedlich und muss erkundet werden. Denn erfolgreiches Netzwerken muss dem eigenen Geschmack und den jeweiligen Fähigkeiten entsprechen. Hierfür gibt es zahlreiche Gelegenheiten und Möglichkeiten – sie müssen nur genutzt und auf die eigenen Bedürfnisse angepasst werden.

7.1 Welche Fähigkeiten sind wichtig fürs Netzwerken

Gute Netzwerker sind immer eher menschenorientiert als sachbezogen. Denn nur, wenn ein grundlegendes Interesse für das Gegenüber vorhanden ist und dieses für die Zeitdauer eines Gesprächs die wichtigste Person ist, wird ein guter Kontakt aufgebaut. Und hierfür muss die Aufmerksamkeit voll und ganz beim Gesprächspartner liegen, um seine Wünsche und Bedürfnisse zu erkennen.

Und nun gilt es, den Kontakt durch intelligente Gesprächsführung und kreative Gedanken zu befeuern. Denn nur, wer sich selbst mit interessanten Themen ins Gespräch bringt, wird von den anderen gesehen. Ein Langweiler und noch dazu einer mit schlechter Laune wird ein Gespräch nicht lange am Laufen halten.

Was also zählt, um Kontakte zu entwickeln und daraus Beziehungen zu machen?

Kommunikationsfähigkeit ist eine der wichtigsten Eigenschaften, die für Netzwerker als Schlüsselfaktoren dienen. Wer maulfaul ist und wenig redet, wird auf Dauer keinen Erfolg haben. Denn in ein Gespräch muss auch investiert werden. Wer sich etwas darauf einbildet, dass sein Schweigen Gold bedeutet, kann wenig für sein Netzwerk tun. Denn meist wird es einem Schweigenden als Angst oder Unsicherheit ausgelegt, eventuell auch als Desinteresse am Gegenüber. All dies ist nicht förderlich, um gute Beziehungen aufzubauen. Hierfür muss auch einmal der

Sprung ins kalte Wasser gewagt werden, auch wenn es nicht immer leicht fällt, den ersten Schritt zu machen und einen unbekannten Menschen anzusprechen.

Aufgeschlossenheit gehört ebenfalls zum Netzwerken dazu, da eine zugewandte Freundlichkeit Türen und Tore öffnet. Ein angenehmes Lächeln oder eine nette Bemerkung sind der erste Schritt bei der Kontaktaufnahme. Selbst wenn das Gegenüber zunächst unnahbar wirkt, so sollte nicht gleich ein Vorurteil dafür sorgen, diese Person nicht anzusprechen. Mit einer positiven Grundeinstellung und einer aufgeschlossenen Haltung sind fast alle Menschen zu „knacken" und für ein zwangloses Gespräch zu gewinnen.

Hilfsbereitschaft ist für einen Netzwerker unabdingbar. Denn mit dieser Eigenschaft ist die Grundlage für menschliches Miteinander geschaffen. Wenn ein Gefallen getan wird, möchte der andere diese hilfsbereite Geste so gut wie immer zurückgeben. Eventuell nicht in direktem Anschluss, aber auf lange Sicht wird er sich erinnern. Auch wenn man nicht selber weiterhelfen kann, so ist es dennoch möglich, auf andere Personen zu verweisen. Oder Ansprechpartner und Anlaufstellen aufzuzeigen. Manchmal reicht es schon, ein offenes Ohr für die Bedürfnisse des anderen zu haben. Dann lösen sich manchmal die Probleme von allein (immer wieder schön: Michael Endes „Momo" – hier spielt das Zuhören eine große Rolle und bewirkt Wunder).

Interesse und Neugierde sind ebenfalls elementar, um andere Menschen für sich zu erschließen. Eine vorschnelle Bewertung oder das Einordnen in Schubladen ist hierbei nicht zielführend. Denn meist hat jeder Gesprächspartner interessante Facetten, die nur entdeckt werden müssen. Hierfür sollten nur die richtigen Register gezogen werden. Um diese zu finden, lohnt sich ein Gespräch mit zahlreichen Impulsen, um das Gegenüber aus der Reserve zu locken. Und im Endeffekt haben beide Seiten gewonnen: Sie fühlen sich ernst genommen bzw. wertgeschätzt und haben einen neuen interessanten Kontakt geknüpft.

Körpersprache und -haltung sind immer eine Verstärkung für das gesprochene Wort, wenn sie richtig eingesetzt werden. Seine Sprache durch Gestik und Mimik zu ergänzen, rundet ein Bild ab. Denn hieran erkennt der Gesprächspartner, ob seine Worte ankommen oder auf wenig fruchtbaren Boden treffen. Eine ausdrucksstarke, zugewandte Körpersprache äußert sich durch Blickkontakt, Nicken und einen offenen Gesichtsausdruck. Wer hingegen die Arme verschränkt, sich teilweise abwendet und den Blick ständig schweifen lässt, gibt dem anderen kein gutes Gefühl. Auch die Hände in Jacken- oder Hosentaschen verheißen nichts Gutes und vermitteln eine gewisse Gleichgültigkeit. Auch das Spiegeln des Gegenübers kann ein Zeichen positiver Körpersprache sein. Wenn sich zwei Menschen zueinander neigen, beide mit offenen Handflächen „kommunizieren" und das jeweilige Lächeln oder Stirnrunzeln imitieren, kommen die sogenannten Spiegelneuronen zum Tragen, die Übereinstimmung und Verständnis für den Gesprächspartner signalisieren. Eine gute Grundlage für eine künftige Beziehung kann hiermit gelegt werden.

Positive Ausstrahlung ist ein bedeutender Aspekt, wenn Gespräche geführt werden. Denn Energie und Strahlkraft können Menschen aufschließen und wirken positiv auf die Stimmung aller Beteiligten. Wer hingegen immer negativ reagiert und muffig auftritt, wird sich nicht beliebt machen. Auch kritisches Nachfragen hat in der Anfangsphase eines Gesprächs nichts zu suchen. Zunächst gilt es, mit dem anderen eine positive Basis zu schaffen. Diese ist mit Optimismus und einer Portion Humor wesentlich leichter erreichbar.

Menschenkenntnis ist die Königsdisziplin beim Networking. Sie wird im Laufe der Jahre und mit zunehmender Erfahrung immer weiter verfeinert. Doch Übung macht auch hier den Meister, so dass es sich lohnt, immer wieder neue Menschen anzusprechen und sie darüber kennen und einschätzen zu lernen. Auch wenn der Kontakt nicht in allen Fällen zu einer dauerhaften Beziehung ausgebaut werden kann, so ist es dennoch wichtig, seine Fähigkeiten zur Einschätzung von Menschen bei jeder Gelegenheit zu trainieren. Es kann nicht schaden! Und wenn hierbei dann doch das eigene Netzwerk ausgebaut werden kann, hat es sich gleich doppelt gelohnt.

Small Talk ist der Eisbrecher beim Kennenlernen neuer Menschen. Wer das kleine Gespräch beherrscht, wird die emotionale Distanz von Anfang an verringern und Vertrauen gewinnen. Denn mit diesem Mittel können Gemeinsamkeiten zum anderen entdeckt und Brücken gebaut werden. Zum Small Talk können Fragen zur Anreise, der Austausch über das Wetter oder kleine Anekdoten herangezogen werden. Schlecht sind sarkastische Anmerkungen, die eventuell verletzend sein können, Krankheiten sowie dogmatische Ansichten zu religiösen oder politischen Themen. Hier fühlt sich der Angesprochene eventuell in die Enge gedrängt und verschließt sich einem weiteren Gespräch. Wenn Führungskräfte sich jedoch auf ihr Gegenüber einlassen und schon bei den ersten Dialogen auf Gegenliebe stoßen, kann der Small Talk zum „Beginn einer wunderbaren Freundschaft" beitragen.

Wer nicht im Small Talk geübt ist, sollte sich vor dem Zusammentreffen mit anderen Menschen z. B. auf einer Veranstaltung oder einem geschäftlichen Termin

Themen und Anekdoten überlegen, die für das kleine Gespräch geeignet sind. Dies können auflockernde Geschichten sein, die selbst erlebt wurden, oder auch Witze, wenn man sich das zutraut. Sollte der Gesprächspartner nicht auf ein Thema einsteigen, so ist es nicht sinnvoll, hierauf zu beharren. Es können andere Aspekte angesprochen werden oder aus den Worten des Gegenübers Interessen herausgehört werden. Dies erfordert ein wenig Übung, so dass jede Gelegenheit für den Small Talk genutzt werden sollte. Auf privaten Feiern, mit Bekannten beim Blumenladen oder zufälligen Begegnungen im Supermarkt oder an der Zugstation.

Wichtig ist es dann, sich bei einem geschäftlichen Treffen eine Überleitung vom Small Talk zum eigentlich anzusprechenden Themenkomplex zurechtzulegen. Denn meist geht es im Berufsalltag nicht nur um das Kontakte knüpfen, sondern es soll ein Verkauf angesprochen, ein Termin vereinbart oder Preise verhandelt werden. Hierbei helfen u. a. aktuelle Tagesthemen, die über die Medien zu erfahren sind. Wird beispielsweise wieder einmal das Euro-Problem in einigen Staaten von den Zeitungen thematisiert, so kann dieses angesprochen und dann auf das krisensichere Produkt, das sich als stabil erweist, übergeleitet werden. Oder falls der Small Talk sich um die Anreise drehte, so sind hier schnell Themen wie Transportwege, Lieferzeiten oder zuverlässige Speditionen, mit denen zusammengearbeitet wird, zur Hand. Wichtig ist hierbei: Üben, üben, üben…

7.2   Erst säen, dann ernten

Geben und Nehmen – dies ist die Grundlage für jeden Austausch, den Menschen betreiben. Im Berufsleben geht es natürlich für ein funktionierendes Miteinander darum, Hilfe anzubieten, aber umgekehrt auch einmal um Hilfe zu bitten. Wenn es beispielsweise um einen Ratschlag geht oder um das Vermitteln eines Kontakts zu einer Praktikums- oder neuen Arbeitsstelle. Dies ist den meisten Menschen unangenehm und wird nur widerwillig getan. Doch nur so bewährt sich ein Netzwerk. Denn jeder freut sich darüber, mit einem Rat oder Tipp einem Neuling im Beruf zur Seite zu springen und umgekehrt wissen es Menschen sehr zu schätzen, von einem anderen eine Hilfeleistung zu erhalten.

Hierbei können unterschiedlichste Arten der Unterstützung zum Tragen kommen: Es kann sich für den Hilfeleistenden darum handeln, einen Anruf zu tätigen oder auch als Türöffner für einen neuen Arbeitgeber zu agieren. Häufig nehmen Menschen einen solchen Gefallen ungern an, weil sie nicht wissen, wie sie diesen jemals wieder gut machen können. Oder weil sie sich niemandem verpflichtet fühlen wollen. Doch diese Reaktion ist für eine Beziehung nicht förderlich und für ein persönliches Projekt oft nicht zielführend.

Sich einzugestehen, dass man andere für sein berufliches Fortkommen braucht, ist ein großer Schritt auf dem Weg nach oben. Denn nur mit den richtigen Kontakten und der Einsicht, die gebotenen Hilfeleistungen auch anzunehmen, wird eine Führungskraft die Karriereleiter weiter erklimmen. Ein Aufrechnen, wer wann welche Hilfe geboten hat und wie sie zurückgezahlt wurde, ist hierbei nicht angebracht. Denn das Netzwerk funktioniert immer nur, wenn alle bereit sind, von Zeit zu Zeit zu geben und an anderer Stelle auch einmal zu nehmen. Denn jede Investition wird sich auf Dauer auszahlen.

Je mehr man hilft, desto mehr wird man wiederum erhalten. Es müssen nicht dieselben Kontakte sein, die Unterstützung austauschen. Es ist vielmehr das immer umfangreichere Netz aus Verbindungen, das sich bewährt. Wir erhalten Hilfe möglicherweise von Menschen, denen wir persönlich noch nicht helfen konnten. Aber umgekehrt konnten wir uns bei anderen mit einer Leistung revanchieren, von denen wir noch keine aktive Unterstützung erhielten.

Eine solch kooperative Umgebung, in der sich alle gegenseitig von Nutzen sein können, ist für ein Netzwerk die Basis. Meist wollen Menschen die Zuwendung, die sie in unterschiedlichsten Formen erhalten, nicht nur zurückgeben, sondern sogar in ihrem Ausmaß übertreffen. Dies ist ein psychologischer Mechanismus, von dem wir geprägt sind.

Großzügigkeit zählt

Nicht das Horten von Beziehungen oder das Aufrechnen geleisteter Hilfestellungen zählt, sondern vielmehr die Erkenntnis, dass es die falsche Frage ist, wie wir von einem Netzwerk profitieren. Vielmehr zählt die Einstellung, dass wir anderen etwas bieten wollen und für diese interessant sind. Denn wir alle werden einen Nutzen vom Netzwerk haben, wenn wir John F. Kennedys berühmten Satz befolgen: „**Frage nicht,** was dein Land **für** dich **tun** kann – **frage, was du für** dein Land **tun kannst.**" Dies gilt genauso für andere Menschen, denen wir behilflich sein können. Wie sich solche Großzügigkeit letztlich für uns auszahlt, lässt sich in unterschiedlichen Situationen erleben und führt zu folgenden Erkenntnissen:

Alles bewegt sich fort und nichts bleibt: In Zeiten volatiler Konjunktur gibt es nicht mehr DEN festen Arbeitsplatz oder DIE unkündbare Stelle. Es ist alles im Fluss, und was gestern noch als sichere Bank galt, kann heute schon obsolet sein. Know-how, Erfahrung oder emsiges Arbeiten zählt in diesem Moment nicht. In harten Zeiten ist es aber von umso größerem Wert, wen man kennt und wer sich als Krisenhelfer bewähren könnte. Hierzu zählt ein gutes Netz aus Freunden, Kollegen und Partnern. Was also früh ausgesät wurde, wird nun zu reicher Ernte führen. Und eventuell schon mit ein paar Telefonaten in einem neuen Arbeitsverhältnis münden.

Geben gilt mehr als Nehmen: Wer über angenommene und gewährte Gefallen Buch führt, hat den Netzwerk-Gedanken noch nicht verinnerlicht. Denn dies interessiert nicht. Wer Beziehungen hortet und nicht teilt, wird auf lange Sicht keinen Profit daraus ziehen. Denn Menschen spüren, wenn andere ihnen nicht wohlgesonnen sind und ihnen Informationen oder Kontakte vorenthalten. Besonders, wenn dies nicht nur aus Unwissenheit oder Bequemlichkeit, sondern mit Vorsatz geschieht. Sicher ist nur: Wer sich großzügig im Vermitteln von Beziehungen und Austeilen von Leistungen zeigt, wird dafür Lohn erhalten – ob in naher oder etwas fernerer Zukunft.

Man begegnet sich zweimal: Wenn ein Vorgesetzter einer Nachwuchskraft behilflich ist, seinen Einfluss zu mehren und sich beruflich zu entwickeln, so ist dies zum einen befriedigend für den Helfenden. Darüber hinaus ist aber auch der Aspekt von Bedeutung, dass wir uns im Leben nicht nur auf der Treppe nach oben, sondern auch auf dem Weg nach unten begegnen können. Wenn wir hier einem Untergebenen einmal beim Vorwärtskommen unter die Arme gegriffen haben, wird sich das in einem solchen Moment auszahlen. Denn nun wird weder Häme gezeigt noch der Sturz unterstützt, sondern vielmehr zeigt sich nun, ob die Menschlichkeit gesiegt hat. Wenn ein Untergebener von seinem Chef Wertschätzung und Respekt erhielt, wird er diese zurückgeben, falls einmal notwendig. Eine gute Beziehung, die bereits früher aufgebaut wurde, wird nun zum echten Pfund und kann sich nun in umgekehrter Form bewähren.

Sich einbringen: Dass es sich bewährt, aktiv zu sein und nicht nur als passiver Zuschauer zu agieren, ist für den Aufbau eines Netzwerks unerlässlich. Hierbei geht es darum, genau das einzubringen, was für andere in diesem Moment Bedeutung hat. Es kann sich um Zeit handeln, die wir nutzen, um uns einer hilfsbedürftigen Person zuzuwenden. Oder um Geld, das ein anderer eventuell gerade nötiger hat als wir selbst. Und natürlich unser Know-how, mit dem wir andere voranbringen können, wenn wir es teilen.

All diese Grundsätze führen letztlich dazu, dass wir uns auf dieser Welt nicht allein gelassen fühlen. Denn wir spüren, dass wir andere brauchen, wenn es uns einmal schlecht geht, aber umgekehrt auch gebraucht werden. Für jeden ist das ein oder andere in der jeweiligen Situation wichtiger. Und dieses gleicht sich in einem gut funktionierenden Netzwerk letztlich aus, so dass jeder die Vorteile und Annehmlichkeiten beider Seiten – des Gebens und Nehmens – zu einem bestimmten Zeitpunkt erfahren wird.

Daraus lässt sich schließen, dass die alte Pfadfinder-Regel sich auch beim Thema Netzwerken bewährt: „Jeden Tag ein gute Tat vollbringen". Wenn dies von allen befolgt würde, hätten wir im beruflichen und privaten Alltag wesentlich mehr Spaß, da wir uns gegenseitig unterstützen könnten. Und wie bei allem sollte dies nicht nur Theorie bleiben, denn jeder Schritt beginnt zunächst einmal bei einem selbst und wird im Umfeld sicherlich bald Nachahmer finden.

7.3   Der Mensch zählt, nicht der Auftrag

Beim Netzwerken zählt eines ganz besonders: Das grundsätzliche Interesse an Menschen. Wie schon vorher gesagt, ist es für die Führungskraft unerlässlich, sich für Mitarbeiter, Kunden oder Geschäftspartner zu interessieren und sich mit ihnen auseinanderzusetzen. Wer keinen Spaß daran hat, neue Menschen kennen zu lernen und Kontakt zu ihnen aufzunehmen, ist besser in einer Stabsstelle oder Fachfunktion ohne Führungsaufgaben aufgehoben.

Denn es wird immer wieder darum gehen, Menschen aufzuschließen. Ihre positiven Eigenschaften zu erkennen und diese zu stärken bzw. zu nutzen. Auch beim Netzwerken ist dies die Basis für den Aufbau und das Wahren langlebiger Beziehungen. Mit der Zielsetzung, neue Aufträge zu erhalten oder reine Akquise-Gespräche zu führen, kommt der echte Netzwerk-Gedanke nicht oder nur selten zum Tragen.

Vielmehr muss ein Bedürfnis vorhanden sein, unterschiedliche Persönlichkeiten zu treffen und mit ihnen über Themen aller Art zu sprechen. Denn nur so werden relevante Informationen zusammengetragen und ausgetauscht. Und dieses Zusammentreffen bringt Spaß und schafft ein vertrauensvolles Verhältnis zum anderen. Hierbei ist es wichtig, den anderen einschätzen zu lernen und sich mit seinen Besonderheiten auseinanderzusetzen.

Gehen wir nochmals auf die unterschiedlichen Verhaltensmuster ein, die ein Gesprächspartner an den Tag legt. Wenn diese erkannt werden, ist es leicht, sich auf den anderen einzustellen und den richtigen Ton zu treffen. Damit steht der Mensch (und nicht etwa seine reine Funktion oder sein Potenzial als Auftraggeber) im Mittelpunkt. Dies ist die Grundlage dafür, gute Beziehungen für sein Netzwerk aufzubauen.

Der Dominante

Der dominante Netzwerker ist ein Machtmensch. Er weiß genau um seine Fähigkeiten und lässt sich ungern von anderen überzeugen. Hierfür müssen die Gesprächspartner schon gute Argumente mitbringen und bestens vorbereitet sein. Da dominante Menschen kontaktfreudig und gesprächig sind, fühlen sie sich beim Networking gut aufgehoben. Es ist also möglich, mit ihnen sehr gute Dialoge zu führen. Allerdings gehört hierzu das Selbstvertrauen, sich auch in einer Diskussion zu bewähren.

Wichtig für Dominante sind das Ergebnis und das Erreichen von Zielen. Daher wissen sie es zu schätzen, wenn Menschen ihnen Lösungen für ihre Probleme aufzeigen. Als Machtmenschen stehen sie gerne im Mittelpunkt und wollen ihr Umfeld kontrollieren. Daher ist es für sie ganz normal, ihren Willen durchsetzen zu wollen und mit viel Energie zu handeln.

Von der direkten, konkreten und manchmal undiplomatischen Ansprache sollten sich die Gesprächspartner jedoch nicht erschrecken lassen. Denn dominante Menschen sind nicht an Konsens interessiert, sondern eher auf das Durchsetzen der eigenen Meinungen und Erreichen von Zielen. Was sie jedoch zu perfekten Mitstreitern macht, wenn man sie auf seine Seite zieht. Denn dann werden gemeinsam gute Ergebnisse erzielt werden können.

Herausforderungen, Wettbewerb und Erfolge sind das Lebenselixier für dominante Mitmenschen. Dadurch ist es von Vorteil, selbst ein starker Charakter als Führungskraft zu sein, um mit diesen Mitarbeitern, Partnern oder Kunden Verbindungen herzustellen. Oder man weiß um diese Verhaltenstendenzen und kann sich damit gut arrangieren, indem der Mut, Wetteifer und die Durchsetzungsfähigkeit des Dominanten erkannt und für die eigenen Ziele genutzt werden.

Der Initiative

Menschen mit initiativem Verhaltensstil wollen andere beeinflussen und Allianzen schmieden, um eigene Ziele zu erreichen. Anders als der dominante Machtmensch wollen sie andere zu etwas bewegen und sie nicht dazu zu zwingen. Voller Tatendrang und Energie sind sie in Netzwerken beliebte Unterhalter, da sie immer viel Aktivität an den Tag legen und soziale Kontakte lieben.

Was den Initiativen als Motor für ihre Aktivitäten erscheint, ist die Anerkennung durch andere. Sie genießen es, Lob und Komplimente von anderen zu erhalten, wenn sie etwas geleistet oder sich für ihr Umfeld stark gemacht haben. Grundsätzlich ist es auch nicht falsch, dem Initiativen den Wunsch nach Zuneigung zu erfüllen. Allerdings nicht durch Angebetet-Werden, sondern dadurch dass er eher mit freundlichem, verbindlichem Auftreten für sich gewonnen wird.

Da der initiative Netzwerker Optimismus und Begeisterung versprüht, sorgt er für eine motivierende Atmosphäre und kann Kontakte leicht knüpfen, da er andere gerne unterhält. Mit Emotionen hält sich ein Initiativer selten zurück. Daher erscheint er als äußerst extravertiert und manchmal überschwänglich. Dies kann für sein Umfeld auch einmal als aufdringlich erscheinen. Doch zumeist ist dieses Verhalten vornehmlich mit dem großen Wunsch nach Anerkennung verbunden, den der initiative Mensch immer in sich trägt. Erfüllt ein Gesprächspartner ihm dieses Bedürfnis, wird er in der Gunst des Initiativen steigen.

Da es ein Engpass des Initiativen ist, sich leicht allein gelassen zu fühlen, kann er schnell für sich gewonnen werden, wenn ihm Unterstützung und das Ziehen an einem Strang zugesichert wird. Dies wird er umgekehrt mit tatkräftigem Handeln und guter Arbeitsatmosphäre vergelten, so dass der Kontakt und eine enge Beziehung zu initiativen Menschen mit Spaß und optimistischer Handlungsweise verbunden sind. Mit einer solchen Grundeinstellung können gemeinsam Berge versetzt und große Projekte weiter vorangetrieben werden. Was jedoch keine Stärke des Initiativen darstellt, ist das kontinuierliche und verlässliche „Dranbleiben" an einer Aufgabe. Hier ist es gut, ihn immer wieder einzufangen und auf das eigentliche Ziel hinzuweisen.

Der Stetige

Menschen mit stetigem Verhaltensstil fühlen sich in entspannter und freundlicher Atmosphäre wohl. Sie sind eher zurückhaltend und müssen nicht im Mittelpunkt stehen. Ihnen geht es eher um verlässliche und langfristige Verbindungen zu anderen Menschen. Auch fühlen sie sich wohl, wenn sie im Kreis von anderen sind, die sie bereits gut kennen. Sie geben ihnen Sicherheit und das Gefühl, nicht allein agieren zu müssen.

Wenn allerdings diese Voraussetzungen geschaffen sind, können Stetige problemlos mit anderen in Kontakt treten. Sie hören gerne zu, sind ruhig und geduldig, so dass sie als angenehme Gesprächspartner gelten. Auch können sie gut schlichten und für Harmonie sorgen, wenn Gesprächspartner sich auseinandersetzen oder eine Diskussion eskaliert. Ihnen geht es immer ums Vermitteln und den Konsens, weniger um das Durchsetzen der eigenen Meinung.

Dies macht den stetigen Menschen zu einem idealen Brückenbauer, der emotionale Bindungen aufbauen und erhalten kann. Er ist beliebt, fällt aber bei Veranstaltungen oder in Gruppen nicht auf. Er bietet somit den Machern und Initiativen eine Bühne, auf der sie auftreten und aus der Masse herausstechen können.

Der Umgang mit Stetigen ist meist angenehm und stressfrei. Jedoch bedarf es einer gewissen Zeit, um ihn aus der Reserve zu locken und seine wahren Interessen und Bedürfnisse zu erfahren. Für ihn ist das Vertrauen zum anderen die Grundlage, um ehrlich über Dinge sprechen zu können. Erst, wenn das Gesprächsklima offen und entspannt ist, sind ehrliche Reaktionen und Meinungen vom Stetigen zu erwarten.

Konfrontationen sind Gift für einen stetigen Netzwerker. Er kann weder Druck noch ein aggressives Umfeld lange ertragen. Hier ist er eher zu Kompromissen und vermittelnden Handlungen bereit, als noch länger eine stressbeladene Situation durchhalten zu müssen. Um Dinge verändern zu können, braucht der Stetige Zeit und Ruhe. Er will nicht zu schnellen Taten gezwungen werden, sondern setzt auf Stabilität und gut geplante Schritte bei Veränderungsprozessen.

Da stetige Menschen jedoch den persönlichen Austausch lieben und brauchen, sind sie immer Anlaufstation für die unterschiedlichsten Menschentypen. Sie vertrauen dem Stetigen und schätzen seine ruhige Art, mit der er ihnen zuhört und sie wertschätzt. Daher ist im Netzwerk der treue, zuverlässige und unterstützende Stetige ein beliebtes Gruppenmitglied, da er mit seiner Ausgeglichenheit für ein gutes Klima sorgt und um respektvollen und ruhigen Umgang untereinander bemüht ist.

Der Gewissenhafte

Da Menschen mit gewissenhaftem Verhaltensstil eher sachlich und zurückhalten sind, erscheinen sie im ersten Moment nicht als ideale Netzwerker. In der Regel wollen sie nicht mit Small Talk behelligt werden, sondern lieber über handfeste Themen sprechen, die von Fakten und Daten untermauert sind. Denn in diesem Bereich fühlen sie sich zu Hause. Sie konzentrieren sich auf Details, analysieren gerne und denken kritisch über Dinge nach. Sie sind für ihre Genauigkeit und das Überprüfen von Sachverhalten bekannt und lassen sich nicht schnell vom Gegenteil ihrer eigenen Meinungen überzeugen.

Wie also verhält sich ein Gewissenhafter auf Veranstaltungen oder einschlägigen Branchentreffen? Er wird sich wahrscheinlich zunächst in Richtung Bar vorarbeiten, um ein Getränk in der Hand zu halten und aus dieser Position die Situation zu sichten und einzuschätzen. Hierbei wird er sich äußerst zurückhaltend und unauffällig verhalten. Manchmal ist es ihm auch unangenehm, angesprochen zu werden, da er selbst nach strategischen Gesichtspunkten auswählen möchte, mit wem er ins Gespräch kommt.

So wird er sich gut überlegen, mit wem er sich tatsächlich unterhalten möchte und was es ihm bringt. Denn nicht nur an seine Arbeit, sondern auch an Gespräche setzt er hohe Maßstäbe an und möchte sich nicht über – in seinen Augen – Belangloses austauschen. In der Regel ist der Gewissenhafte ein ernsthafter Charakter, der auch selbst ernst genommen werden möchte. Es bereitet ihm keine Probleme, auf kritische Nachfragen zu antworten oder Details zu einem Thema zu liefern. Dies ist sogar erwünscht, weil er dann zeigen kann, dass er Dinge gut durchdacht hat und problemlos über spezifische Besonderheiten eines Projekts diskutieren kann.

Für den gewissenhaften Netzwerker ist es wichtig, dass seine Gesprächspartner ihm zuhören. Für ihn ist nichts schlimmer, als wenn er Dinge erklärt und feststellen muss, dass der andere gedanklich nicht dabei ist. Denn Sachlichkeit und der Austausch von Fakten gehören zu seiner Lebenswelt dazu, wie für andere das Tüpfelchen auf dem i. Wird er hierbei nicht verstanden, so empfindet er es als Kritik an seiner Arbeit bzw. an seiner Art, Dinge zu erklären.

Was Emotionen angeht, so hält ein gewissenhafter Mensch sich damit stark zurück. Er wird selten als warmherzig empfunden, sondern wirkt eher distanziert und verschlossen. Dies bedeutet jedoch nicht, dass er keine Gefühle hat oder sich auch einmal getroffen fühlt, wenn er kritisiert wird. Für ihn ist es entscheidend, Dinge richtig zu machen. Er will korrekt und fair sein, so dass sich in seinem Umfeld keine Nachteile für den ein oder anderen ergeben.

Diese Eigenschaft macht ihn auch zu einem so wichtigen Netzwerk-Kollegen. Er wird sich immer dafür einsetzen, dass die Menschen in seinem Umfeld gerecht und gleich behandelt werden. Er wird mit sachlicher Kritik auch einmal nachfragen, wenn ihm Dinge als falsch oder ungerechtfertigt erscheinen. Damit ergreift er Position auch einmal für die Schwächeren einer Gruppe, was er jedoch nicht in Form von Zuneigung zeigen wird, sondern eher mit sachlichen Argumenten und Fakten untermauert.

Was den gewissenhaften Menschen jedoch auch prägt, ist seine Vorsicht und sein Pessimismus. Er wird das berühmte Haar in der Suppe finden, wenn alle anderen schon längst von einer Sache überzeugt sind. Damit verzögert er womöglich Entscheidungen und will sich von der Richtigkeit aller Seiten eines Projekts persönlich überzeugen. Daher kommt es oft zu Auseinandersetzungen zwischen Gewissenhaften und den Dominanten bzw. Initiativen, die schneller zu einer Entscheidung kommen wollen und Dinge auch einmal spontan beschließen. Hier müssen Kompromisse zwischen Detailorientierung und Schnelligkeit gefunden werden, was jedoch das Ergebnis meist optimiert.

Um beim Netzwerken den Mensch in den Mittelpunkt zu stellen…

…gibt es noch ein paar Tipps, die im Umgang mit allen vier Verhaltenstypen gegeben werden können. Denn es geht im beruflichen wie im privaten Umfeld nie nur darum, einen Nutzen aus einem Netzwerk oder Verbindungen zu ziehen. Vielmehr steht – wie bereits mehrfach gesagt – der Mensch im Mittelpunkt allen Netzwerkens.

Wer sich nicht wirklich für seine Mitmenschen interessiert und Kunden, Mitarbeiter und Geschäftspartner nur als Werkzeuge für ein Projekt oder einen Auftrag sieht, muss seine Strategie überdenken. Denn die Wertschätzung und der Respekt ist die Grundlage für alle Beziehungen – ob im geschäftlichen Umfeld oder in der Freizeit. Doch auch dies kann erlernt werden. Zu Beginn der beruflichen Laufbahn stehen natürlich häufig Sachfragen und die Überlegung, wie Erfolge erzielt werden können, über allem anderen.

Hier ist ein Umdenken sinnvoll, da ein Ziel erst erreicht wird, wenn die Menschen im Umfeld als Unterstützer gesehen werden und auch umgekehrt geholfen wird, wo dies möglich ist. Dies ist echtes Netzwerken und führt langfristig zum Erreichen der eigenen Ziele.

Barbara Liebermeister hat in ihrem Buch „Effizientes Networking" eine Art Checkliste erstellt, an der in zehn Schritten die eigene Netzwerk-Qualität gemessen werden kann (Liebermeister 2012, S. 105):

1. Kundenpflege beginnt vor dem Auftrag.
2. Aktivieren Sie die richtige Einstellung, sehen Sie beim Erstkontakt nicht nur den Auftrag.
3. Nehmen Sie den Menschen im Kunden wahr.
4. Praktizieren Sie Wertschätzung und Engagement für seine Person.
5. Der Kunde kauft nicht Ihr Produkt oder Ihre Dienstleistung aus Ihrem Portfolio, er kauft Sie.
6. Demonstrieren Sie Verbindlichkeit.
7. Setzen Sie sich als Ziel, einen einmal gewonnenen Kunden immer als Kunden zu behalten.
8. Ihre Mitarbeiter sind das Schlüsselelement, die Botschafter Ihres Unternehmens.
9. Bringen Sie Ihren Mitarbeitern die gleiche Wertschätzung entgegen wie dem Kunden.
10. Leben Sie Wertschätzung gegenüber anderen im Unternehmensumfeld nach innen und außen.

Literatur

Liebermeister, Barbara. 2012. *Effizientes Networking. Wie Sie aus einem Kontakt eine werthaltige Geschäftsbeziehung entwickeln.* Frankfurt a. M.: F.A.Z.-Institut für Management-, Markt- und Medieninformationen GmbH.

Auftakt: Wo Du privat und beruflich solide Netzwerke knüpfst

Führungskräfte haben beste Voraussetzungen, um allerorten Netzwerke auf- und auszubauen. Denn meist sind sie pro-aktiv, viel unterwegs und bei Veranstaltungen präsent. Dies sind alles Plattformen und Möglichkeiten, um neue Menschen kennen zu lernen.

Allein im beruflichen Umfeld hat eine Führungspersönlichkeit mit ihren eigenen Mitarbeitern oder dem Team zu tun, Kollegen aus Vorstand oder Geschäftsführung werden meist täglich gesprochen, Kundenkontakte gehören zum Arbeitsalltag und der Kreis der Geschäftspartner wird gepflegt und erweitert. Diese Kontakte können über Jahre zu langfristigen Beziehungen werden, die durch Loyalität und Offenheit geprägt sein sollten.

Über die direkten beruflichen Kontakte hinaus gibt es jedoch noch zahlreiche weitere Möglichkeiten, um sich zu vernetzen. Dies können Berufsverbände sein, Branchentreffen oder auch Messen und Tagungen. Wer hier keine Berührungsängste hat, wird es als große Bereicherung empfinden, sich mit Gleichgesinnten auszutauschen oder auch gemeinsam über tagesaktuelle (Job-) Themen und Herausforderungen zu sprechen.

In der Freizeit geht es nun weiter mit unterschiedlichen Aktivitäten, die ebenfalls für erfolgreiches Netzwerken genutzt werden können. Hierzu zählen häusliche Interessen wie kulinarische Hobbys, Wein oder das Kultivieren des eigenen Gartens. Kulturelle Interessen sind ein weiterer Bereich, der verbindet, wenn es um Erlebnisse in Oper, Kunstausstellungen oder Literaturkreisen geht. Sport ist ebenfalls ideal zum Netzwerken, weil er Menschen auf besondere Art zusammenbringt. Denn hier ist Teamwork bzw. -building Voraussetzung für den Umgang miteinander. Ob beim Tennis, Golfen oder im Volleyball-Verein – hier lässt sich bestens netzwerken. Während der aktiven Zeit in der Mannschaft, während eines Turniers oder später beim Feiern der Siege.

Was ebenfalls hilfreich für das Erweitern von Kontakten sein kann, sind Service Clubs wie Lions, Rotarier, Round Table oder Kiwanis. Hier gibt es noch zahlreiche

C. Ahrens, L. Ahrens, *Leadership-Intelligenz - Zehn Gebote für souveräne und sozial kompetente Führung*, DOI 10.1007/978-3-658-05052-8_8,
© Springer Fachmedien Wiesbaden GmbH 2014

weitere Möglichkeiten, um sich zu engagieren. Auch die örtlichen Marketingverei-
ne sind gute Gelegenheiten, um auf spannenden Veranstaltungen – oft verbunden
mit guten Vorträgen – neue Leute kennen zu lernen.

Last but not least beschließt ein Exkurs dieses Gebot – das Thema Weiterbildung. Denn gerade in diesem Bereich kann sich eine Führungskraft ungezwungen
und ohne Rücksicht auf Hierarchien mit Menschen austauschen, die eines verbindet: Sie wollen durch gezielte Arbeit an sich selbst im Beruf oder auch persönlich
weiterkommen. Hierzu dienen Trainings oder Seminare, die sich mit jobbezogenen
Themen befassen, aber auch Weiterbildungen, die Soft Skills vermitteln. Diese sind
für die Persönlichkeitsentwicklung von Führungskräften ein wichtiger Meilenstein.

Auch mit einem Coaching können berufliche Weggabelungen und Chancen
hinterfragt werden, um sich selbst zu orientieren oder neu auszurichten. Gerade
auf der Führungsebene bleibt im Alltag wenig Zeit, um sich mit strategischen Themen oder persönlicher und charakterlicher Bildung auseinanderzusetzen. Hierzu
bieten gezielte Weiterbildungen eine gute Plattform, um einmal innezuhalten und
auf sein alltägliches Tun mit einer gewissen Distanz zu schauen. Mit einer verän-
derten Perspektive können viele Probleme von einer anderen Warte betrachtet und
die berufliche Ausrichtung neu bestimmt werden. Eine Investition, die sich meist
rentiert und um ein Vielfaches im Berufsalltag wieder auszahlt.

8.1   Im Job: Kunden, Partner, Kollegen zu Beziehungs- Turbos machen

Team und Mitarbeiter

Um im beruflichen Umfeld Erfolg zu haben, ist es für Führungskräfte wichtig,
ihrem Umfeld eine Perspektive zu bieten, es zu motivieren und in wichtige Entscheidungen von der eigenen Sichtweise überzeugen zu können. Für all dies ist es
notwendig, sein Team für sich zu gewinnen. Durch die eigene Kompetenz hinsichtlich fachlicher Themen ist es nicht getan. Es ist vielmehr die **gute Beziehung** zu
den Mitarbeitern, die sich auch in schwierigen Situationen bewährt und die vorher
investierte Energie belohnt.

So kann ein Chef seinen Mitarbeitern Aufgaben lediglich vermitteln bzw. auf-
zwingen oder er kann zu Themen motivieren. Hierzu gehört der **regelmäßige
Kontakt und Austausch** untereinander. Gerade, wenn Umstrukturierungen oder
wichtige Entscheidungen anstehen, sollte die Führungskraft im Vorfeld mit den
Teams eine vertrauensvolle Beziehung entwickelt haben, so dass sich nun die gute
Netzwerk-Qualität zu den Mitarbeitern auszahlt.

Wer sein Team kennt, wird als Führungspersönlichkeit ziemlich genau einschätzen können, für welches Projekt die jeweiligen Mitarbeiter vorab angesprochen werden sollten. Hierbei können zunächst **1:1-Gespräche** geführt werden, um von der zu bewältigenden Aufgabe zu überzeugen. Am besten geht dies mit der Person, die am leichtesten für die eigenen Ziele zu gewinnen ist. Zwei bis drei weitere Gespräche mit einzelnen Mitarbeitern sollten folgen, um Meinungsführer für das geplante Vorhaben und die Diskussion im Plenum zu gewinnen.

Nach den Einzelgesprächen können vor einem großen Meeting nochmals Gespräche in **kleineren Gruppen** geplant werden, um die eigene Position zu stärken. Dafür können die bereits angesprochenen Mitarbeiter zusammengerufen werden, um sie von ihrer Funktion als Meinungsbildner zu überzeugen. Wenn dies gelingt, kann in einer großen Versammlung mit deren Unterstützung gerechnet werden, um sich bei einem Thema durchzusetzen.

Eine Führungskraft kann ihr Netzwerk auch dadurch fördern, dass er einzelnen Mitarbeitern als **Mentor** dient. Denn diese Funktion kann sich auf lange Sicht bewähren. Zu Beginn einer gezielten Förderung werden die Aktivitäten in der Regel mit guten Leistungen, hoher Motivation und Loyalität honoriert. Aber auch, wenn die Strukturen im Unternehmen sich verändern, kann die vorherige Bemühung um einen Mitarbeiter sich auszahlen. Denn dieser wird auch in künftigen Positionen eine Verbundenheit gegenüber seinem früheren Chef verspüren, auch wenn dieser nicht mehr sein Vorgesetzter sein sollte. So verschafft es dem Mentor zunächst Befriedigung, weil er bei einem Karriereaufstieg behilflich sein konnte, und die Unterstützung wird auf lange Sicht durch Gegenleistungen wieder wettgemacht. Doch auch hier gilt: Strenges Aufrechnen ist hier fehl am Platze. Denn was von einer Seite nicht an Anerkennung kommt, wird von einer anderen (unerwarteten) erfolgen.

Kollegen

Hierbei ist zu beachten, dass Vorstands- oder Geschäftsführungskollegen ebenso beschäftigt sind wie man selbst. Dennoch ist es von großer Wichtigkeit, sich bei passenden Gelegenheiten mit ihnen zu treffen und sich auszutauschen. Möglichkeiten hierzu bieten sich z. B. bei abteilungsübergreifenden **Besprechungen**. Diese bieten gute Chancen und sollten nicht als Zeitverschwendung gewertet werden, auch wenn das Thema nicht unbedingt das interessanteste ist. In Besprechungen kommen sowohl offizielle als auch inoffizielle Informationen auf den Tisch. Diese können im Plenum erwähnt, manchmal aber auch nur unter zwei oder drei Kollegen informell ausgetauscht werden. Oft sind die nicht im Protokoll genannten inoffiziellen Themen sogar die wichtigeren.

Auch wird die Anwesenheit damit belohnt, dass man sich **in Erinnerung** ruft. Ganz besonders, wenn man einen Beitrag leistet oder sich einbringt. Dies soll nicht in blindem Aktionismus münden. Doch sobald die Themen einer Besprechung feststehen, ist es sinnvoll, sich im Vorfeld zu überlegen, wie man sich hierzu äußern könnte. So wird eine Führungskraft von ihren Kollegen als informiert und gut vorbereitet anerkannt, was das Ansehen in diesem Kreis steigert.

Im Vorfeld des Meetings ein **paar Minuten vorher da** zu sein, schadet nichts, da jetzt schon über Meinungen und Vorschläge ein Austausch stattfindet. Sollten bereits einige Kollegen vorab von einer Idee angetan sein, wird es dem Initiator einer Idee in der Besprechung wesentlich leichter fallen, sein Anliegen durchzusetzen. Bei diesen Mitstreitern ist ein Dank nach Ende der Sitzung auf jeden Fall angebracht, wodurch die Beziehung zum jeweiligen Kollegen gefestigt wird.

Gerade wenn es um Verteilung wichtiger Aufgaben geht oder ein neues Projekt besprochen wird, sollte eine **Argumentation mit einem Vertrauten im Vorfeld** durchgesprochen werden. Denn nur so können gute Formulierungen und schlagkräftige Beiträge getestet werden. Scheitern die Argumente schon bei einer Person, werden sie im Plenum sicherlich keine Erfolgschancen haben. Auch Einwände können vorab mit einem Mitstreiter durchdacht werden, so dass auf diese besser reagiert werden kann.

Letztlich können Kollegen auch auf kleinem Dienstweg getroffen oder angesprochen werden. Wenn es um wichtige Themen geht, sind der Latte Macchiato an der **Kaffeebar oder ein gemeinsames Essen** im Casino bzw. benachbarten Restaurant sicherlich hilfreich. Eine Führungskraft kann diese Wege natürlich auch nutzen, um dem einen oder anderen Mitarbeiter seine Verbundenheit zu zeigen. Auch ein Drink nach Feierabend, wie es beispielsweise in englischen Pubs oder amerikanischen Bars häufig gepflegt wird, ist für das Festigen des eigenen Netzwerks nicht zu unterschätzen.

Kunden und Geschäftspartner

Dass Kunden und Geschäftspartner gehegt und gepflegt sein wollen, sollte für keinen Leader ein Geheimnis sein. Dennoch ist es verwunderlich, dass viele Führungskräfte sich auf das Gewinnen neuer Kontakte konzentrieren, während **langjährige Dienstleister oder Klienten** manchmal ins Hintertreffen geraten. Diese sind jedoch mindestens (!) von genauso großer Bedeutung wie die zukünftigen oder frisch gewonnenen Verbindungen.

Selbst wenn eine Beziehung zu einem altbewährten Kunden sich über die Jahre immer weiter entwickelt hat oder ausgebaut wurde, ist dies nicht selbstverständlich für die Zukunft. Daher muss es für eine Führungspersönlichkeit zur Regel werden, sich hin und wieder auch **direkt um die Kunden zu kümmern**, obwohl ein Mitarbeiter bzw. ein ganzes Team damit betraut ist. So sollte ein Teamleiter nicht darauf warten, zu einem wichtigen Gespräch mit einem Kunden oder Geschäftspartner gebeten zu werden, sondern sich selbst aktiv darum bemühen.

Dies dient nicht der Kontrolle der Mitarbeiter, sondern sollte als Würdigung ihrer Arbeit oder als angebotene **Hilfeleistung** verstanden werden. „Mir ist es wichtig zu sehen, was Ihr leistet. Eventuell kann ich bei schwierigen Situationen Rückendeckung geben oder unterstützen" – dies sollte klar gemacht werden. Denn Kunden wissen es häufig zu schätzen, wenn sich auch einmal eine Persönlichkeit aus den führenden Etagen eines Unternehmens blicken lässt und somit Aufmerksamkeit bzw. Interesse bekundet.

Gemeinsame **Essen oder die Einladung zu einem gesellschaftlichen Anlass** wie einem regionalen Branchenball oder einer Konzertveranstaltung kann für den Kunden oder Geschäftspartner eine besondere Aufwertung der Beziehung bedeuten. Er fühlt sich als Mensch geschätzt und nicht nur als zahlender oder kooperierender „Funktionär". Bei solchen Gelegenheiten lassen sich häufig auch Themen in informellem Kreis einfacher besprechen als bei einem Meeting im nüchternen Tagungsraum. Ein Kennenlernen auf einer anderen als der rein joborientierten Ebene wird möglich, so dass sich Gespräche und Treffen außerhalb des gewohnten Geschäftsumfelds durchaus bewähren.

Branchen- und berufsspezifische Veranstaltungen

Zu den übergreifenden Gelegenheiten zum Netzwerken im Beruf zählen **Tagungen, Messen oder Fachkongresse**. Hier werden Kollegen, Kunden, Geschäftspartner und Mitarbeiter gleichermaßen angetroffen. Auch die Veranstaltungen der Industrie- und Handelskammer, der Handwerkskammer, des regionalen Marketingclubs, des Wirtschaftsdezernats einer Stadt oder der örtlichen Tagespresse können interessante Treffpunkte für Unternehmer und Führungskräfte sein. Ob es die regelmäßigen Turnus-Treffen oder aber auch ein gemeinsam von verschiedenen Institutionen veranstaltetes Sommerfest ist – dies sind perfekte Gelegenheiten, um sein Netzwerk zu erweitern.

Besonders effektiv sind solche Veranstaltungen, wenn eine Führungskraft sich im Vorfeld um eine **Key Note, einen Fachvortrag oder eine Teilnahme an einer Podiumsdiskussion** bemüht, so dass Kontakte und eine Steigerung des Bekanntheitsgrads nicht nur über persönliche Gespräche, sondern auch über das Reden vor größerem Publikum entstehen können. Redner auf einer Konferenz oder Tagung

haben fast immer eine Sonderstellung und werden in der Regel viel stärker wahrgenommen als einfache Besucher.

Doch auch wenn ein Vortrag oder eine Präsentation vor einer Gruppe nicht
möglich ist, sind Konferenzen und Kongresse Gold wert, um sein Netzwerk auszubauen. Denn hier kommen **Menschen aus verschiedensten Bereichen** zusammen.
Ob es unterschiedliche Regionen oder Nationalitäten oder aber Vertreter unterschiedlicher Branchen sind – meist ist eine solche Veranstaltung äußerst vielseitig
besetzt und facettenreich.

Wichtig ist vor dem Besuch einer Messe oder Tagung jedoch, dass eine Führungskraft ihre **Hausaufgaben** macht. Wer sollte in jedem Falle getroffen werden,
welche Person müsste im Vorfeld kurz kontaktiert und für eine Verabredung gewonnen werden und welche Informationen sind unbedingt vorzubereiten. Dies
sind unabdingbare Fragen, die vor einer Tagung geklärt sein sollten, sonst könnten
vielversprechende Gelegenheiten ungenutzt verstreichen.

Sich jedoch komplett „durchzutakten" ist für eine Branchenveranstaltung auch
nicht dienlich. Es sollten bewusst **Zeiten für spontane oder zufällige Gespräche**
eingeplant werden. Denn es gehört auch zum Networking, dass nicht nur genommen und die eigenen Interessen verfolgt werden, sondern auch anderen Messe-
besuchern oder Tagungsgästen die Chance für eine Kontaktaufnahme eingeräumt
wird. Dies können neue Dienstleister, potenzielle Bewerber für einen Job oder auch
frühere Kollegen sein.

Je offener eine Agenda ist, desto mehr **ungeahnte Möglichkeiten** für neue Kunden und Partner können sich ergeben. Doch hier sollte ein besonderes Augenmerk
auf die Relevanz der jeweiligen Gespräche gelegt werden: Wenn sich tatsächlich
eine Person zu sehr an die eigenen Fersen heftet oder Gespräche unendlich aus-
dehnt, kann mit einer freundlichen Verabschiedung, Austausch von Visitenkarten
und Verweis auf ein separates Treffen der Kontakt beendet werden.

8.2 Im Privaten: Freundeskreis, Clubs, Restaurants als Kontaktplattform

Weitere gute Möglichkeiten, um sein Netzwerk zu erweitern, sollten im privaten
Umfeld und in der Freizeit genutzt werden. Jeder Mensch hat natürlicherweise ein
Netzwerk, in dem er sich befindet. Bestehend aus Familie, Nachbarn, Freunden
oder Menschen, die man zufälligerweise beim Zugfahren oder Einkaufen trifft.
Hieraus ergeben sich Gelegenheiten, um auch für seine berufliche oder persönliche
Entwicklung nachhaltige Beziehungen zu knüpfen.

Private Feiern

Nach zahlreichen Terminen oder Geschäftsreisen ist es für Führungskräfte nicht immer leicht, sich auch privat noch den berühmten „Freizeitstress" zu machen. Dies ist jedoch in gewissen Fällen sinnvoll und muss auch nicht anstrengend oder unangenehm sein, wenn die geplanten Vorhaben nach Interessen ausgewählt werden und somit Spaß machen. Nicht jede Feier muss besucht oder jede Einladung angenommen werden. Aber genauso falsch wäre es, sich von allen Partys und Festen fern zu halten. Wer könnte dabei sein? Und mit wem wollte man schon immer einmal Kontakt aufnehmen?

In der Freizeit ist es oft viel leichter, sich mit potenziellen neuen Kunden oder Geschäftspartnern zu unterhalten, da als gemeinsames Thema über den Job hinaus immer die Gastgeber, das gemeinsame Umfeld oder der Veranstaltungsort als Thema dienen können. Wahrscheinlich ergeben sich noch wesentlich mehr Anknüpfungspunkte wie der Prädikats-Wein aus der Region, die kulinarischen Highlights oder die am nächsten Morgen anstehende Wanderung nach dem Fest, die die Gesprächspartner thematisch miteinander verbinden.

Auch im Restaurant, beim örtlichen Weinfest oder beim Gutsausschank eines benachbarten Winzers kann zu anderen Menschen gut Kontakt aufgenommen werden. Hier kann man schon einmal sicher sein, dass die Vorliebe für ein bestimmtes Essen, einen guten Tropfen oder die unschlagbare Atmosphäre eines Weingartens die Gäste untereinander über dieses Interesse verbindet.

Und nichts ist leichter, als sich über diesen gemeinsamen Genuss zu unterhalten. Um eventuell auch weitere Tipps für interessante, kulinarische Lokalitäten auszutauschen (oder sich sogar einmal bei nächster Gelegenheit gemeinsam dort zu verabreden – was einen gerade geknüpften Kontakt natürlich noch um ein Vielfaches verstärken kann).

Und nach dem Small Talk oder auch miteinander ausgetauschten Interessen lässt es sich im Anschluss viel leichter über den Beruf oder mögliche gemeinsame Projekte sprechen, die sich aus dem Gespräch ergeben. Falls der Abend nicht unbedingt die richtige Zeit ist oder die passende Stimmung fehlt, so kann ein Termin für die nächsten Tage vereinbart werden, indem Kontaktdaten oder Visitenkarten die Besitzer wechseln.

Vereine

Für viele mag ein Verein etwas altmodisch erscheinen, aber hier lassen sich Kontakte – je nach Interessenlage – bestens knüpfen. Ob es der örtliche Karnevalsverein ist, bei dem Persönlichkeiten über die Jahre zu einer hoch respektierten Position aufsteigen können, oder ein Debattierclub. Es gibt zahlreiche Möglichkeiten, sich einzubringen. Beispielsweise über den Vorstandsposten, das Organisieren von Veranstaltungen oder das Zusammenbringen befreundeter Vereine aus unterschiedlichen Regionen.

Der Sportverein ist natürlich ebenfalls eine perfekte Möglichkeit, um Menschen intensiv und vor allem sehr authentisch zu erleben. Denn der Sport bringt zahlreiche Eigenschaften zum Vorschein, die im „normalen" Alltag nicht immer zum Tragen kommen. Ehrgeiz, Fleiß oder auch Ausdauer können Ausprägungen sein, die sich zeigen. Kameradschaft, gegenseitige Unterstützung oder auch die Förderung neuer oder junger Vereinsmitglieder ebenso.

Entscheidend bei allen Aktivitäten ist, dass Freude an den Hobbys vorhanden ist oder entwickelt wird. Denn wer sich für den Golf-, Fitness- oder Tennisverein entscheidet, sich aber sportlich in diesen Disziplinen überfordert oder nicht wohl fühlt, wird auf Dauer keinen Spaß daran finden. Hier ist der Wanderverein, Gospel Chor oder der Literaturkreis eventuell für das eigene Netzwerk förderlicher. Denn nur wenn man von seinen Aktivitäten überzeugt ist, können Begeisterung und Motivation entwickelt werden. Dies macht im Umgang mit anderen viel aus und strahlt eventuell auch auf sie ab. Eine gute Voraussetzung für effektives Kontakteschmieden.

Im alltäglichen Miteinander

Beim Einkauf, auf der Zugfahrt, am Flughafen oder beim Anstehen im örtlichen Coffeeshop sind weitere Möglichkeiten gegeben, um Menschen kennen zu lernen. Was besonders vorteilhaft ist: Hier entsteht ein gemeinsames Gesprächsthema meist schon aus der Situation heraus.

Ob man im Supermarkt nach ähnlichen Produkten aus der Bioabteilung oder beim französischen Rohmilchkäse schaut – hieran kann man schnell Gleichgesinnte erkennen. Aus einem kurzen Austausch oder Empfehlungen können sich Gespräche ergeben, die gemeinsame Interessen aufdecken. Diese können im Anschluss eventuell beim Kaffee weiter erörtert werden.

Gerade beim kurzen Einkauf nach dem Job lassen sich Menschen an ihrer Business-Kleidung erkennen. Wenn dann noch der Genuss-Faktor großgeschrieben wird und statt der Fertigkost unverarbeitete Produkte für einen frisch zubereiteten Wok oder originellen Salat zusammengestellt werden, können rasch die Gemeinsamkeiten festgestellt werden.

Auch das Thema Zugfahren oder Fliegen wird von den meisten als gute Netz-werkmöglichkeit unterschätzt. Denn spätestens nach einigen Stunden konzen-trierten Arbeitens ist eine Pause angesagt. Wenn hier Gespräche mit Sitznachbarn begonnen werden, können sich interessante Ansatzmöglichkeiten für ein Kennen-lernen ergeben. So ist ein Erste-Klasse-Fahrschein im Zug oder ein Business Ticket im Flugzeug zwar noch keine Garantie für gute Geschäfte, aber hier treffen meist Berufstätige der höheren beruflichen Etagen aufeinander. Führungskräfte haben also eine wesentlich größere Wahrscheinlichkeit, hier auf ihresgleichen zu treffen als in den hinteren Sitzreihen.

Auch das Treffen in einem Coffeeshop in der Mittagspause oder in der Lieb-lings-Bar nach Feierabend ist eine gute Kontaktmöglichkeit. Denn hier spürt man schon, ob ähnliche Vorlieben bzw. gleicher Geschmack zum Tragen kommen. Wer eine entspannte Weinbar bevorzugt wird sicherlich ein anderes Empfinden für Ge-nuss haben als ein Besucher eines Irish Pub. Aber diese unterschiedlichen Stile füh-ren wiederum Gleichgesinnte zusammen.

Auch Urlaub, Alumni-Treffen oder die tägliche Joggingstrecke können weitere Wege fürs Networking sein. Wichtig ist die Offenheit für das jeweilige Gegenüber und die Offenheit, sich mit den Sichtweisen verschiedener Menschen vertraut zu machen. Dann gibt es beste Chancen, um ein interessantes, privates Umfeld zu ent-wickeln und die Kontakte zu langfristigen Verbindungen zu machen.

Internationale Service Clubs und mehr

Eine sehr effiziente Gelegenheit zum Netzwerk-Ausbau bieten sogenannte Service Clubs an. Diese engagieren sich sozial, indem sie u. a. gemeinnützige Projekte för-dern, zur Völkerverständigung beitragen, sich für Menschrechte einsetzen oder Katastrophenhilfe leisten. Diese Clubs sind vornehmlich für andere tätig, die Mit-glieder lernen sich jedoch auf informeller Ebene untereinander kennen und schät-zen. So kommen nicht selten auch nachhaltige Beziehungen zustande, die zunächst durch privates Engagement befeuert werden, später jedoch auch beruflich interes-sant sein können. Im Folgenden eine Auswahl von Service Clubs, die schon lange Jahre existieren.

Lions Club

Der weltweit agierende Lions Club International ist auf allen Kontinenten vertre-ten und bekannt für sein länderübergreifendes Engagement. Nach dem Motto: „We serve" werden gemeinnützige Projekte unterstützt, Kinder-, Jugend- und Senioren-Aktivitäten gefördert sowie Entwicklungs- und Katastrophenhilfe geleistet. Wo immer es „brennt", kann schnell eine neue „Activity" von den Lions ins Leben gerufen werden.

Die zweimal im Monat stattfindenden Clubabende sind häufig nicht nur Treffpunkt für die Mitglieder und Gäste, sondern auch bereichert von Vorträgen prominenter oder gesellschaftlich relevanter Redner. Neben den sozialen Projekten werden auch Reisen oder Unternehmungen durchgeführt, bei denen sich die Mitglieder intensiv kennen lernen können. Internationale Treffen finden regelmäßig statt. Enge Verbindungen zu ausländischen Clubs (Jumelage) pflegen fast alle Lions Clubs.

Traditionell war der Lions Club eine Vereinigung von Männern, was jedoch in den letzten Jahren aufgeweicht wurde. Noch gibt es zahlreiche reine Männerclubs – in Wiesbaden sind beispielsweise von sechs Lions-Clubs noch vier den Herren vorbehalten – aber die Struktur verändert sich. So gibt es mittlerweile gemischte Clubs oder auch reine Frauenvereinigungen. Neben einem Jahresbeitrag sollte Spendenbereitschaft für Lions Stiftungen oder einzelne Projekte vorhanden sein.

Der junge Zweig der Lions – die Leo Clubs – nehmen Schüler, Studenten und junge Arbeitnehmer bis 30 Jahre in ihren Kreis auf. Hier ist es unkompliziert, neue Menschen kennen zu lernen und gemeinsam bei den Activities neue Freunde zu gewinnen. Bei den Lions hingegen müssen Aspiranten von einem Mitglied vorgeschlagen werden und ein gewisses Aufnahmeprocedere durchlaufen. So ist sichergestellt, dass der Kreis der Mitglieder ein gemeinsames Interesse verfolgt und keine Karteileichen das Clubleben lähmen.

Rotary Club

Nach dem Motto „Service above Self" (selbstlos dienen) versammeln sich die Rotarier als weltweite Vereinigung von Männern und Frauen seit über 100 Jahren. Frieden, Völkerverständigung und die Schaffung menschenwürdiger Lebensbedingungen rund um die Welt sind die Hauptanliegen. Doch auch Berufsberatung und Schüleraustausch stehen – wie auch bei den Lions – auf der Agenda.

Wöchentliche Treffen sichern enge Kontakte und Verbundenheit unter den Mitgliedern. Überregionale Treffen und Conventions stellen auch Verbindungen zu den anderen Rotary Clubs in Deutschland bzw. weltweit her. Über die Mitgliederverzeichnisse können Mitglieder aus anderen Clubs gefunden und kontaktiert werden.

Auch hier gilt, dass man einem Rotary Club nicht einfach beitreten kann. Der Zutritt erfolgt über persönliche Einladung. Meist kommen auch Bürgen für den

Beitritt ins Spiel. Neben der Aufnahmegebühr und dem Jahresbeitrag werden Spenden erwartet, die für die unterstützten Projekte genutzt werden.

Für die jungen Rotarier stehen die Unterorganisationen Interact (14- bis 18-Jährige) und Rotaract (18- bis 32-Jährige) zur Verfügung. „Lernen – Helfen – Feiern" sind die drei Säulen, auf denen der junge Wohltätigkeitsverein seine Aktivitäten aufbaut. Zusätzlich zu den Rotarierinnen und Rotariern können sich Frauen über Inner Wheel für soziale Aktivitäten einsetzen. Seit 2003 können weibliche Mitglieder hier auch außerordentlich ohne Verbindung zu Mitgliedern der männlichen Rotary Clubs/Rotaracter aufgenommen werden.

Round Table

Diese in England gegründeten Clubs unterstützen lokale Serviceprojekte im In- und Ausland nach dem Motto „We care". Dabei handelt es sich um eine Vereinigung junger Männer zwischen 18 und 40 (ältere Herren gehen über zum „Old Table" bzw. „41 + "), deren Hauptziele der Dienst an der Allgemeinheit, der Austausch von Erfahrungen beruflicher und privater Natur sowie das Knüpfen von innerdeutschen und internationalen Freundschaften sind.

Die örtlichen Ableger treffen sich alle zwei Wochen zu den Tischabenden, bei denen meist nach einem Essen ein Gastreferent spricht. Kurze 3-Minuten-Beiträge der Tischmitglieder zu tagesaktuellen Themen ergänzen diese Vorträge. Treffen auf regionaler, nationaler und internationaler Ebene ergänzen die örtlichen Veranstaltungen.

Die Aufnahme in den Round Table Club erfolgt über Empfehlung eines Mitglieds. Diese muss einstimmig von den übrigen Mitgliedern des örtlichen Clubs gebilligt werden, um die Aufnahme zu bestätigen. Kontakte, Verbindungen und Freundschaften, die länderübergreifend aufgenommen werden können, sind ein großer Mehrwert für Clubmitglieder.

Da Round Table und Old Table prinzipiell Männern vorbehalten sind, haben sich Frauen im Rahmen des Round Table im sogenannten Ladies' Circle zusammengeschlossen.

Weitere Service Clubs...

...sind u. a. der internationale **Kiwanis Club**, der sich dem Wohl der Kinder und der Gemeinschaft verschrieben hat. Reine Frauenclubs sind z. B. **Soroptimist International**, der Menschenrechte, weltweiten Frieden und internationale Verstän-

digung zum Ziel hat, oder die weltweit agierenden **Zonta Clubs**, deren weibliche
Mitglieder die Stellung der Frau verbessern wollen.

Clubs ohne Service-Charakter

Interessant für Leader sind in jedem Falle auch die Clubs, deren Zugang beschränkt
und erst für die höheren Führungsetagen interessant bzw. diesen vorbehalten ist.
Der Selbstzweck der Clubs dient allein der Kontaktaufnahme zu Gleichgesinnten.
Vergleichbar mit den Clubs nach alter englischer Tradition. Empfehlungen und
hohe Aufnahme- bzw. Mitgliedsbeiträge sind die Regel. Dafür ist das Netzwerken
dort äußerst effektiv und werthaltig Denn hier treffen Menschen aufeinander, die
beruflich bereits auf erfolgreiche Stationen zurückblicken können und die sich mit
anderen Führungskräften oder gesellschaftsrelevanten Persönlichkeiten auf einer
informellen Ebene austauschen möchten.

Hierunter fallen exklusive Vereinigungen wie der **China Club Berlin**, deren
Mitglieder sich im Adlon Palais zu vertraulichen Gesprächen treffen können. Die
Aufnahme durch Empfehlung sowie die Aufnahmegebühr von rund 10.000 € machen den Club zu einer nicht für jedermann zugänglichen Vereinigung. Auch der
Übersee-Club in Hamburg ist ein Beispiel eines besonderen Forums, bei dem Vorträge prominenter Gäste und Diskussionen zu aktuellen Themen im Mittelpunkt
stehen. Im **Frankfurter Airport Club** treffen sich Führungskräfte zum Kontakten
und Vernetzen. Hier erfolgt die Aufnahme ebenfalls durch Empfehlung eines Club-
mitglieds bzw. einen der beiden Träger – die Deutsche Bank oder Deutsche Bahn.

Als Königsdisziplin bekannt: Die Einladung zum Abendessen

Ob ein Leader selbst als Gastgeber agiert oder zu einem Abendessen eingeladen ist:
Hier ist die Plattform für gute Beziehungen und nachhaltiges Networking eindeutig
gegeben. Denn Menschen in einem kleineren Kreis bei gutem Essen und Wein ken-
nenzulernen, ist für die meisten ein großer Genuss – aber es gehören auch gewisse
Spielregeln dazu.

So ist es bei einer Einladung wichtig, sich genau zu überlegen, welche Personen – die sich untereinander eventuell noch nicht kennen – gemeinsam eingeladen
werden. Bei solchen Treffen ist sowohl für die Gastgeber als auch die Gäste eine
gewisse Spannung dabei, wie der Abend sich entwickelt und welche Chancen sich
daraus ergeben. Die genaue Auswahl der Gäste ist für einen Gastgeber das A & O,
um einen Abend zu einem Erlebnis und Genuss für alle zu machen. Hierbei kön-

nen gemeinsame Hobbys oder Interessen, die Wesensart oder das Naturell, aber auch berufliche Gemeinsamkeiten den Ausschlag für die Zusammenstellung der Einladungsliste geben.

Wenn der kleine Kreis zusammengestellt ist, können Einladungen mündlich oder schriftlich (digital oder traditionell – je nachdem, welche Kanäle bei den Gästen genutzt werden) ausgesprochen werden. Hier können auch kurze Hinweise auf die Art der Kleidung gegeben werden, die erwünscht ist – casual oder etwas festlicher. Dies ist jedoch manchmal auch überflüssig, wenn die Gastgeber immer einen gewissen Stil pflegen, der dann von den Gästen für die eigene Kleiderwahl als Maßstab dienen kann.

Ein Abend beginnt idealerweise bei einem Aperitif, um die Gäste untereinander vorstellen zu können und die Stimmung zu lockern. So können auch kleine Verspätungen einzelner Gäste aufgefangen und elegant überspielt werden. Nachdem alle Gäste sich ein wenig entspannt haben, können die Gespräche am Tisch weitergeführt werden. Hierbei ist die Sitzordnung im Vorfeld zu überlegen – eine bunte Reihe aus Frauen im Wechsel mit Herren, die sich untereinander nicht kennen, ist meist die interessanteste Variante.

Beim Essen gilt zu beachten, dass eine gute Vorbereitung einen Ablauf wesentlich einfacher macht. Wer sich stundenlang in der Küche verkriechen muss, um den nächsten Gang zu kochen, wird wenig von dem Abend haben. Auch die Gäste werden die Gastgeber vermissen, wenn sie sich zu lange mit der Essenszubereitung beschäftigen. Wenn zwei Gastgeber einladen, ist es sinnvoll, dass eine gewisse Aufteilung stattfindet. Beispielsweise wird das Ausschenken von Getränken zusammen mit dem Abräumen von einem der Gastgeber übernommen, während der zweite sich um die Handgriffe in der Küche kümmert, die noch zur Vorbereitung der jeweils folgenden Gänge nötig sind.

Auch bei den Gesprächen können von den Gastgebern Themen angesprochen werden, die einzelne Gäste miteinander verbinden. So können auch ruhige Momente überbrückt werden. Und der Gesprächsverlauf wird nicht allzu einseitig, weil sich eventuell ein Gast mit einem Thema allzu intensiv ins Gespräch einbringt.

Bei Einladungen, die man annimmt, sollte umgekehrt überlegt werden, welchen Stil die Gastgeber pflegen und wie man sich entsprechend kleidet. Und damit schließt sich der Kreis zu den auf der Einladung gegebenen Kleidungsempfehlungen (s. o.). Wenn der Gastgeber sich große Mühe für das Abendessen macht und den Rahmen entsprechend gestaltet, ist es allein aus Respekt angebracht, sich gut zu kleiden und dem Gastgeber damit zu vermitteln, dass man seinen Einsatz sehr zu schätzen weiß.

Auch das Gastgeschenk sollte auf den jeweiligen Anlass und den Gastgeber abgestimmt sein. Wenn man ihn noch nicht gut kennt, sind ein persönlich ausgewählter Wein oder ein zur Saison passender Blumenstrauß angemessen. Falls Hobbys, Umfeld oder Vorlieben bekannt sind, können eventuell auch kleine Geschenke wie ein Buch, Genussmittel oder Dekorations-Artikel in Erwägung gezogen werden.

Grundlegend dafür, ob man als Gast oder Gastgeber agiert: Gute Laune, Beiträge zur Diskussion und eine positive Ausstrahlung sind die Voraussetzung dafür, den Abend zu einem unvergesslichen Erlebnis für alle zu machen und dadurch neue Kontakte zu Beziehungen zu machen.

8.3 Exkurs: Seminare, Coachings, Mentoring zum Netzwerken nutzen

In Zeiten knapper Kassen und Budgets wird hieran häufig am meisten gespart: Weiterbildung. Dabei sind diese Ausgaben höchst berechtigt und zahlen sich häufig um ein Vielfaches aus. In guten wie in schlechten Zeiten.

Bei vielen Seminaren und Coachings geht es um Fachwissen oder Erlernen bestimmter Techniken. Diese Art von Training ist für die meisten Berufseinsteiger oder Angestellte im mittleren Management von großer Bedeutung. Wenn es jedoch um das Entwickeln von Führungskräften geht, die sich auf dem Weg nach ganz oben befinden, treten die fachlichen und methodenbezogenen Seminare immer weiter in den Hintergrund.

Für das Erreichen und Ausbauen einer Führungsfunktion zählen nun vielmehr die sogenannten Soft bzw. Leadership-Skills. Diese haben im Wesentlichen die drei Leadership-Kompetenzen Persönlichkeit, Kommunikation und Netzwerk zum Inhalt oder gehören in Teilen zum Programm von Topmanagement-Trainings.

Denn wer sich als Führungskraft weiterbildet, sollte durch die Seminare oder Coachings in zwei Bereichen weiterkommen: einerseits im Verfeinern der Leadership-Skills und andererseits durch das Knüpfen wichtiger Kontakte mit Gleichgesinnten durch den Besuch eines Seminars. Diese oft branchenübergreifenden Treffen auf neutralem Boden sind eine perfekte Möglichkeit, um sich und seine eigenen Führungskompetenzen zu hinterfragen und weiter daran zu arbeiten.

Im Umfeld anderer Führungskräfte ist dies äußerst effektiv und bringt eine kleine, schlagkräftige Zielgruppe zusammen. Oftmals entstehen hieraus auch Beziehungen fürs Leben oder sogar enge Freundschaften. Denn alle Teilnehmer befinden sich in einer vergleichbaren Position, begegnen denselben Herausforderungen und genießen den Austausch mit Menschen mit denselben Wünschen, Bedürfnissen und auch Ängsten oder Sorgen.

Natürlich gibt es für die Weiterbildung von Führungskräften bekannte Institute und Zentren wie die St. Galler Business School oder die Executive Education der Leipzig Graduate School of Management (HHL). Auch MBA-Programme an renommierten US-Universitäten wie der Harvard Business School oder Kellogg School und deutsche MBA-Anbieter wie die Universität Mannheim haben einen exzellenten Ruf.

Doch darüber hinaus können Kompetenzen und Fähigkeiten der zunehmend komplexer werdenden Anforderungen im Führungsalltag auch anderweitig erlangt werden. Hierbei geben individuelle Ansprüche an die eigene Weiterentwicklung sowie das Wählen geeigneter, vertrauensvoller Partner zum Schärfen des eigenen Profils den Ausschlag.

Seminare und Trainings für Führungskräfte

Auch wenn es Menschen gibt, die sich für Führungsfunktionen besser eigenen und von Natur aus gewisse Leadership-Fähigkeiten mit auf den Weg bekommen haben, so gibt es doch nur sehr selten den geborenen Führer. Um erfolgreich als Führungs-kraft agieren zu können, ist schon fast ein Universalgenie gefragt, das neben fach-lichen, strategischen und analytischen Fähigkeiten auch mit den **Leadership-Skills** in punkto Persönlichkeit, Kommunikation und Netzwerk glänzen kann.

Beruhigend ist, dass all diese Kompetenzen bei den meisten Führungskräften erst im Laufe der Zeit entwickelt wurden. Hierfür steht ein breites Angebot an Ma-nagementtrainings zur Verfügung, die je nach Dauer und Inhalten auch stark in die Tiefe gehen können und echte Veränderungsprozesse anregen.

Bevor ein Seminar besucht wird, müssen sich Führungskräfte also zunächst fra-gen, welche **Fähigkeiten und Stärken** vorhanden sind und woran noch gearbeitet werden sollte. Dies kann durch stetes Hinterfragen der eigenen Leistungen, Persön-lichkeitsanalysen, Lesen von Management-Literatur oder den Austausch mit Ver-trauten geschehen. Sobald diese Fragen geklärt sind, sollte vornehmlich am Ausbau der eigenen Stärken gearbeitet werden. Auch die Engpässe können berücksichtigt werden, doch zunächst ist es sinnvoll, in einigen Bereichen eine besonders gute Leistung oder Schlagkraft vorweisen zu können, also Stärken zu stärken.

Sobald feststeht, dass man als Führungskraft **authentischer** wird, indem man sein Selbstbewusstsein, seine Empathie oder seine Souveränität stärkt, können ent-sprechende Seminarangebot ausgewertet und gebucht werden. Auch das Thema Kommunikation ist für die meisten Führungskräfte in den ersten Jahren eine He-rausforderung, da zahlreiche Menschen kontaktiert und im Gespräch von eigenen Sichtweisen überzeugt werden müssen. Auch das Thema Sprechen vor Gruppen in Vorträgen, Interviews oder als Podiumsteilnehmer kann zu einem immer wichtige-ren Bestandteil der Alltagsarbeit werden.

Auf den Seminaren ist es dann wichtig, Inhalte als **Impulse** für die weitere Entwicklung zu sehen. Denn niemals können Verhaltensweisen oder Fähigkeiten in Zwei-, Drei- oder auch Fünftages-Seminaren komplett vermittelt werden. Es sind Anstöße für die zukünftige Ausübung der Führungsfunktion, an der permanent (und auf die individuellen Bedürfnisse zugeschnitten) gefeilt werden muss.

Was jedoch in jedem Falle zu beachten ist, sollte die **Praxisnähe** der Trainings sein. Der Trainer muss bei Toptrainings selbst vorleben können, was er von seinen Teilnehmern erwartet. Darüber hinaus schadet es nicht, wenn er sich in entsprechenden Kreisen bewegt hat und Führungskräfte hautnah erleben und sprechen kann. Denn es ist für die Führungskräfte meist nicht zielführend, die Theorien über Kommunikation à la Schulz von Thun oder gar geflügelte Redewendungen nach Cicero auswendig aufsagen zu können. Vielmehr geht es um die Möglichkeit der direkten Umsetzbarkeit des Gelernten in den Führungsalltag.

Hierbei kommt es z. B. weniger darauf an, allgemeine rhetorische Grundlagen kennen zu lernen als vielmehr die **Persönlichkeit und die eigene Art der Kommunikation in Einklang** zu bringen. Bei geeigneten Seminaren können individuelle Verhaltenspräferenzen in Diskussionen, Gesprächen und Verhandlungen erkannt werden, die dann im Führungsalltag zu wesentlich mehr Effizienz führen, weil sie zur eigenen Person passen. Beispielsweise können in einem kombinierten Training bestehend aus Persönlichkeitsanalyse und Kommunikationselementen viel bessere Rückschlüsse gezogen werden, welche Art der Gesprächsführung und Redefähigkeit für den persönlichen Führungsstil geeignet ist.

Für all diese Bereiche können spezifische Schulungen gewählt werden. Besonders interessant sind hierbei sicherlich auch die **anderen Teilnehmer**, die potenziell bei einem solchen Training dabei sein könnten. Hier lässt sich über den Preis oder spezielle Anbieter, die von Empfehlungsmarketing leben, schon eine gewisse Vorselektion treffen.

Wichtig sind neben den Seminareinheiten auch die Pausenzeiten und Abende am Kamin, in der Bar oder beim Essen als wichtige Meilensteine für das Erweitern des Netzwerks. Denn hier können wertvolle Kontakte zu anderen Leadern geknüpft werden, die ebenfalls an ihrem persönlichen Fortkommen arbeiten. Die Gesprächsatmosphäre ist in der Regel offen und entspannt, so dass auch Probleme oder Herausforderungen im Führungsalltag diskutiert werden können. Dies kann moderiert in kleinen Gruppen unter Anleitung eines Trainers geschehen oder auch im informellen Zweier- oder Dreiergespräch erfolgen.

Fest steht für die meisten Führungskräfte nach einem guten Training, dass diese **Auszeiten vom Tagesgeschäft fest eingeplant und zur Regel gemacht** werden sollten. Denn hierbei entstehen neue Perspektiven, und der Schwerpunkt liegt auf anderen Themen als diese im Unternehmen auf der Agenda stehen. Allerdings sollte nicht – wie bereits oben erwähnt – der Fehler gemacht werden, ein Seminar als Berieselung zu sehen oder nur als Gelegenheit, ausnahmsweise einmal nur passiv zu konsumieren. Die meisten effektiven Trainings regen an, bewegen oder wühlen auch auf. Denn sie sind echte Arbeit, da sie keine fertigen Lösungen bieten, sondern nur ein Anstoß für neue Wege im Führungsalltag sind, in manchen Fällen sogar für einen persönlichen Paradigmenwechsel.

Coachings

Diese besondere Art von persönlicher Weiterbildung ist eine Art **1:1 Seminar.** Denn hier ist der Trainer bzw. Coach nur mit einem einzigen Teilnehmer bzw. Coachee befasst. Es kann also sehr effektiv und individuell an den jeweiligen Problemstellungen der Führungskraft gearbeitet werden. Ein Coaching ist meist ein recht anstrengender Prozess für beide Seiten, da der Coach die richtigen Fragen stellen muss, um daraufhin lösungsorientierte Antworten des Coachees zu provozieren.

Das Coaching ist in der Regel nicht darauf ausgelegt, besondere Fähigkeiten zu vermitteln. Es geht vielmehr um die **Reflexion der eigenen Persönlichkeit,** der individuellen Führungsstrategie und der Entwicklung von Perspektiven für den künftigen Werdegang. Die Fragen sind direkt, offen und meist überraschend für den Coachee. Oft kommen Themen zum Tragen, über die er sich nur selten oder noch nie Gedanken gemacht hat.

Auch **Emotionen** kommen während eines Coachings ins Spiel. Denn es geht darum, einen Coachee von seinem oft kopflastigen Führungsalltag auf eine andere Ebene zu bringen. Was empfindet er in bestimmten Situationen und wie wirkt sich das auf ihn als Person aus? Womit hat er Probleme und möchte diese in Zukunft vermeiden? Welche Konflikte entstehen durch den durchorganisierten Arbeitsalltag und die langen Arbeitszeiten? Fühlt sich eine Führungskraft tatsächlich noch als selbstbestimmt oder haben längst andere Mächte das Regiment übernommen?

Die Coachings werden also im weitesten Sinne auch **psychologische,** aber keinesfalls therapeutische Dimensionen annehmen – hierfür sind andere Fachkräfte gefragt. Daher müssen die Gespräche auf einer vertraulichen Basis sein. Diese sollte in den ersten Coaching-Einheiten hergestellt werden. Ist dies nicht der Fall, so passen Coach und Coachee eventuell nicht zusammen. Hier ist ein Überdenken der weiteren Coaching-Sitzungen bzw. ein Wechsel zu einem Fachkollegen angesagt.

Eventuell eignet sich der bisherige Coach für mehr sachorientierte Fragen, für alles Weitere ist möglicherweise besser ein anderer Sparringspartner einzuschalten. Wenn sich **zwei Coaches sogar ergänzen und eng miteinander abstimmen,** kann dies eine günstige Konstellation sein, da auf unterschiedliche Bedürfnisse des Coachees mit alternativen Ansätzen und Methoden reagiert werden kann. Hier ist jedoch ein sehr enger Kontakt und vertrauter Umgang mit dem Coaching-Kollegen absolute Voraussetzung.

Auch hier gilt: Der Coach gibt nur **Denkanstöße** und Impulse. Von dem Coachee ist Mitarbeit absolut erforderlich und unabdingbar. Auch Aufgaben, die von einer Coaching-Session zur nächsten erledigt werden sollten, gehören zum Coaching-Prozess. Denn hieran lässt sich überprüfen, wie die zunächst graue Theorie in der Praxis umgesetzt wird.

Ein Coach wird normalerweise auch in der Situation sein, interessante Führungspersönlichkeiten zu kennen und eventuell sogar Coachees in Kontakt zu bringen. Dies ist ein etwas sensibles Thema, da meist Diskretion geboten ist. Wenn jedoch mit Sensibilität erkannt wird, dass Coachees sich eventuell gegenseitig befruchten könnten, sollte eine Verbindung geschaffen werden. **Kontakte** eines Coachees zu außenstehenden Führungskräften können natürlich von einem Coach ebenfalls in die Wege geleitet werden. So hat der Coachee auch in diesem Umfeld die Möglichkeit, sein Netzwerk zu erweitern.

Meist wird ein guter **Coach durch Empfehlung** gefunden. Manchmal sind es aber auch Menschen, denen man als Seminarleiter, Top Speaker oder im Geschäftsalltag zufällig auf einer Management-Tagung bzw. einem Kongress begegnet. Hier muss natürlich die genaue Qualifikation hinterfragt werden, darüber hinaus ist die persönliche Sympathie ein wichtiger Anhaltspunkt. Eventuell findet sich ein Coach sogar im eigenen Unternehmen, z. B. ein Führungsvorbild, das für die eigene Entwicklung interessant sein könnte. Hier geht es dann um eine spezielle Ausprägung des Coachings, nämlich um das Thema Mentoring, das im Folgenden besprochen werden soll.

Mentoring

Aufgrund ihres Alters oder ihrer beruflichen Erfahrung sind manche Führungskräfte besonders geeignet, um Nachwuchskräften oder jüngeren Kollegen hilfreich zur Seite zu stehen. Diese **berufliche Partnerschaft** ist entweder informell oder auch geplant in Mentoring-Programmen wiederzufinden. Es gibt die unterschiedlichsten Modelle.

In einigen Fällen treffen sich Mentor und Mentee in regelmäßigen oder auch eher zufällig gewählten Zeiträumen zu einer Zusammenkunft, um sich über die beruflichen und persönlichen Themen des Mentees zu unterhalten. **Vertrauen** ist sehr wichtig, und auf keinen Fall sollte der Mentors Angst davor haben, dass der

Mentee ihn irgendwann einholen oder auf der Karriereleiter gar hinter sich lassen könnte. Denn gute Mentoren entwickeln sich entweder selbst weiter, um ebenfalls voranzukommen. Oder sie sind bereits in einer Lebensphase, in der sie dem beruflichen Fortgang von Jüngeren mit Gelassenheit begegnen können, weil die eigenen Ziele schon erreicht wurden.

Natürlich besteht die Gefahr, dass ein Mentee sich auf Dauer auch nach einer **interessanteren Aufgabe** umsieht, wenn er das Potenzial dafür erlangt. Wird die persönliche Entwicklung allerdings gebremst, dann wird eine Führungskraft, die nicht als Mentor dient, seinen Mitarbeiter sowieso verlieren, da er ihn nicht entsprechend seiner Kompetenzen gefördert hat.

Aber auch, wenn sich ein Mentee beruflich verändert, **profitieren beide Seiten** weiter voneinander. Denn was das Netzwerk betrifft, so wird der Mentor sicherlich in einem neuen Unternehmen oder einer anderen Abteilung einen Verbündeten in seinem ehemaligen Mentee finden. Der Zugang zu neuen beruflichen Kontakten ist also gesichert.

Auch wird ein ehemaliger Mentee sich positiv über seinen Mentor äußern, da er aus seiner Förderung einen Vorteil ziehen konnte und sich beruflich und persönlich entwickelte. Dies ist **förderlich für das Image** des Mentors, das sich dann nicht nur in der eigenen Firma sondern auch darüber hinaus verbreiten wird.

Um einen Mentor zu finden, sollten im eigenen Unternehmen (oder auch außerhalb) die Augen offen gehalten werden. Meist spürt eine Führungskraft auf dem Weg nach oben, wer der Karriere dienlich sein oder den Berufsweg ein Stück begleiten kann. Hier ist dann auch falsche Bescheidenheit oder **Zurückhaltung fehl am Platze**. Begegnet man einem potenziellen Mentor, so sollte die Initiative ergriffen und dieser angesprochen werden. Denn nur aus solchen Begegnungen können Chancen gemacht werden, die für die eigene Zukunft und das Netzwerk von großer Bedeutung sein können.

Gebot 9: Sei zuverlässig

Auftakt: Wie Du Beziehungen hältst und Dein Netzwerk pflegst

Vater werden ist nicht schwer, Vater sein dagegen sehr. Wer kennt nicht dieses alte Sprichwort nach Wilhelm Busch, das so wahr ist. Denn ähnlich verhält es sich mit Kontakten, aus denen erst noch Beziehungen werden müssen. Ist die erste Hürde, ein erstes Kennenlernen bzw. ein Abend bei guten Gesprächen und interessanten Kontakten, genommen, so folgt die eigentliche Arbeit.

Denn nun zeigt sich, ob eine Verbindung auch nachhaltig ist und wachsen kann. Hierzu gehört mehr als die eingesammelte Visitenkarte oder die mehr oder weniger verbindliche Zusage, sich bei nächster Gelegenheit wiederzusehen („See you later!"). Hier ist einerseits gute Organisation erforderlich, andererseits aber auch wirkliches Interesse, einen Menschen näher kennen lernen zu wollen. Denn seine Vorlieben, wichtige Daten wie Geburtstage oder Bedürfnisse lassen sich erst über Kontinuität und Langfristigkeit erfahren.

Wer sich jedoch entschließt, seine Kontakte nicht nur als oberflächlich zu betrachten und sie in einer großen Truhe in Form von Visitenkarten ruhen zu lassen, wird bald die Erfolge seiner geplanten Netzwerk-Strategie sehen können. Natürlich sind viele Kontakte, die geschlossen werden, zunächst einmal Zufall. Jedoch kann man bei gründlicher Vorbereitung auch etwas dazu beitragen, wem man begegnet. Und besonders im Nachgang eines Treffens kann aus einer zufälligen Verbindung eine langfristige Beziehung gemacht werden.

Um Netzwerkkontakte langfristig zu halten, müssen diese organisiert werden, am besten mit einigen Hilfsmitteln. Denn neue wie alte Kontakte wollen gepflegt sein und sind nicht selbstverständlich. Das Leben erfolgreicher Menschen ist oft so eng durchgeplant, dass nur wenig Zeit für Netzwerken bleibt. Diese muss bewusst eingeplant werden – nicht nur in Form von Veranstaltungsteilnahmen, Messebesuchen oder Meetings, sondern auch für die Aktivitäten, die im Anschluss daran folgen sollten.

Die Treffen nach einem ersten Kennenlernen, Telefonate nach erfolgreicher Kontaktaufnahme wie auch das Sichten der eingesammelten Visitenkarten oder

C. Ahrens, L. Ahrens, *Leadership-Intelligenz - Zehn Gebote für souveräne und sozial kompetente Führung*, DOI 10.1007/978-3-658-05052-8_9,
© Springer Fachmedien Wiesbaden GmbH 2014

Notizen sind solche Aktionen. Auch ein Blick in die Vergangenheit lohnt. Hier sind eventuell Freunde, Kollegen oder Schul- und Studienkameraden von früheren Stationen in Form von Adressbüchern, alten Fotoalben oder Aufzeichnungen aus der Universität auffindbar.

Dies alles zu systematisieren und zu strukturieren erfordert einen gewissen Aufwand. Aber mit der richtigen Einstellung zum Netzwerk, das Bedeutung im Leben von Führungskräften haben muss, ist es eventuell sogar mit viel Spaß verbunden, seinen Lebensweg einmal Revue passieren zu lassen. Alte Aufnahmen und Notizen werden zu einer Quelle an Informationen, die es sich lohnt, wieder einmal durchzublättern.

9.1 Aus Kontakten langfristige Beziehungen machen

Wenn Leader ihr Netzwerk um nachhaltige Verbindungen ausbauen wollen, ist es vor allem bedeutend zu wissen, wie Personen als Mensch sind, was sie bewegt und worauf sie stolz sind. Hierbei können sich Führungskräfte ein wichtiges Prinzip zunutze machen. Menschen interessieren sich in der Regel am allermeisten dafür, was sie selbst tun.

Es ist also sinnvoll, sich nach Einsammeln einer Visitenkarte nicht nur für die Position in der zweiten Zeile unter dem Namen zu interessieren, sondern auch mögliche Probleme, Ziele oder auch Hobbys herauszufinden. Natürlich spielt auch das Unternehmen, für das die Person tätig ist, eine Rolle beim Aufbauen einer Beziehung. Wie laufen die aktuellen Geschäfte, gibt es Produkt-Innovationen, um welche Mitglieder hat sich die neue Geschäftsführung erweitert oder verändert. All diese Themen sind wichtig. Denn wenn sich jemand die Mühe macht, dies herauszufinden, fühlt sich ein Gesprächspartner anerkannt und respektiert.

Wie nun ist es möglich, tiefergehende Informationen über eine Person oder einen neu geknüpften Kontakt herauszufinden? Nur nebenbei gesagt – manchmal muss die Recherche nicht erst im Nachhinein beginnen. Sie kann und sollte bereits im Vorfeld einer Veranstaltung stattfinden, auf der Menschen sich treffen, die man kennen lernen möchte. Hier also einige Ansätze, um sich als effektiver Kontakt-Detektiv zu betätigen:

Internet: Dies ist natürlich die erste „Anlaufstelle", um sich über eine Person und ihren Arbeitgeber schlau zu machen. Neben den Firmenwebsites kann auch über Google oder andere Suchmaschinen wertvolles Wissen herausgefunden werden. Wo eine Person herkommt, welchen Werdegang sie absolviert hat, welche Auszeichnungen und Errungenschaften für sie wichtig waren und welche möglichen

Herausforderungen ihr noch bevorstehen. All dies ist meist öffentlich zugänglich oder online herauszufinden.

Social Networks: Über digitale Plattformen wie XING, LinkedIn, Facebook oder über Twitter und YouTube können persönliche Steckbriefe inklusive Lebenslauf, Interessen, Hobbys, Kontaktwünsche, aber auch Meinungen oder Ansichten ermittelt werden. Auch die Art der Fotos oder welche Informationen man öffentlich macht, können sehr viel über eine Person verraten. Gewisse Eitelkeiten kommen zutage oder es zeigt sich, dass die Person eher diskret mit privaten oder beruflichen Details umgeht. Wer über die sozialen Netzwerke mit dieser Person befreundet ist, kann durchaus auch interessant sein. Denn damit schließt sich der Kreis, um aus der individuellen Person einen Menschen innerhalb eines Umfelds zu machen.

Bibliotheken, IHKs oder Redaktionen: Ob es sich eine öffentliche Bibliothek mit Büchern, Zeitschriften oder Wirtschaftspublikationen handelt oder um einen gut sortierten Buchladen – hier können beste Informationen über eine Person oder ihre Firma gefunden werden. Gerade wenn es Personen sind, die in der Öffentlichkeit stehen oder auf der Karriereleiter relativ weit oben angelangt sind, interessieren sich natürlich auch die Medien für solche Persönlichkeiten und schreiben darüber. So lohnt in vielen Fällen auch einmal der Anruf bei der Redaktion eines Wirtschaftsmagazins oder Tageszeitung. Gerade die lokalen Medien verfügen häufig über Insiderwissen, das durch geschicktes Fragen ebenfalls angezapft werden kann. Die IHKs haben in der Regel gutes Material über die ortsansässigen Firmen, das auf Anfrage ebenfalls erhältlich ist.

PR-Abteilungen: Geht es um einen besonders wichtigen Kontakt, können im Vorfeld auch die Kollegen aus der Öffentlichkeitsarbeit eins Unternehmens Informationen zusammenstellen. Hier gilt natürlich, dass die gelieferten Artikel oder Presseinformationen im Sinne des Unternehmens selektiert werden, also eventuell nicht objektiv sind. Aber für grundlegendes Wissen sind sie allemal eine Hilfe.

Jahresberichte: Guten Einblick, wie es um das Unternehmen steht, bieten auch Jahres- oder Quartalsberichte. Hier können neben den Zahlen auch gute Informationen über Geschäftsführung, Produktentwicklungen und Perspektiven in Erfahrung gebracht werden.

Natürlich soll die Recherche nicht mit dem Ehrgeiz eines Geheimdienstlers oder einer Spionage gleich betrieben werden. Es geht lediglich darum, eine Person und ihr Unternehmen intensiver kennen zu lernen. Dies ist in der Regel ein Lob für die angesprochenen Persönlichkeiten, da sie merken, dass sie von Interesse sind. Dies findet normalerweise Anerkennung. Aber selbst wenn in der Yellow Press besonders interessante Berichte gefunden wurden, so gibt es doch Grenzen, die bei ersten Treffen eingehalten werden sollten. Sie sind aber auch nicht unerheblich, da sich Gespräche zu einem späteren Zeitpunkt, zu dem man sich besser kennt, eventuell auch einmal um potenzielle Gerüchte oder (richtige bzw. falsche) Vermutungen aus Presseartikeln drehen. Dann ist es gut, im Bilde zu sein.

Wichtig bei allen Kontakten und Kennenlernen unterschiedlicher Biografien ist jedoch das ehrliche, offene Interesse, das einem Menschen entgegengebracht wird. Die **Wertschätzung** für Leistungen oder charakterliche Eigenschaften sind elementar, um gute Verbindungen aufzubauen. Dies schafft eine gute Grundlage für Gespräche mit Menschen, die man noch nicht kennt. Je mehr an Informationen im Vorfeld zusammengestellt wurde, desto mehr Ansatzpunkte ergeben sich, um eine nachhaltige Beziehung aufzubauen oder zu festigen.

Was für die Dauer einer Beziehung ebenfalls von Nutzen sein kann, ist das gegenseitige Empfehlen. Denn was zählt mehr, als die Mund-zu-Mund-Propaganda, wenn es um das Erfragen einer Dienstleistung oder eines Spezialisten für einen bestimmten Bereich geht. Hier sind **Empfehlungen** von unschätzbarem Wert. Was aus einem Kontakt eine Beziehung macht, sind daher gegenseitige Empfehlungen, die sich auch auf die Qualität einer Verbindung auswirken werden.

Denn sobald erste Kunden oder Geschäftspartner sich einfinden, die aufgrund einer Empfehlung entstanden sind, wird die Beziehung zum Befürworter dadurch gefestigt. Und umgekehrt entsteht auch das Bedürfnis, etwas für den anderen tun zu können. Hierfür muss jedoch bekannt sein, welche Qualifikationen, Fähigkeiten oder Produkte sich im „Portfolio" des anderen befinden. Über langfristige, vertrauensvolle Verbindungen wird dies herausgefunden und kann zum gegenseitigen Nutzen eingesetzt werden.

Argumente für eine Investition in nachhaltige Beziehungen

Um sein Netzwerk also zu einem langfristigen, gewachsenen Beziehungsnetz zu machen, gehören Zeit, Menschenliebe und Muße dazu. Diese Bereitschaft ist für einen Leader elementar, um sich auf lange Sicht in seiner Position halten und bewähren zu können. Denn dies funktioniert nur mit den richtigen Menschen. Welche Vorteile das Pflegen von Beziehungen hat, liegt auf der Hand (frei nach Weber 2012, S. 273):

Interessante Menschen kennenlernen: Das ist die Basis des Netzwerkens und der Punkt, um den sich alles dreht. Was sich beim Kennenlernen interessanter Men-

schen daraus ergibt, ob nur gutes Gespräch, eine kurze Kooperation oder länger-
fristige Zusammenarbeit, eine Führungskraft kann hierbei nur gewinnen. Denn der
Horizont erweitert sich, Toleranz und Sicherheit auf bislang unbekanntem Terrain
wachsen. Ob auf einer Veranstaltung oder bei einem Kantinenbesuch: Netzwerken
findet zwischen Menschen statt und lebt vom Interesse aneinander, nicht vom Interesse daran, dem anderen schnell etwas zu verkaufen oder unterzuschieben.

Informationen sammeln: Beim Plaudern und Smalltalken werden immer auch
interessante Fakten ausgetauscht. Ob es um freie Stellen, einen neuen Zulieferer
oder Zahlungsmoral geht. Und dabei ergänzt sich das Gesagte meist, da zwei Menschen nie dieselben Informationen haben, sondern meist unterschiedliche. Ein
Sammeln und Teilen dieser kann nur von Vorteil sein, so dass die Kontakte der
bereitwillig Gebenden immer enger werden.

Schnellerer Zugang zu Dienstleistern: Als Teil eines Netzwerks wird über die
Mitglieder für eine immer breitere Grundlage an Know-how und zugänglichen
Services innerhalb dieser Gruppe gesorgt, auf die alle zugreifen können. Auch
die Führungskraft selbst kann natürlich über die einzelnen Gruppenmitglieder
empfohlen oder bekannt gemacht werden. So können Netzwerk-Freunde oder –
Kollegen auch Kontakt über das Netzwerk hinaus zur Verfügung stellen, um in
relevanten Bereichen immer die richtigen Personen kennen zu lernen.

Geschäftspartner finden: Neue Vertriebspartner oder Kooperationen können
besonders gut über Netzwerke gefunden werden. Denn innerhalb eines engen
Beziehungsnetzes kann man andere beschnuppern und sich ein Bild von ihnen
machen. Auch das Befragen anderer innerhalb des Netzwerks, welche Erfahrungen
gemacht wurden, ist äußerst wertvoll. Auf das gesammelte Wissen aller Beteiligten
kann zurückgegriffen werden.

Kunden besser betreuen: Um Kunden und ihre Bedürfnisse besser einschätzen
zu können, ist der Austausch innerhalb eines Netzwerks Gold wert. Denn nur wer
seinen Kunden gut kennt und seine Bedürfnisse einschätzen kann, wird langfristig
eine nachhaltige Beziehung zu diesem aufbauen.

Den eigenen Bekanntheitsgrad steigern: Netzwerke schaffen einen Raum, um
von sich und seinen Ideen zu berichten. Aussagen wie „Ich wusste gar nicht, dass
es so etwas gibt" zeugen davon, dass der Besuch von Veranstaltung lohnt, allein
schon deshalb, um von sich und seinen Dienstleistungen zu erzählen. Es bietet sich
ein idealer Rahmen, um darzulegen, warum und in welchen Bereichen man besser

ist als der Mitbewerber – eventuell sogar im konkurrenzfreien Raum, wenn man der Einzige seiner Zunft ist. Hierbei bieten sich natürlich auch solche Plattformen wie die eines Marketingverbands oder Service Clubs an. Hier sind Vertreter unterschiedlichster Branchen unterwegs, die für interessante Darstellungen in vertrautem Kreis sicher ein Ohr haben.

Den guten Ruf pflegen: Nicht nur die Bekanntheit ist wichtig, um in einer Branche langfristig Erfolg zu haben. Ein Netzwerk kann auch den Status Quo erhalten oder verbessern. Denn hier ist ein Zugehöriger einer bestimmten Gruppe permanent im Gespräch und verliert nicht an Reputation, wenn die Produkte und Services stimmen. So ist neben der Bekanntheit auch der Ruf gesichert, der manchmal sogar wichtiger ist. Denn Qualität geht vor Quantität, wenn es um den Ausbau eines langfristigen Geschäfts geht.

Win-Win-Situationen schaffen: In einem Netzwerk sollen nicht nur einige wenige, sondern alle Teilnehmer etwas von ihrem Engagement haben. Die Spirale aus Geben und Nehmen greift: Für das Netzwerk attraktiver werden und wieder mehr bekommen, mehr geben können und so weiter festigt den Stand im Netzwerk. Auf lange Sicht ist der Aufwand, der betrieben werden muss, nicht mehr so umfangreich wie am Anfang. Wer für andere Gutes erreicht oder einfädelt, wird das in Zukunft an seinen Aufträgen oder Geschäften spüren.

In schlechten Zeiten eine Absicherung haben: Auch Führungskräfte sind nicht davor gefeit, dass ihr Stern eventuell einmal sinkt. Sollte dies der Fall sein, so kann ein Netzwerk auch auffangen. Hier zählen jedoch eher die kleinen, vertraulichen Netzwerke, weniger die reine Verbandsmitgliedschaft in einer bestimmten Branche. Denn auch, wer sich für einen Kollegen, Partner oder Kunden einsetzt, wird dies auf lange Sicht nicht bereuen. Die Beziehung wird für die Zukunft gefestigt, die Bereitwilligkeit zu umgekehrten Gefallen steigt und das Wohlgefühl einer geleisteten guten Tat breitet sich aus. Triftige Gründe, um sich für andere einzusetzen.

Spaß: Nicht zuletzt sind alle oben genannten Gründe, sich im Netzwerk um gute Beziehungen zu bemühen, einer Grundregel unterworfen: Es sollte gerne und mit Freude genetzwerkt werden. Teilen von Freizeiterlebnissen oder kulturellen Highlights, das Ausprobieren neuer Sportarten oder das entspannte Miteinander bei einem guten Essen bei angenehmer Unterhaltung sind einfach unschlagbare Argumente, um aus Kontakten langfristige, wertvolle Beziehungen zu machen. Dies bedeutet einen Mehrwert für alle, die sich zu einem Netzwerk zusammentun – und beflügelt nebenbei auch noch Geschäfte oder die Auftragslage, wenn der Netzwerk-Gedanke richtig verstanden und von allen verinnerlicht wurde.

9.2 Mit kleinen Gesten erfreuen und in Erinnerung bleiben

Nachdem Kontakte nicht mehr nur als Visitenkarte existieren, sondern als ernst zu nehmende Beziehung eine neue Wertigkeit erfahren, gehören gewisse Rituale oder Aufmerksamkeiten zum Erhalten dieser Verbindung dazu. Dies können natürlich Rundschreiben oder Newsletter sein, die an einen größeren Kreis von Empfängern gehen. Noch viel effektiver sind jedoch persönliche Wünsche, die zu unterschiedlichen Anlässen verschickt werden.

Sich originelle Möglichkeiten zur Kontaktaufnahme zu überlegen, gehört für einen guten Netzwerker unbedingt hinzu. Je persönlicher diese sind, desto mehr werden sie auf Zuspruch stoßen. Denn damit fühlt sich der Beschenkte oder mit einem Gruß Bedachte ernst genommen. Er spürt, dass er keine Nummer ist, sondern eine als Mensch wichtige Persönlichkeit.

Gewisse Spielregeln gehören hinzu. So ist die Auswahl von Motiven auf Grußkarten auf den Empfänger abzustimmen, Anrede und Schlussformel sollten nicht allzu unpersönlich sein und wenn die Unterschrift auf eine persönliche Karte gedruckt bzw. „im Auftrag" unterschrieben ist, dann ist die Wirkung dieses individuellen Grußes gleich erheblich geringer.

Zeit für die Kontaktpflege aufzuwenden sollte also nicht als Verschwendung, sondern als Bereicherung seines Netzwerks angesehen werden. Und wenn dann umgekehrt nette Aufmerksamkeiten erwidert werden, so ist dies ein freudiges Ereignis im privaten und Berufsalltag. Gegenseitige Wertschätzung verstärkt die existierende Verbindung um ein Vielfaches, daher sollte hieran nicht gespart werden.

Geburtstags-, Weihnachts- oder Urlaubskarten

Wer freut sich nicht, wenn zum Geburtstag zahlreiche Menschen anrufen, per Mail gratulieren oder sogar eine Grußkarte schreiben? Allein die Geste, dass ein anderer an diesen Tag gedacht hat, ist bereits etwas Besonderes. Wenn sich dann noch entsprechend schöne Worte auf der Karte befinden, ist die Überraschung gelungen.

Gerade, wenn man sich lange nicht gesprochen hat, sind persönliche Geburtstagskarten sowie Grüße zu Weihnachten oder Neujahr ein Muss. Besonders aufmerksam ist es, auf persönlichen Karten auch einen persönlichen Bezug zum anderen herzustellen.

Geht es beispielsweise um einen Geburtstag oder ein Jubiläum, so können zwei kurze Sätze eine besondere Wertschätzung dadurch ausdrücken, dass man sich an Details erinnert: „Wie mir bekannt ist, werden Sie Ihren Ehrentag in Andalusien verbringen – genießen Sie die Sonne und kommen Sie vielseitig bereichert zurück. Mir selbst sind von meinem letzten Besuch die herrlichen Tapas, die beeindruckende Landschaft und die von Moslems und Christen beeinflusste Vielfalt im kulturellen Bereich in guter Erinnerung."

Auch ein Gruß aus dem Urlaub kann die Wiederaufnahme eines Kontakts in die Wege leiten. So sollten auch hier Bezugspunkte zum anderen geschaffen werden. „Ich befinde mich gerade auf den Spuren von Edison und Ford an der Westküste Floridas. Nochmals herzlichen Dank für Ihren Hoteltipp aus dem letzten Jahr – wir fühlen uns in dem von Ihnen empfohlenen Resort sehr wohl."

Natürlich können all diese Grüße digital erfolgen, aber in Anbetracht des virtuellen Informations(über)flusses ist eine handgeschriebene Karte etwas Besonderes. Hier zählt die Mühe, dass zunächst ein passendes Motiv ausgewählt und dann mit individuellem Text versehen wurde.

Diese persönlichen Grüße sind nicht bei allen Kontakten notwendig. Die sehr wichtigen Beziehungen können jedoch mit diesem kleinen Aufwand gefestigt werden. Denn eine individuelle Botschaft schmeichelt dem Empfänger, da sich jemand Zeit für ihn genommen hat. In unserer schnelllebigen Gesellschaft durchaus keine Selbstverständlichkeit.

Persönliche Hobbys oder Meilensteine nicht vergessen

In Gesprächen zählen häufig die kleinen Details, die man sich nach einem Treffen notieren und für bestimmte Gelegenheiten aufheben sollte. Weiß man beispielsweise, dass sich ein Bekannter für einen bestimmten Sport wie Hockey oder einen Skiläufer interessiert, so können Zeitungsartikel zu diesem Thema geschickt werden, wenn sich dieser um den jeweiligen Verein oder Athleten dreht.

Auch kulturelle Ereignisse oder die Auszeichnung eines Spitzenrestaurants sind stets in der Tages- und Fachpresse ein Thema. Sollte dies auch für einen anderen interessant sein, so können diese Beiträge online oder als Fax an den Kontakt verschickt werden. Eventuell sogar mit der Notiz, dass ein gemeinsamer Besuch bei Gelegenheit geplant werden kann.

Besonders geschickt kann es auch sein, sich an den Abschluss eines Projektes, die Zertifizierung für eine Weiterbildung oder den im Ausschreibungswettbewerb gewonnenen Neuauftrag zu erinnern. Wer einem Kollegen, Partner oder Kunden zu einem solchen Anlass einen Gruß zukommen lässt, wird hierfür sicherlich

Dankbarkeit und Zuwendung erfahren. Denn solche Ereignisse sind meist mit viel Aufwand und im Verhältnis relativ wenig Anerkennung verbunden. Wenn sich also jemand dafür interessiert, zeugt dies von besonderer Wertschätzung für das Geleistete und schweißt eine Beziehung enger zusammen.

Auch wenn familiäre Ereignisse des Vorstandskollegen oder Geschäftspartners bekannt sind, können diese kommentiert werden. Macht z. B. der Sohn gerade sein Abitur, so können hierzu Grüße versendet werden. Auch der Sieg beim Tennis- oder Golfturnier, den der Ehepartner errungen hat, kann mit einigen Worten bedacht werden. Hier muss der Kontakt natürlich soweit gediehen sein, dass Kinder und Partner persönlich oder durch Erzählungen bekannt sind. Sonst wirkt es aufgesetzt oder nach Ausspionieren der Privatsphäre, wenn zu viele Informationen aus dem persönlichen Bereich thematisiert werden.

Telefonate

Für eine schnelle und unkomplizierte Aufnahme von Kontakten ist ein Anruf immer noch die beste Möglichkeit. Die E-Mail ist heutzutage gängig, aber diese ist nicht in jedem Falle ein zuverlässiges Medium. Ob diese zuverlässig abgerufen oder eventuell durch Abwesenheit des Empfängers erst zeitverzögert gelesen wird – all dies kann passieren. Mit einem Telefonat ist sichergestellt, dass ein direkter „Draht" gelegt wird und Themen effektiver und persönlicher abgehandelt werden können als mit umständlichem Hin- und Hermailen.

Auch Zwischentöne können in telefonischen Gesprächen besser herausgehört werden. Gerade bei sich anbahnenden Missverständnissen oder schwierigen Fällen ist ein Anruf in jedem Falle angesagt, da hier sehr schnell Klärung erfolgen kann. Anhand von Ausdruck, Tonfall und Wortwahl kann geschlossen werden, in welcher Stimmung sich der andere befindet und wo eventuell etwas quer sitzt. Diese Unstimmigkeiten auszuräumen ist im persönlichen Telefonat wesentlich effektiver als im schriftlichen Miteinander.

Wenn ein Telefonat spontan geführt werden soll, ist es ein Gebot der Höflichkeit, zunächst nochmals nachzufragen, ob gerade gestört werden kann. Meist beschäftigt sich der Angerufene gerade mit anderen Dingen, daher zeugt dies von Respekt – gerade wenn es sich um einen Untergebenen oder Mitarbeiter handelt. Dieser rechnet eventuell nicht damit, dass der Vorgesetzte diese Feinfühligkeit besitzt und empfindet Wertschätzung.

Wenn es gerade nicht passt, dann ist eine Verabredung zu einem späteren Zeitpunkt eine gute Alternative zum zu kurzen Gespräch und der damit möglicherweise nicht ausreichend ausgeführten Problematik zum jetzigen Zeitpunkt. Mit einer

Terminvereinbarung zu späterer Zeit ist mehr Ruhe und Ausführlichkeit gewähr-
leistet, so dass dies oft bessere Ergebnisse verspricht.

Newsletter oder Rundbriefe

Newsletter und E-Mails mit persönlichen Adressaten sind zwar äußerst zeitspa-
rend und effektiv, weil viele Mitglieder eines Netzwerks auf einmal angeschrieben
werden können. Diese Möglichkeit der Kontaktaufnahme ersetzt jedoch nicht den
persönlichen Kontakt durch individuelle Korrespondenz bzw. Telefonate.

Dennoch sind Newsletter und Rundbriefe eine gute Möglichkeit zur Kontaktpflege, da man sich mit seinen Neuigkeiten, Produkten oder eventuell einer Einladung zu einem Event in Erinnerung ruft. Wer Neues von sich berichtet, kann in der
Regel mit individuellen Rückmeldungen rechnen, die sich auf das Geschriebene
beziehen.

Geht es z. B. um eine Ausstellungseröffnung oder eine Präsentation, so kann
dies für besondere Kontakte ein guter Anlass sein, ein Wiedersehen einzufädeln.
Sollte aus zeitlichen Gründen kein Zusammentreffen möglich sein, so ist zumindest wieder ein Kontakt aufgefrischt worden.

Beim Anschreiben einer Gruppe von Menschen sollte jedoch auf jeden Fall
beachtet werden, was für wen interessant ist. Schreibt man seine Lieferanten und
Dienstleister mit Themen an, die eigentlich nur die Kunden betreffen, so fühlen
sich diese von einem Newsletter eher belästigt als erfreut. Umgekehrt sind Geschäftspartner eventuell verärgert, wenn sie von Kunden hören, dass sie zu einer
Branchenveranstaltung nicht eingeladen wurden, die für sie besonders aufschluss-
reich wäre. Hier muss Sensibilität bei Einladungen oder Mitteilungen an den Tag
gelegt werden, um den Empfänger nicht zu verärgern. Die dafür investierte Zeit
lohnt jedoch allemal.

Geht es um eine besonders hochwertige Veranstaltung oder ein exklusives neues
Produkt, so können aufwändig produzierte Prospekte oder edle Flyer auch einmal
per Post verschickt werden. Obwohl der pdf-Anhang praktischer und kostengüns-
tiger ist, macht manch eine Information mehr her, wenn sie als gedrucktes Werk
aus einem Umschlag genommen wird. Auch die Einladung auf einer Büttenkarte
oder handgeschöpftem Papier erhöht die Wertigkeit um ein Vielfaches.

Kleine Geschenke...

...erhalten die Freundschaft und sind daher ein wichtiges Mittel, um einen Geschäftspartner, Kunden oder Mitarbeiter zu erfreuen. Hierbei kann es sich um kleine Aufmerksamkeiten handeln. Eine Flasche Wein vom Winzer aus der Region, über den man sich kürzlich beim Abendessen unterhielt. Ein Buch, das gerade neu herausgekommen ist und das gemeinsame Thema vom vergangenen Management-Meeting ergänzt. Eine Musik-CD oder ein Hörbuch, über das mit dem Mitarbeiter gesprochen wurde und seine Fahrzeit zum nächsten Kundentermin eventuell verkürzt.

Je persönlicher und origineller ein kleines Geschenk ist, desto besser wird es beim anderen ankommen. Denn diese Kleinigkeiten erfordern ein wenig Überlegung und können nur dann gut ankommen, wenn man sich mit Interessen und Vorlieben des anderen auseinandergesetzt hat. So ist es beispielsweise eher kontraproduktiv, wenn ein Vegetarier sich über die aus dem Piemont mitgebrachte Trüffelsalami freuen soll. Oder ein muslimischer Geschäftsfreund einen hochprozentigen Zwetschgenbrand als Gastgeschenk erhält.

Wem Geschenke gemacht bzw. persönliche Schreiben wie Geburtstagskarten oder Weihnachtsgrüße geschickt werden, will überlegt sein. Doch jede Sekunde investierter Zeit wird sich hier auszahlen. Denn nur damit wird der Kontakt auf der Visitenkarte zum realen Menschen, der sich respektiert fühlt. Dies ist für alle Beziehungen von entscheidender Bedeutung. Ob Kunde, Mitarbeiter, Geschäftspartner oder Kollege. Die Wertschätzung steht ganz oben und wird Verbindungen über einen langen Zeitraum werthaltig machen.

9.3   Die guten ins Töpfchen, die schlechten ins Kröpfchen

Um Kontakte zu wertvollen Beziehungen zu machen, müssen sie organisiert sein. Es reicht nicht, die gesammelten Visitenkarten in einem Karton oder einer Schublade zu deponieren, um sie bei passender Gelegenheit wieder hervorholen zu können. Meist ist bei einem solchen Vorgehen ein schnelles Wiederfinden unmöglich oder dauert unverhältnismäßig lang. Um dies effektiver zu gestalten, sollte eine gewisse Systematik für das Kontaktmanagement angedacht werden. Hierfür gibt es zahlreiche Möglichkeiten, die je nach persönlicher Vorliebe und Alltagstauglichkeit gewählt werden sollten.

Priorisierung

Die wichtigste Maßnahme zum Organisieren der Kontakte ist die Einteilung nach Gruppen. So kann die Systematisierung nach **A-, B- und C-Kontakten** zu einer wesentlichen Erleichterung führen, wenn es um die Kontaktpflege nach bestimmten Gesichtspunkten geht.

Die wichtigsten **Kontakte der Kategorie A** sind am betreuungsintensivsten, da sie möglichst regelmäßig und intensiv angesprochen werden sollten. Dabei zählt der persönliche Kontakt, so dass durchaus eine Frequenz von zweimal im Monat angesagt ist. Zu diesen besonderen Kontakten gehören Menschen, die besonders wichtig für den eigenen Nutzen oder den des Unternehmens sind. Es können auch Multiplikatoren sein, die sehr gute Kontakte zu anderen Personen herstellen können.

Aber natürlich zählen in erster Linie auch Empfehlungen und verschaffte Aufträge zu diesen A-Kontakten. Wichtige Bestands- oder potenzielle Kunden, Kooperationspartner sowie Meinungsbildner zählen hierzu. Darüber hinaus können A-Kontakte auch für das persönliche Wohlbefinden oder die eigene Entwicklung von großer Bedeutung sein. Diese bringen eventuell keinen finanziellen Vorteil oder Umsatz, sind aber häufig Inspiratoren oder eine persönliche Bereicherung, was oft von noch größerem Wert für Leader ist. Sie müssen immer mit neuen Ideen und innovativen Vorschlägen aufwarten, so dass Impulsgeber unabdingbar sind.

Zu den **B-Kontakten** zählen kleinere Kunden oder eine Auswahl von Dienstleistern, die nur für unregelmäßige Sonderaktionen oder zu bestimmten Zeiten gebraucht werden. Hier können die Begegnungen etwas entspannter gehandhabt werden. Ohne konkreten Anlass wird meist keine Kontaktaufnahme erfolgen, aber die Visitenkarten oder Flyer sollten griffbereit sein. Auch bei den Rückmeldefristen ist hier meist keine allzu hektische Kontaktaufnahme notwendig. Während A-Kontakte noch am selben Tag zurückgerufen oder angemailt werden sollten, reicht bei den B-Kontakten oft die Antwort binnen 2–7 Tagen.

C-Kontakte zählen bei weitem nicht zu den High Potentials oder VIPs. Aber sie sind für eventuelle gemeinsame Aktivitäten wichtig. Wenn neue Geschäftsbereiche erschlossen werden oder eine Diversifizierung stattfindet, erfahren Kontakte, die vorher unwichtig erschienen, oft eine neue Bedeutung. Diese Visitenkarten können möglicherweise tatsächlich in einer Box aufbewahrt werden, die in regelmäßigen Abständen gesichtet wird. Nun entscheidet sich, ob die Kontakte weiter aufbewahrt und für besondere Zwecke aufgehoben werden oder ihren Weg in den Papierkorb finden.

Denn das Aussortieren von unwichtigen Kontakten ist ebenfalls von großer Bedeutung. Denn zu viele Visitenkarten, Flyer und Prospekte, die nie genutzt werden, belasten nur. Darunter leiden die guten und werthaltigen Kontakte, die dadurch verwässert werden oder unauffindbar sind. So können auch E-Mail-Verteiler oder unendlich viele Outlook-Kontakte zum Hindernis werden, um sich den wirklich wichtigen Beziehungen zu widmen. Daher lohnt ein Ausmisten in regelmäßigen Abständen auf der realen wie virtuellen Ebene.

Vertiefung von Kontakten durch gutes Zeitmanagement

Wenn die Kontakte in die Kategorien von VIP bis eher unwichtig eingeteilt sind, kann nun auch effektiv geplant werden, welche Personen nur telefonisch wieder kontaktiert werden, wer eine E-Mail erhält und wer mit einem persönlichen Nachfolgegespräch im Anschluss an ein erstes Treffen bedacht werden sollte.

Hierzu ist eine gute Terminorganisation vonnöten. Wird diese selbst organisiert, so sollte ein System gefunden werden, das den persönlichen Vorlieben und Gewohnheiten angepasst ist. Ob die Termine elektronisch in einem Programm wie Outlook organisiert sind, die dann auch mobil abrufbar sind (u. a. auch für andere) oder ob man eher Anhänger eines handschriftlich geführten Kalenders ist – es funktioniert beides, solange die Daten gepflegt sind.

Nun können auch feste Termine für die Netzwerkaktivitäten eingetragen werden. Selbstverständlich sollten Einladungen zu Events, kleinen Meetings oder Abendessen geprüft und gleich eingetragen werden. Weitere passive Netzwerktermine sind festgelegte Sporteinheiten oder Kulturtermine wie Theaterabonnements oder Literaturkreise.

Zu diesen von außen herangetragenen bzw. selbstverständlichen, regelmäßigen Terminen kommt nun die aktiv geplante Netzwerkpflege hinzu. Zu welchen Zeiten können Telefonate geführt werden? Zug- oder Autofahrten sowie Wartezeiten am Flughafen sind dafür günstig. Welche Mails müssen an Kunden oder Geschäftspartner verschickt werden? Diese können ideal auf Flügen, kurzen Auszeiten während einer Strategietagung oder mithilfe von Sprachsoftware (wie SIRI von Apple) auch auf dem Weg zum nächsten Termin vorbereitet werden.

Noch wichtiger ist die Planung von persönlichen Terminen. Ob es ein kurzer Treff auf einen gemeinsamen Kaffee, ein Besuch im Büro oder ein gemeinsames Abendessen mit Ehepartnern bzw. eine Wandertour ist – hier spielen die Prioritäten eine große Rolle. Gerade, wenn es um den Aufbau von persönlichen Beziehungen geht und der Kontakt erst noch zu einer guten Verbindung werden soll, ist längere Zeit für ein Treffen einzurechnen. Denn erst nach einer gewissen Anlauf- oder Aufwärmphase kommt es zu wirklich intensiv geführten Gesprächen. Diese Begegnungen sind zeitintensiv und bedürfen einer guten Vorbereitung, sind aber meist eine sehr gute Investition in die Zukunft. Und wenn sich dann noch interessante Gemeinsamkeiten hinsichtlich der Weltanschauungen oder Aktivitäten ergeben, ist ein Abend zum besseren Kennenlernen durchaus berechtigt.

Auflistung von Kontakten

Zur Kontaktpflege zählt über Termin- und Adress-Management hinaus auch das regelmäßige Brainstorming zur Beziehungspflege. Denn aus Kontakten, die vorhanden sind, können wichtige Verbindungen werden, wenn man sie richtig nutzt. Hierzu können Listen mit Entscheidungsträgern oder Multiplikatoren erstellt werden, die je nach Bedarf gesichtet werden. Potenzielle Kunden oder Käufer sind ebenfalls wichtig. Welche Journalisten und Branchenanalysten für das Geschäft entscheidend sind, gehört auch in eine Liste. Last but not least sind Trendsetter und Zukunftsforscher eine weitere Kategorie, da diese für Innovationen oder Portfolio-Erweiterungen große Bedeutung haben.

Stehen die Listen fest, so können nun Personengruppen durchforstet werden, die den einzelnen Sparten zugeordnet werden. Hierzu gehören:

Verwandte

Freunde von Verwandten

Kollegenkreis

Mitglieder von Berufs- und Branchenverbänden

Kunden (frühere, aktuelle, potenzielle)

Nachbarn im direkten Umfeld

Schul- und Studienkameraden

Lehrer, Arbeitgeber und Mentoren aus früheren Zeiten

Mitstreiter aus Sportvereinen

Freunde aus Service Clubs

Private Kontakte (Freundes- und Bekanntenkreis)

Zur besonderen Beachtung: Grundregeln fürs Netzwerken

Neben der Überlegung, welche Kontakte mit welcher Häufigkeit und Systematik gepflegt werden sollten, zählt noch das WIE eines Miteinanders im Netzwerkverbund. Dies soll den Abschnitt über das Netzwerken beschließen und nochmals das Wesentliche zusammenfassen. Hier also einige Regeln, die im Umgang mit anderen beachtet werden sollten (frei nach Daniela Weber: Berufliche Netzwerke für Dummies, S. 281):

Das grundsätzliche Miteinander in Netzwerken umfasst Regeln der Höflichkeit und Kultur, die allen Beteiligten bekannt sein sollten. In unserer christlich geprägten Gesellschaft sind die 10 Gebote eine gute Richtlinie, die sich auch in gesetzlichen Werken wie dem Bürgerlichen Gesetzbuch oder der Strafprozessordnung wiederfinden. Diese Umgangsformen zu beachten, sollte für alle Netzwerk-Teilnehmer selbstverständlich sein.

Respekt zeigen: Die eigenen Freiheiten enden dort, wo der Raum anderer beginnt. Das Verfolgen bestimmter Ziele, Hilfsbereitschaft und Engagement sollte respektiert werden, da Einsatz und Wünsche anderer ein Netzwerk bereichern und zu neuen Aktivitäten führen können. Wer nur seinen eigenen Kopf und Willen durchsetzen möchte, macht sich unbeliebt und verhindert den Grundgedanken des Netzwerkens: gemeinsam stark zu sein.

Verbündete berücksichtigen: Nicht nur Respekt, sondern auch der Einsatz für andere ist wichtig. Empfehlungen oder aktives Einholen von neuen Geschäftsbeziehungen werden im Netzwerk begrüßt. Win-Win-Situationen werden nur möglich, wenn mit Wissen und Kontakten großzügig umgegangen wird, so dass andere einen Vorteil daraus ziehen können. Dieses Helfen auf gegenseitiger Basis bereichert und verstärkt Verbindungen.

Informationen teilen: Das Wissen innerhalb einer Gruppe ist oft äußerst wertvoll und umfassend. Dies kommt jedoch nur zum Tragen, wenn es öffentlich gemacht wird. Aus den einzelnen Bestandselementen formt sich oft erst ein Gesamtbild, das aus der Summe einzelner Teile besteht. Manchmal muss es auch nicht ein Zusammentragen vieler Informationen sein, sondern lediglich der Austausch von Meldungen zwischen zwei Personen, die davon profitieren.

Verantwortung übernehmen: Auch wenn man sich nicht gleich als Gesprächsführer oder Vorstand eines Clubs betätigt, kann es auch im Kleinen wichtig sein, sich für andere einzusetzen. Empfehlungen, Wissensverbreitung oder die Mitgestaltung von Events obliegen immer der eigenen Verantwortung. Hier sollte genau überlegt werden, wo man dabei sein will oder sich eher zurückhält.

Zurückhaltung üben: Sich auch einmal Zurücknehmen zu können, ist gerade für Führungskräfte nicht immer leicht. Aber Meinungsäußerungen und Sichtweisen sind nicht nur den höheren Etagen vorbehalten. Hier müssen alle zu Wort kommen, um auch einmal unterschiedliche Ansichten kennen zu lernen. Das Übernehmen neuer (eventuell passenderer oder zeitgemäßer) Anschauungen kann nur erfolgen, wenn die eigene Meinung zeitweilig überprüft wird.

Reagieren oder liegen lassen: Wenn geschäftliche Kommunikation per E-Mail stattfindet, sollte regelmäßig abgearbeitet und zugesagte Information zeitnah geliefert werden. Wer immer wieder eine Follow-up Nachricht erhält, in der um das versprochene Informationsmaterial gebeten wird, hat seine Aufgabe als guter Netzwerker nicht verstanden. Kann man einfache Antworten auf Anfragen geben, so sollten diese möglichst schnell erfolgen. Bei komplizierteren Anliegen ist eine Verzögerung erlaubt, sollte jedoch zeitlich fest eingeplant werden.

Umgangsformen beachten: Um in ein Netzwerk gut integriert zu werden, machen die Höflichkeitsregeln ein Miteinander leichter. Angenehmes Auftreten, Authentizität mit entsprechender Höflichkeit und Manieren wie Türen aufhalten, Stühle rücken oder sich zu begrüßen und zu verabschieden schaden nie. Auch welche Themen in Gesprächen angestoßen werden, kann von großer Bedeutung sein. Hieran zeigt sich, wer über wahres Interesse am Zeitgeschehen sowie Menschen, Kreativität und Stil verfügt.

Small Talk: Zuhören und Ausreden lassen sind so einfache wie manchmal schwer zu befolgende Regeln. Wer dem anderen Raum gibt, um sich zu äußern und darzustellen, wird diesen erfreuen. Denn wer redet nicht gerne über die eigenen Themen? Das richtige Verhältnis aus Nähe und Distanz beim kleinen Gespräch sind eine Kunst, die mit der Zeit immer besser beherrscht werden wird. Das Beschnuppern des Gegenübers wird jedoch nur dadurch möglich und lohnt daher den Versuch.

Authentizität: Sich anderen so zu zeigen, wie man fühlt und ist, fällt häufig schwerer als sich so zu zeigen, wie man gerne gesehen würde. Dies ist jedoch auf lange Sicht nicht durchzuhalten und daher wenig nachhaltig. Zu sich selbst zu stehen und damit für die anderen greifbar zu sein, ist besonders bei langfristig angelegten Beziehungen von großer Bedeutung. Als Blender mit aufgesetztem Verhalten wird man immer nur wenige Freunde finden. Wer sich hingegen nicht als wenig tragfähiges Idealbild zeigt, sondern als echter Mensch, wird bei anderen ankommen und sich selbst dabei wohlfühlen.

Selbstreflexion zum Thema Netzwerk (Teil III)

Bitte prüfen Sie die folgenden 20 Punkte und beantworten Sie die Aussagen mit Ja oder Nein. Bitte notieren Sie für jedes „Ja" einen Punkt. Daraus ergibt sich Ihr Netzwerkquotient.

Ihr Netzwerkquotient

1. Ich bin gerne mit anderen Menschen zusammen.
2. Ich gehe häufig zu Veranstaltungen und Tagungen.
3. Gerne lade ich zu mir nach Hause ein.
4. Meine Mitarbeiter bezeichnen mich als hilfsbereit.
5. Mit anderen zu lachen fällt mir nicht schwer.
6. Es gefällt mir, andere in ihren Aktivitäten zu unterstützen.
7. Mit anderen an einem Strang ziehen ist mir wichtig.
8. Ich weiß, wo ich meine wichtigen Kontakte treffen kann.
9. Meine Adress-Datei ist gut sortiert.
10. Ich widme mich gerne den Problemen anderer Menschen.
11. Ich wurde schon gefragt, ob ich als Mentor agieren kann.
12. Ich behandle meine Mitmenschen mit Respekt.
13. Höflichkeit und Zuwendung sind mir wichtig.
14. Gerne gehe ich abends mit anderen aus.
15. Ich habe vielfältige Interessen und Hobbys.
16. Mir fällt es leicht, Bekannte untereinander vorzustellen.
17. Informationen teile ich bereitwillig mit anderen.
18. Ich priorisiere meine Kontakte.
19. Ich scheue mich nicht, auch einmal Hilfe anzunehmen.
20. Coachings und Trainings halte ich für wichtig.

Netzwerkquotient NQ: … von 20 Punkten

Literatur

Weber, Daniela. 2012. *Berufliche Netzwerke knüpfen für Dummies.* Weinheim: Wiley-VCH Verlag GmbH & Co. KGaA.

Teil IV

Finale: Erfolg durch Persönlichkeit, Kommunikation und Netzwerk

Auftakt: Die PKN-Formel für mehr Führungsformat

Nicht jede Führungskraft ist das Talent zu souveräner Führung in die Wiege gelegt. Denn hierzu gehören neben Persönlichkeit, Kommunikation und Netzwerk (PKN-Formel) auch der Mut und der Wille, tatsächlich ein Leader sein zu wollen. Beides entwickelt man oft erst, wenn anfängliche Erfolgserlebnisse durch das Führen anderer Menschen eingetreten sind. Dies kann bereits in der Kindheit und Jugend der Fall sein, viele haben jedoch erst dann das Bedürfnis nach Führung, wenn sie beruflich aktiv werden und eine starke Hand tatsächlich gefordert ist.

In jungen Jahren können Hobbys, bei denen Verantwortungsübernahme oder ein Demonstrieren von Stärke gefordert ist, bereits gute Voraussetzungen für Führungsverhalten sein. So ist beim Sport häufig Ehrgeiz und Durchsetzungsvermögen erforderlich, um einen Sieg zu erringen. Doch auch bei Vereinen wie den Pfadfindern müssen junge Menschen schon früh für andere einstehen und sie anleiten.

Wer Spaß daran hat, anderen Menschen Dinge zu zeigen oder zu vermitteln und mit einem bestimmten Ziel auf etwas hinzuarbeiten, ist schon als junger Mensch für eine Führungsrolle prädestiniert. Dies zeigt sich auch in Vereinen oder Clubs, wo es gewisse Aufgaben zu erfüllen gilt. Ob als Spielführer auf dem Feld oder als Vorstand im Club – all diese Aufgaben erfordern bereits Einsatz, Verantwortungsbereitschaft und Entscheidungsfreude.

Doch wer ein Leader sein möchte, hat eventuell auch Vorbilder, die ihn leiten. Diese können sich im familiären sowie übrigen direkten Umfeld befinden oder auch berühmte Persönlichkeiten sein. Ob historische Figuren wie Goethe, Marx, Freud oder Adenauer, sportliche Legenden wie Steffi Graf oder Oliver Kahn, politische Visionäre bzw. bekannte Gesichter im religiösen, sozialen oder journalistischen Umfeld – alle sind meist beeindruckende Menschen mit Charakter, Kommunikationstalent und bestens vernetzt in der Gesellschaft.

Diese Menschen nicht nur zu bewundern, sondern auch ihre besonderen Stärken, Fähigkeiten und ihr Charisma zu erkennen und sich daran zu orientieren, ist prinzipiell ein richtiges Unterfangen, sofern die eigene Persönlichkeit dabei nicht

C. Ahrens, L. Ahrens, *Leadership-Intelligenz - Zehn Gebote für souveräne und sozial kompetente Führung,* DOI 10.1007/978-3-658-05052-8_10,
© Springer Fachmedien Wiesbaden GmbH 2014

ins Hintertreffen gerät. Die guten Eigenschaften von Vorbildern zu praktizieren, jedoch nicht unreflektiert nachzuahmen, kann persönliches Wachstum fördern. Wer sich allerdings in seinem Charakter verbiegen muss, um gewissen Eigenheiten des Vorbilds gerecht zu werden, sollte sein Verhalten überdenken.

Nun bleibt neben der natürlichen Leadership-Qualität und der Orientierung an Vorbildern noch die dritte Möglichkeit, sich durch Aus- und Weiterbildung in Richtung Leader zu entwickeln. Denn diese Möglichkeit steht allen offen, die sich in einer Führungsposition sehen. Es gehören neben der fachlichen Qualifikation zahlreiche weitere Facetten aus dem Bereich Soft bzw. Leadership-Skills hinzu, die aus dem Manager oder Vorgesetzten einen Leader machen. Wer diesen unbedingten Willen zum Führen mitbringt, Mut für Herausforderungen hat und Interesse an Menschen zeigt, kann diese Qualitäten nutzen und sich zu einem echten Leader entwickeln.

Fakt ist, dass ein Unternehmen erfolgreich ist, wenn eine Führungspersönlichkeit eine Unternehmensphilosophie buchstäblich verkörpert. Bill Gates beispielsweise personifiziert Microsoft, in früheren Jahren waren David Rockefeller für die Chase Manhattan Bank oder Lee Iacocca für Chrysler vergleichbare Leader. Menschen wollen einer solch sichtbaren Führungskraft folgen – sie vertrauen ihr instinktiv. Und werden durch sie motiviert. Dies gilt gleichermaßen für Kunden, Mitarbeiter, Kollegen und Partner. Sie wissen, dass beim Leader nicht nur die Richtung stimmt, sie machen ihre Vision sowie das Gespür für diese Richtung mit ihren Worten und Handlungen erlebbar.

10.1   Prägung: Born to lead

Selbstbild und Fremdbild des Leaders

Rückgrat und Mut, ungewöhnliches Gedankengut, eine exzentrische Persönlichkeit, Geradlinigkeit, Großzügigkeit, Stärke, Kontrolle, Ausstrahlung, Macht – so werden einige Eigenschaften beschrieben, die Menschen zu einem wahren Leader einfallen. Dabei denken wir möglicherweise als Erstes an geschichtliche Figuren wie Ludwig XIV., Niccolò Machiavelli oder Napoleon, doch bis heute hat sich an dieser Charakterisierung durch andere nicht allzu viel verändert. Von außen gesehen haben diese Eigenschaften eines Leaders bis heute Gültigkeit.

Reflektiert sich ein Leader selbst, so kann das völlig anders aussehen. Ein amerikanischer Leader beispielsweise, Peter Lynch von Fidelity Investments, beschreibt die charakterlichen Voraussetzungen für Erfolg anders. Er nennt zunächst Geduld,

Selbständigkeit, gesunden Menschenverstand, Leidensfähigkeit, Offenheit, Distanziertheit, Hartnäckigkeit, Demut, Flexibilität, die Großmütigkeit, Fehler zuzugeben
und die Fähigkeit, einer allgemeinen Panik zu widerstehen (Krass 1999, S. 344).
Dieses Portfolio an Eigenschaften hört sich völlig anders an, wenn man die heutige
Sichtweise mit der aus lang vergangenen Jahrhunderten vergleicht (s. Absatz 1).

Keine Techniken, sondern Persönlichkeit

Was jedoch bei beiden Beschreibungen auffällt, ob von sich selbst oder anderen
aufgelistet, es sind alles Eigenschaften, die schon relativ früh in einer Persönlichkeit ausgebildet werden oder gar von Geburt an vorhanden sind. Es sind niemals
Techniken, Leistungen oder Methoden, die zur Beschreibung eines Leaders herangezogen werden, sondern tief verankerte Charaktermerkmale.

Dies wird in heutiger Fachliteratur für Geschäftsführer, Vorstände und Unternehmer häufig verkannt, wenn es um Karriere-Strategien fürs Management oder
Konzepte zur Führung geht. Denn nicht die 5-Jahres-Planungen, sondern der Charakter oder die Formung desselben sind die wesentlichen Schlüsselfaktoren, um
als Führungspersönlichkeit zu gelten oder als solche wahrgenommen zu werden.

Es geht also nicht nur um Leistung und erreichte Ziele, sondern darum, dass
die Führungseigenschaften wahrgenommen werden, innerhalb und außerhalb des
Unternehmens eine Machtbasis bzw. ein Netzwerk geschaffen wird und hier die
richtigen Kontakte zu einflussreichen Leuten geknüpft werden. Dies alles funktioniert nur, wenn das charakterliche Format stimmt und gelebt wird.

Prinzipien und gelebte Werte

Zu dem geborenen Leader gehören auch Wesenszüge, die sich als wichtige Basis
erweisen, um auf lange Sicht an der Spitze agieren zu können. Dies sind im Wesentlichen ehrliche und moralisch einwandfreie Prinzipien. Diese können durch
das Elternhaus und die Familie geprägt sein, entstehen möglicherweise jedoch bei
fehlender starker Hand in der Kindheit auch gerade dadurch, dass ein eigenes ethi-
sches Grundkonstrukt für die eigene Person schon früh entwickelt werden muss,
um zu überleben.

Die Prinzipien helfen dabei, auch bei unsicheren Verhältnissen oder chaotischen
Zuständen eine gute Grundlage dafür zu haben, um in solchen Situationen nicht
einzubrechen. Denn hier kann auf ein unumstößliches Wertesystem zurückgegriffen werden, das nach wie vor in die richtige Richtung weist. Wer sich allerdings

nicht auf solche Prinzipien verlassen kann, wird Verwirrung und Orientierungslo-
sigkeit empfinden. Und sich möglicherweise stark von anderen beeinflussen lassen,
ohne auf die eigene Stärke und Sichtweise zu vertrauen.

Kalkuliertes Risiko

Risikobereitschaft gehört für Leader ebenfalls zum Erklimmen der Karriereleiter
hinzu. Es gibt nie die hundertprozentige Sicherheit für etwas, das man tut. Will
man diese haben, so ist eine Führungsposition damit nicht vereinbar. Denn es gibt
zwei Pole, die sich gegenseitig hemmen. Der eine zählt auf Sicherheit und Stabilität, der andere misst Risiko und Freiheit größere Bedeutung bei. Beides kann ein
Mensch nicht haben.

Wer die Freiheit als größeren Wert einschätzt – und damit auch gewisse Risiken
eingehen muss – wird niemals komplette Sicherheit empfinden. Auch diese Grun-
dentscheidung muss ein Mensch schon relativ früh treffen. Und hieran wird sich
auch entscheiden, ob ein Weg als Leader eingeschlagen wird oder nicht.

Doch auch wenn Risikobereitschaft als Erfolgsfaktor für das eigene Fortkommen anerkannt wird, heißt dies nicht, dass künftig alles unkalkulierbar wird.
Durchdenken und Analysieren einer Lage ist immer noch Grundvoraussetzung,
bevor eine Entscheidung getroffen wird. Sonst schadet ein Leader sich selbst und
anderen. Denn damit wird Vertrauen eingebüßt oder gar verloren.

Bei einem Wagnis ist der Ausgang zwar ungewiss, aber die Chancen müssen im
Vorfeld überlegt werden. Wenn sich diese in einem Verhältnis bewegen, die einen
realistischen Erfolg versprechen, kann ein Risiko eingegangen werden, auch wenn
es keine Garantie gibt. Werden die Chancen als gering eingeschätzt, ist das Vorhaben ein Kamikaze-Erlebnis, auf das sich ein Leader nicht einlassen sollte.

Keine Hemmungen

Zum mutigen Handeln gehört es auch, sich als Leader einmal aus dem Fenster zu
lehnen. Ohne zu zögern, zu zweifeln oder sich zu ängstigen. Beherztes Ergreifen
oder Initiative ist angesagt, da dies von anderen Anerkennung erfährt. Wer als Feig-
ling dasteht, wird nicht als Führungspersönlichkeit akzeptiert. Tapfer sein und sich
nicht von Zwängen behindern zu lassen, lautet das Motto.

Wer sich als kühn erweist, wird bei den Zielpersonen gut ankommen, da dadurch Hindernisse beseitigt werden können. Zögern hingegen wird als Schwäche
angesehen. Angeborene Ängste werden von Menschen mit Wagemut also schon

früh bekämpft. Hemmungen werden überwunden. Denn wer von seinen Handlungen überzeugt ist, wird sich nicht einschüchtern lassen, sondern forsch nach vorne schreiten. Auch halbherziges Handeln ist für einen Leader nicht angebracht. Denn es ist hundertprozentiges Vertrauen in die eigenen Fähigkeiten vonnöten, um auch schwierige Projekte durchziehen zu können und hierbei Unterstützung zu finden. Auch Schnelligkeit muss hin und wieder vor allzu pedantischem Hinterfragen und Abwägen stehen. Denn wer sich immer mit blockierenden Überlegungen hemmt, wird niemals zu einem Ergebnis bzw. einer Entscheidung kommen. Daher muss auch einmal ohne Zögern und aus dem Bauch heraus gehandelt werden, wenn eine rasche Lösung erforderlich ist.

Tapferkeit und mutiges Handeln sind auch eine Sache der Übung. Wer sich schon als Kind als erstes auf einen Baum wagt und andere dazu ermutigt, es ihm gleichzutun, bringt beste Voraussetzungen für einen Leader mit. Wer sich zunächst überlegt, was alles passieren könnte, wird zwar eventuell keine blauen Flecken bekommen, aber auch nie die Aussicht aus der Höhe genießen können.

Fehler akzeptieren

Apropos blaue Flecken – Leader machen natürlich auch Fehler. Dies ist prinzipiell nicht schlimm, es kommt nur auf den Umgang damit an. Wer souverän für seine Fehler einsteht, übernimmt Selbstverantwortung und wird damit auch zum Vorbild für andere. Sich verbessern zu wollen, bedeutet auch immer eine Veränderungsbereitschaft. Doch wer Dinge anders macht und sich neu ausrichtet, wird damit nicht immer auf Anhieb Erfolg haben.

Dies zu wissen, ist für einen Leader unerlässlich. Denn er muss immer neue Prozesse anstoßen und veränderte Denkweisen an den Tag legen. Falls er dabei auch einmal Fehler macht, ist es unfair, diese auf Mitarbeiter oder Partner abzuschieben. Dies ist auch völlig überflüssig, wenn sich eine Führungskraft seiner Fähigkeiten bewusst ist. Sie benötigt keine Ausreden, um Akzeptanz zu finden und wird auch persönlich reifen, wenn Fehler auftreten. Denn dies bewirkt, dass sie den eigenen Gestaltungsspielraum erweitert. Die Vorbereitung künftiger Projekte wird meist noch umfassender erfolgen und ein Plan B zur Hand sein. Dies lässt begangene Fehler sogar als Wachstumsmöglichkeit erscheinen, da beim nächsten Versuch eine verbesserte Vorgehensweise zum Tragen kommen wird.

Wer sich nicht selbst verzeihen kann, wird immer große Belastungen und Selbstvorwürfe mit sich herumtragen. Dies ist jedoch auf Dauer keine gute Ausgangsbasis, um neue Projekte anzugehen. Denn dann kommt die Angst auf, etwas falsch zu machen. Doch die Anforderungen an sich selbst dürfen nicht zu hoch gesteckt werden. Immer perfekt zu sein, ist ein völlig überzogener Selbstanspruch.

Sich immer um das richtige und fehlerfreie Vorgehen zu bemühen, ist bereits eine gute Ausgangsvoraussetzung, um erfolgreich zu sein. Fehler werden nie absichtlich gemacht – sie kommen vor, weil man sich mit noch nicht geleisteten Aufgaben oder ungewohnten Tätigkeiten befasst. Dies ist Alltagsgeschäft für Leader, daher sollten gelegentliche Schnitzer akzeptiert werden, um sich selbst nicht bei der Übernahme neuer Projekte zu hemmen.

10.2 Vorbilder: Große Namen zur Orientierung und Identifikation

Führungskräfte können auch von einem besonderen Hang zu persönlichen Vorbildern geprägt sein, deren charakterliche oder kommunikative Eigenschaften sie als beispielhaft empfinden. Sie dienen der Orientierung und können in schwierigen Situationen mit ihren bewährten Handlungsweisen als Hilfe herangezogen werden, um zu einer Lösung zu finden. So ist es als (künftiger) Leader nicht falsch, sich gewissen Verhaltensmustern, Werten oder Visionen von Vorbildern zu öffnen und diese in den eigenen Führungsalltag zu übernehmen.

Welche Alphatiere besondere Führungsqualitäten haben und sich daher für viele Menschen als Leitfigur erweisen, wollen wir uns in diesem Abschnitt ansehen. Dazu betrachten wir große Wirtschafts- und Politiklenker, um zu sehen, was sie zu Vorbildern macht bzw. was sie selbst zum Thema Leadership sagen.

Angela Merkel

2005 wurde Angela Merkel zur deutschen Bundeskanzlerin gewählt. Sie wird nicht von allen geliebt, aber für viele ihrer Eigenschaften respektiert. Als zunächst unterschätzte Politikerin leitete sie in den 90er Jahren Frauen- und Umweltministerium, war als CDU-Generalsekretärin und ab 2000 als CDU-Bundesvorsitzende tätig. Sie beweist echte Führungsqualitäten, indem sie ihre Vorstellungen durchsetzt und andere davon überzeugt. Mit Ruhe, überlegtem Handeln und ohne überstürzte Reaktionen agiert sie souverän auf nationalem wie weltweitem Parkett.

Mit Authentizität, Tatkraft und Geradlinigkeit verfolgt sie ihre Ziele und lässt sich nicht leicht von ihren Ansichten abbringen. Dennoch kann sie in Zeiten des Umbruchs flexibel reagieren und verfolgt nicht dogmatisch einen Plan weiter, der eventuell durch neue Umstände obsolet wurde. Aber sie hält auch an grundlegenden Prinzipien fest und kann ihren Willen gegenüber Widersachern jeglicher Couleur durchsetzen. Was dem einen als Härte und Unnachgiebigkeit erscheint, mag für einen anderen Konsequenz und schlüssiges Handeln bedeuten.

Neben Intelligenz, Weitsicht und Pragmatismus rechnen ihr darüber hinaus viele, die sie in einem kleineren Zirkel kennen lernten, einen guten Humor, Schlagfertigkeit und Menschlichkeit an. Da sie im öffentlichen Leben mit Vorsicht und Distanziertheit agiert, ist diese Facette eine weitere, eher unbekannte Qualität, die jedoch nur in bestimmten Situationen und in vertrautem Kreis zum Tragen kommt. Für diese Vielseitigkeit wird sie im Allgemeinen von Freunden wie Feinden bewundert.

John F. (bzw. Jack) Welch jun.

Der von 1981 bis 2001 agierende CEO des US-Mischkonzerns General Electric wurde von vielen für sein hartes Durchgreifen und konsequente Entscheidungen gehasst und geliebt. Ihm gelang es, als „Manager des Jahrhunderts" (Fortune Magazine) das Unternehmen GE äußerst profitabel und umsatzstark zu machen, obwohl er die Belegschaft um ein Viertel reduzierte. Seine Mitarbeiter mussten sich stetigen Veränderungen anpassen, um sich nicht an den Status Quo zu gewöhnen.

Dies erschien vielen als schmerzhaft, da hiermit auch Schließungen bzw. Verkauf unrentabler Unternehmensteile verbunden waren. Für die im Konzern verbleibenden Angestellten wurden jedoch beste Bedingungen zur Entwicklung geschaffen, u. a. durch flache Hierarchien und Weiterbildungsmöglichkeiten in der firmeneigenen Schule für Manager (die als heimliches „Harvard" bezeichnet wurde).

Jack Welch lebte seinen Mitarbeitern Werte vor, die ihm am Herzen lagen. So waren ihm immer die richtige Vision und die Einschwörung der Belegschaft hierauf wichtig. Er sah Integrität, vorbehaltloses Zugehen auf andere Menschen, Kommunikationsfreude sowie Veränderungsbereitschaft als extrem wichtig an. Den Drang zu Wachstum und das Einstehen für seine Prinzipien wurden ebenfalls von ihm propagiert, um sich als Führungskraft bewähren zu können. Für all diese Eigenschaften galt er auch anderen innerhalb und außerhalb des Konzerns als Vorbild.

David Ogilvy

Die 1999 verstorbene „Reklame"-Legende, die eine der größten Werbeagenturen der Welt errichtete, wird heute noch als hervorragende Führungspersönlichkeit respektiert, die er selbst mit folgenden Eigenschaften charakterisiert:

Als wahre Leader sieht er Menschen, die mitreißen können und zu unkonventionellem Denken in der Lage sind. Denn es reicht nicht, lediglich Probleme zu

lösen und Entscheidungen zu treffen. Selbstbewusstsein, Großzügigkeit und die
Bereitschaft zur Schuld- bzw. Verantwortungsübernahme sind hingegen nach seiner Meinung unerlässlich.

Entschlussfreudigkeit auch bei „heißen Eisen" und Mut zu unpopulären Entscheidungen mit der Konsequenz, nicht von allen geliebt zu werden, waren weitere
für Ogilvy bedeutende Führungsqualitäten.

Emotionale Energie, ansteckender Optimismus sowie mitreißende Reden –
wenn auch von Ghostwritern geschrieben – ergänzten nach Ogilvys Meinung das
Leadership-Portfolio. Wer Zuversicht und Tatkraft bei seinen Mitarbeitern wecken
konnte, gehörte für ihn zu Menschen mit wahrer Führungsstärke. Wie er es selbst
vorlebte und was ihm zu seiner Vorbildfunktion verhalf.

Henry Ford II.

Der Enkel des legendären Gründers der Ford Motor Company musste nach seiner Phase bei der Navy während des Zweiten Weltkriegs bald schon eine Stellung
im Familienbetrieb einnehmen, da sein Vater 1943 unerwartet verstarb. Durch die
Kriegsjahre geprägt und nach vorhergehendem Jet-Set-Leben nun auch mit Verantwortungsbereitschaft und Selbständigkeit ausgestattet, baute er ein fähiges Ma-
nagement-Team auf, das die angeschlagene Ford Motor Company wieder mächtig
werden ließ.

Seine eigenen Führungsqualitäten waren ein Gewinn für den Betrieb. Er definierte sie für sich und andere sehr genau. Ein sicheres, fachliches Fundament sah er
als Basis für eine erfolgreiche Karriere. Doch daneben zählten noch viel mehr die
soziale Kompetenz basierend auf der Fähigkeit, mit anderen zusammenzuarbeiten
zu können, umgänglich zu sein sowie einem gut entwickelten Sinn für Werte.

Für eine Führungskraft sah er die analytische Fähigkeit, Neugier sowie Integrität
als unerlässlich an. Gute Beziehungen zu anderen Menschen, klare Ausdrucksweise
und aufmerksames Zuhören galten ihm als weitere Voraussetzungen für eine geho-
bene Position. Seine Talente einsetzen zu können und die eigene Persönlichkeit zu
entfalten, rundeten seiner Meinung nach die wesentlichen Faktoren zum Erlangen
einer Führungsfunktion ab. Er selbst verfügte über zahlreiche dieser angeborenen
oder erlernten Fähigkeiten.

Helmut Schmidt

Der SPD-Politiker und ehemalige Bundeskanzler gilt den Deutschen nach Mutter
Teresa und Nelson Mandela neben Mahatma Gandhi als größtes Vorbild, wie das
Institut für Demoskopie in Allensbach im Dezember 2012 in einer repräsentativen

Umfrage herausfand. Sein humanitäres Engagement und seine Fähigkeiten als Krisenmanager u. a. während der Sturmflut in Hamburg 1962 verschafften ihm große Popularität.

Seine politische Motivation und Antriebskraft beschreibt er selbst damit, dass er – wie alle Angehörigen seiner Generation – die Zeiten des Kriegselends niemals wieder erleben wolle. Sich dafür konsequent einzusetzen, machte ihn zum Vorbild für viele. Doch nicht allein dieses politische Anliegen bewundern die Menschen an ihm, sondern auch sein stetiges Engagement bis heute, zumal er sich auch mit weit über 90 Jahren noch nicht aus der Öffentlichkeit zurückgezogen hat.

Hierbei fallen immer sein besonderes Redetalent und seine bedachte, kluge Art der Argumentation ins Gewicht. Auf breitem und tiefem Wissen basierend ist er bis heute ein strategischer Vordenker, dessen Aussagen an Aktualität nicht verloren haben. Dies mag als Ansporn, auch noch im hohen Alter eine entscheidende Rolle in der Gesellschaft zu spielen, für zahlreiche Menschen dienen.

Sein Interesse an Kunst, Musik und Philosophie sowie seine Tätigkeit als Mitherausgeber der Wochenzeitung „Die Zeit" sind sicherlich mitverantwortlich für seine große Intelligenz in früheren und heutigen Jahren. Dies bringt ihm große Anerkennung ein und macht ihn zu einem scharfsinnigen, zeitlosen Vordenker.

10.3 Entwicklung: Es ist noch kein Leader vom Himmel gefallen

In den meisten Fällen ist es so, dass Leader im Laufe ihres Lebens zu solchen werden. Erst durch ihre Erfahrungen, menschliche Reife und bestimmte Maßnahmen zu ihrer persönlichen Entwicklung kommen sie nach ganz oben. Welche Eigenschaften und Handlungen hierfür notwendig sind, dazu kommen wir in diesem Abschnitt. Viele Faktoren können hierbei selbst herbeigeführt werden, indem eine Führungskraft bereit ist, an sich zu arbeiten.

Auffallen und sich ins richtige Bild setzen

Wer an die Spitze kommen möchte, hat eigene Pläne gemacht und Ziele für sich definiert. Um mit diesen Vorstellungen auch bis zu einem potenziellen Förderer, Mentor oder Chef im eigenen oder einem anderen Unternehmen vorzudringen, müssen die eigenen Ziele publik gemacht werden. Denn meist finden die eigenen Aktivitäten keine Beachtung, wenn nicht darauf aufmerksam gemacht wird.

Wird also etwas geleistet, so muss man damit bei der Führungsriege auffallen. Dies geschieht jedoch in den allermeisten Fällen nicht von alleine. Eine Tätigkeit muss also auch für andere bekannt gemacht werden, so dass sich Vorgesetzte bei passender Gelegenheit daran erinnern.

Sich mit seinen Ideen hervorzutun, auch wenn es anfänglich schwer fällt, kann über das Erwähnen bestimmter Leistungen in Meetings mit der Führungsetage geschehen. Oder auch durch kurze Benachrichtigungen, wenn eine Lösung für ein Problem gefunden wurde. Dies kann auf direktem Wege (und nicht immer über den Umweg eines Mittelmanns, der eventuell die Lorbeeren für sich einheimst) geschehen, auch wenn einmal eine Hierarchie-Ebene übersprungen wird.

Beispielsweise kann als Aufhänger ein aktuelles Thema gefunden werden, mit dem sich ein Vorstandsmitglied, Aufsichtsrat oder Unternehmenschef in einem Konzern gerade befasst. „Wie ich gerade dem Newsletter (der Tagespresse, dem internen Memo…) entnommen habe, sind Sie mit Herrn X im Gespräch, ob die Firma Y übernommen wird. Ich habe mich in den letzten Monaten in einem Projekt intensiv mit der Situation im Markt befasst und habe folgende Analyseergebnisse zusammengestellt, die Ihnen bei Ihren weiteren Überlegungen zur Firmenakquise behilflich sein dürften." So könnte eine passende Formulierung lauten, um auf sich aufmerksam zu machen.

In unseren Breitengraden ist es eher verpönt, sich in den Vordergrund zu spielen. Denn bekanntermaßen halten es noch viele nach dem Motto: Eigenlob stinkt. Wenn jedoch tatsächlich etwas geleistet wurde, ist es nicht ehrenrührig, andere davon in Kenntnis zu setzen. Denn dann ist es absolut legitim, seine Erfolge bekannt zu machen.

Auch das Ansprechen von Menschen, die für das eigene Fortkommen wichtig sein könnten, gehört dazu, um auf sich aufmerksam zu machen. Wenn per Zufall ein bekanntes Gesicht in der Mittagspause beim Italiener angetroffen wird, so kann auf höfliche Weise ein Kontakt hergestellt werden, woraus durch die persönliche Vorstellung eine erste Verbindung entstehen kann.

Auch während einer Hauptversammlung bzw. großen Tagung kann kurz ein Gespräch mit dem Vorstandsvorsitzenden geführt werden, so dass die Verabredung für einen längeren Termin in die Wege geleitet wird. Die Überlegung, was für diese Person wichtig sein könnte, sollte im Vorfeld natürlich bedacht werden, um im Gespräch nicht zu langweilen, sondern relevante Aspekte mit der Aussicht auf weitere Informationen zu erwähnen.

Der Pfad zur Weiterentwicklung auf dem Weg zum Leader

Dass Veränderung im Leben notwendig ist, um die Karriereleiter zu erklimmen, ist kein Geheimnis. Diese Bereitschaft muss auf jeden Fall mitgebracht werden, wenn

Autorität und Einfluss erlangt werden sollen. Hierzu müssen auch die persönlichen Stärken realistisch eingeschätzt werden. An diesen zu arbeiten, ist im Wesentlichen das Erfolgsgeheimnis, um sich zum Leader zu entwickeln. Nachdem dies – nicht nur als Lippenbekenntnis, sondern echte Absicht – für sich beschlossen wurde geht es nun um einige entscheidende Wesenszüge und Fähigkeiten, die auf dem Weg nach oben ausgebaut werden müssen.

Tatkraft

Wer lethargisch ist und sich zu allen Aktivitäten motivieren muss, wird niemals zu einem Leader werden. Solche sprühen vor Tatkraft, haben unbändige Energie und Spaß an den Dingen, die sie tun. Wenn diese vorhanden ist, können sie auch andere begeistern und motivieren. Andere strengen sich mehr an, da sie selbst von der Energie ihres Vorgesetzten angesteckt werden.

Doch auch die eigene Leistungsfähigkeit ist von entscheidender Bedeutung. Wer sich selbst schon einmal in Extremsituationen, in denen ein Projekt fertiggestellt oder eine Veranstaltung vorbereitet werden muss, erlebt hat, kennt die Situation, in der übermäßig hart und lang gearbeitet werden muss. Außergewöhnliche Leistungen können hierbei erbracht und erstaunliche Energien freigesetzt werden.

Wer auf diese Art von Hochleistung nicht gepolt ist und keine Bereitschaft hierfür mitbringt, wird es schwer haben, für höhere Positionen ausgewählt zu werden. Denn energiegeladene Menschen fallen auch den Vorgesetzten auf, die sich bei einer Beförderung für jemanden entscheiden müssen. Hier haben tatkräftige Menschen definitiv die besseren Chancen und sind prädestiniert für den nächsten Schritt auf der Karriereleiter.

Gesunder Ehrgeiz

Um auf dem Weg nach oben Erfolg zu haben, gehört die Bereitschaft zum harten Arbeiten dazu und ebenso das Durchhaltevermögen, um eine Durststrecke zu überstehen. Auch scheinbar Unmögliches zu versuchen, gehört zu den Herausforderungen, die ein Leader gerne annimmt. Denn das Berufsleben bringt nicht immer nur Sonnenschein (sonst wäre es ein Hobby…), sondern kann auch einmal frustrierend oder verwirrend sein. Gerade bei der Übernahme neuer Aufgaben. Doch auch wenn harte Bemühungen einmal nicht fruchten, ist dies noch kein Grund, seine Ziele aufzugeben.

Wer sich dieser Tatsache bewusst ist und Biss zeigt, um seine Bestrebungen weiter fortzusetzen, wird nach dem gelungenen Unterfangen das Ergebnis noch mehr
schätzen. Gerade, wenn vorher ein Umweg eingeschlagen werden musste, um zum
Ziel zu gelangen. Wer sich zu sehr von den Unwägbarkeiten einer Aktivität beein-
trächtigen lässt, fährt hiermit nicht gut.

Bei klarer Vorstellung, wie das angestrebte Ergebnis aussehen muss, kann ein
Leader seine negativen Emotionen im Griff behalten und weiter voranschreiten.
Wer diesen Ehrgeiz nicht mitbringt, muss unbedingt daran arbeiten, um weiter-
zukommen. Damit steht und fällt eine Karriere im höheren Management. Denn
Gefühle des Zweifels müssen, wenn nötig, auch einmal zurückgestellt werden, um
das Ziel klar vor Augen zu behalten. Dann können große Dinge erreicht und Wid-
rigkeiten überwunden werden.

Fokussierung

Wer sich zu sehr verzettelt und keine Prioritäten setzt, kann als Leader nicht gewinnen. Diese Erkenntnis des „non multa, sed multum" (lateinisch: „Nicht Vieles,
sondern viel") – also nicht auf allen Hochzeiten tanzen und bei Vielem oberflächlich dabei sein, sondern viel und in die Tiefe gehend (von einem) erleben – sollte
Einzug halten. Denn nur so können hervorragende Ergebnisse erzielt werden.

Eine Spezialisierung auf bestimmte Aktivitäten, Projekte oder ein Netz kon-
zentrierter Beziehungen ist also die Basis, auf der aufgebaut wird. Dass natürlich
Interesse und der Überblick über andere Bereiche vorhanden sein sollten, ist selbstverständlich. Sich allerdings überall einbringen zu wollen und nichts delegieren zu
können, ist für eine Führungskraft tödlich.

Viel effizienter ist es, sich zu fokussieren und an den beruflichen Aufgaben zu
arbeiten, die tatsächlich Erfolg versprechen und den eigenen Fähigkeiten entgegenkommen. Hiermit wird die größte Wirkung erzielt und zusätzlich ein effektives
Zeitmanagement ermöglicht. Denn die Ressourcen sind knapp, so dass eine Führungskraft sich mit dem beschäftigen muss, was sie am besten beherrscht, und die
übrigen Aufgaben auf die Fachleute im Team überträgt.

Vielfältige Interessen zu haben und sich zu diversifizieren, ist also nur dahingehend von Vorteil, sich in allen Bereichen grob auszukennen und den Überblick zu
behalten. Um jedoch mit etwas wirklich Erfolg zu haben, muss eine Führungskraft
genau die Dinge tun, für die sie eine besondere Begabung hat und in denen sie sich
sehr gut auskennt. Mit dieser Fokussierung auf das Wesentliche wird sie Erfolg haben. Die übrigen Aufgaben werden so verteilt, dass die Ressourcen der Mitarbeiter
bestmöglich genutzt werden.

Sich selbst beobachten und erkennen

Um möglichst gute Fortschritte zu machen, ist eine gesunde Selbsterkenntnis und Reflexion notwendig. Erst, wenn eigene Aktivitäten betrachtet und hinterfragt werden, können Erkenntnisse zum weiteren Fortgang daraus gezogen werden.

Es schadet nicht, sich nach Gesprächen, Meetings oder Vorträgen im direkten Anschluss kurz mit sich selbst auseinanderzusetzen und seine Gedanken festzuhalten. Idealerweise in Form von schriftlichen Stichworten oder mündlichen Aufzeichnungen auf einem Smart Phone oder Diktiergerät. Damit werden Dinge plastischer bzw. greifbarer und für zukünftige Situationen können negative Erlebnisse aus einer vergangenen Erfahrung eher verhindert werden.

Was gut oder schlecht gelaufen ist, kann für sich selbst reflektiert oder auch einmal mit einer Vertrauensperson besprochen werden. Nach einem Vortrag, dem Auftreten in einem Meeting oder einer Verhandlung kann es hilfreich sein, sich mit jemandem auszutauschen, der als Mentor oder Coach agiert. Aber auch ein Kollege, mit dem man schon lange bekannt ist, wird hier eventuell eine Rückmeldung geben können, die für den eigenen Erkenntnisprozess von Nutzen sein kann.

Selbstvertrauen

Selbstvertrauen zu haben und diese Selbstsicherheit auch auszustrahlen, ist unerlässlich für einen Leader. Denn nur, wenn er von sich und seinen Taten überzeugt ist, kann er das Vertrauen zu anderen aufbauen. Selbstbewusstes und gelassenes Auftreten wird in der Regel damit belohnt, dass auf Dinge Einfluss genommen werden kann. Denn Entscheidungsfähigkeit und Durchsetzungsvermögen werden Menschen mit Selbstsicherheit zugetraut.

Es gibt auch Situationen, die neu sind und eine Herausforderung bedeuten. Doch auch hier kann eine Führungskraft mit Selbstsicherheit angstfrei agieren, wenn sie auf ihre Kenntnisse und auf das Gelingen vertraut. Wer sich selbstbewusst gibt (ohne dass dies in Überheblichkeit ausartet), wird auch von anderen so wahrgenommen, was sich in Konsequenz wiederum positiv auf das eigene Selbstvertrauen auswirkt. Und daran kann ein Leader wachsen. Denn viele Tätigkeiten werden während des Führungsalltags zum ersten Mal oder zumindest noch nicht routiniert durchgeführt. Hier kann sich das Vertrauen auf die eigenen Stärken bewähren, da man nur an Herausforderungen wachsen kann, denen mit Zuversicht entgegengesehen wird.

Unterwürfigkeit und die Geringschätzung des eigenen Werts sind große Hemmnisse, mit denen sich eine Führungskraft unbedingt auseinandersetzen sollte, falls sie auftauchen. Denn dieses Verhalten bringt nicht weiter. Hindernisse müssen daher unbedingt aus dem Weg geräumt und durch positive Beeinflussung ersetzt werden. Die selbsterfüllende Prophezeiung spielt hierbei eine wichtige Rolle. Mit dem Gedanken: „Das schaffe ich" wird auf jeden Fall mehr erreicht, als wenn das Gegenteil durch den Kopf geistert.

Daher ist es auch angebracht, für sich bestimmte Leitsätze oder sogar ein Mantra zu haben (ohne dies allzu esoterisch zu sehen). Es ist sinnvoll, sich bei Unsicherheit an gewisse Sätze und Worte zu erinnern, die für Selbstvertrauen sorgen. „das wird klappen", „ich habe die Kraft" oder „mir geht es dabei gut" sind nur einige einfache Floskeln, die aber im Alltag durchaus hilfreich sein können, wenn sich Dinge als störend oder einengend erweisen.

Empathie

An dieser Fähigkeit, sich in andere hineinzuversetzen, permanent zu arbeiten, wird sich für Leader als eine wesentliche Erfolgsformel erweisen. Denn gerade, wenn es um Verhandlungsfähigkeit, Diskussionen oder das Überzeugen von Mitarbeitern von einem Projekt geht, ist Fingerspitzengefühl angesagt. Sich auf Kompromisse einzulassen, die dem Ergebnis nicht abträglich sind, ist durchaus angebracht. Hierbei muss jedoch das Gegenüber sehr gut eingeschätzt werden, um zu sehen, welche Punkte wirklich zugestanden werden sollten und worauf der andere eventuell doch verzichten kann.

Auch im Umgang mit Publikum oder vor größeren Gruppen muss ein Leader spüren, ob seine Worte ankommen oder eher bei den Zuhörern abprallen. Ein gutes Gespür für Menschenmengen zu erhalten, kann geübt werden. Mit beispielhaften Sätzen oder humorvollen Anmerkungen, Provokationen oder ehrlich gemeintem Lob. Jede Gruppe reagiert anders, dies kann auch mit Faktoren zu tun haben, die nicht mit dem Redner in Zusammenhang zu bringen sind. Vermag ein Leader dies einzuschätzen, kann er die Leute auf seine Seite ziehen. Andernfalls wird ihm der Applaus nicht unbedingt gewiss sein.

Große Politiker, Wirtschaftsmagnaten oder Meinungsführer aus Medien und Zeitgeschehen verstehen es, sich absolut auf ihr Gegenüber einzulassen. Sie geben ihren Gesprächspartnern das Gefühl, als wären gerade sie der wichtigste Mensch im Leben des anderen. Ihre Worte erfahren Wertschätzung, es wird ihnen aufmerksam zugehört und die Antworten sind in der Regel so auf Persönlichkeit und Wesen abgestimmt, dass sie verstanden werden und ankommen. Dieses Talent ist entweder vorhanden oder kann geübt werden. Die Kunst, einen Menschen richtig einzuschätzen, wächst mit der Erfahrung und dem zunehmenden Umgang mit Personen unterschiedlichster Art.

Der Mensch ist meist bequem und befasst sich am liebsten mit Menschen seinesgleichen. Dies ist jedoch im Geschäftsleben nicht möglich (und auch im privaten Bereich nicht unbedingt wünschenswert, denn Impulse und neue Denkweisen erweitern bekanntlich den Horizont und die Toleranz). Hier begegnet eine Führungskraft immer wieder neuen Leuten in den unterschiedlichsten Situationen. Dies als spannend zu empfinden und das Einschätzen anderer zum Sport für sich zu machen, kann das Einfühlungsvermögen erheblich steigern.

Gedanken und Gefühle anderer zu erkennen, ist meist auch bereits die halbe Miete in einem Geschäftsprozess. Wer Dinge vorausschauend bewertet, wird von den Aussagen des Gegenübers nicht überrascht und kann sich darauf einstellen. Dieses Antizipieren vermeidet, dass ein Leader sich überrumpeln und sich dadurch zu unüberlegten Handlungen oder Worten hinreißen lässt.

Sich zu sehr auf sich selbst und seine eigenen Sichtweisen zu konzentrieren, ist also eher hinderlich als zielführend, um zu einem Ergebnis zu kommen. Denn wer verbissen an seinem eigenen Ziel klammert, wird sich darauf so sehr versteifen, dass er das Gegenüber und seine Positionen aus den Augen verliert. Bei Interesse und Offenheit für die Anliegen des anderen ist es möglich, eine passende Tonart anzuschlagen, um den anderen auf seine Seite zu ziehen und von den eigenen Wünschen zu überzeugen.

Die Konfrontation wagen

Sich auch einmal mit emotionalem Einsatz in seiner Sache durchzusetzen, muss für einen Leader nicht unbedingt schlecht sein. Natürlich sind Jähzorn und ein täglicher Wutausbruch nicht das richtige Mittel, um seine Interessen zu vertreten. Wer sich aber scheut, für wichtige Meilensteine oder Ziele einen Konflikt durchzustehen, gerät ins Hintertreffen. So ist es durchaus legitim, wenn eine Führungskraft sich auch einmal mit härteren verbalen Retouren gegen eine Attacke oder eine unfaire Argumentation wehrt.

Wer in solchen Fällen Härte zeigt, in denen sie berechtigt ist, wird sicherlich eher Respekt als Geringschätzung erfahren. Denn hier merken die Beteiligten, dass sich eine Führungskraft auch nur bis zu einem gewissen Maß auf Dinge einlässt und darüber diskutiert. Wenn Angriffe erfolgen, die eine Schlacht nahezu herausfordern, heißt das Gebot der Stunde: Kämpfen.

In manchen Fällen können durch Konflikte auch Altlasten beseitigt werden, die sich über einen vergangenen Zeitraum angesammelt haben. Denn ein Vorgesetzter kann sicherlich bis zu einem gewissen Maße ertragen, dass seine Mitarbeiter nicht perfekt sind. Er kann eventuell bei Abgabefristen eine gewisse Kulanz gelten lassen bzw. persönliche Eigenheiten eines Geschäftspartners akzeptieren. In einigen Fällen ist es den Betroffenen jedoch gar nicht bewusst, wie ihr Verhalten von anderen wahrgenommen wird. Dann wird es Zeit für ein klärendes Gespräch, das eventuell auch einmal den Charakter einer emotionalen Kontroverse hat. Ist sich der Betroffene seines Verhaltens bewusst und reizt mit Vorsatz, so ist eine härtere Gangart sogar besonders angebracht.

Diese Konflikte können natürlich auch im Vorfeld vermieden werden, wenn ein Thema sofort auf den Tisch gebracht wird, sobald es augenfällig wird. Da dies jedoch nicht immer zu einem passenden Zeitpunkt bzw. direkt geschehen kann, muss bei wiederholten Vorfällen auch einmal ein härterer Ton angeschlagen werden. Dies kann zunächst für eine verschärfte Stimmung sorgen, nach Klärung von Streitpunkten jedoch das Arbeitsklima nachhaltig verbessern.

10.4 Der Leadership-IQ

In den ersten drei Teilen haben Sie sich mit den grundlegenden Facetten der Leadership-Intelligenz, nämlich Persönlichkeit, Kommunikation und Netzwerk, intensiv befasst. Im letzen Gebot ging es als Essenz dieser Erkenntnisse nochmals darum, sich selbst zu hinterfragen, welche Art von Leader Sie sind oder sein möchten.

Sie haben erfahren, dass es Menschen mit angeborener Leadership-Intelligenz bzw. Vorbilder geben kann, aber erhielten auch Tipps für die Entwicklung zum Leader. Welchen Typus Sie komplett bzw. in Teilen bereits darstellen und an welchen Stellschrauben Sie drehen müssen, können nur Sie selbst bestimmen.

Hierfür sind die jeweiligen Zwischenergebnisse relevant, die Sie nach den jeweiligen Teilen Persönlichkeit, Kommunikation und Netzwerk für sich herausgestellt haben. Bei ehrlicher Beantwortung der Fragen können Sie erkennen, in welchen Bereichen Sie besonders stark sind und in welchen eventuell noch Handlungsbedarf besteht. Daran können und sollten Sie auf Ihrem Weg zum Leader arbeiten!

Bitte notieren Sie die jeweiligen Ergebnisse der drei Bereiche:

Ihr Leadership-IQ

Persönlichkeitsquotient:
… Punkte von 20
Kommunikationsquotient:
… Punkte von 20

Netzwerkquotient:
… Punkte von 20
Leadership-IQ
… Punkte von 60

Stellen Sie für sich selbst fest, wie hoch Ihr Leadership-IQ ist und in welchen Bereichen Sie besonders stark sind.

Glückwunsch, wenn Sie überall gleichermaßen begabt sind. Sollten Sie jedoch feststellen, dass Sie sich weiter entwickeln wollen, um Ihre Leadership-Intelligenz zu erhöhen, so können Sie noch viele weitere Anregungen von uns erhalten. Wir hoffen, dass Sie sich mit dem jetzigen Wissen schon gut gewappnet fühlen und freuen uns darauf, wenn Sie auf Ihrem Weg zum Leader (eventuell gemeinsam mit uns) weiter wachsen.

Alles Gute und viel Freude beim Entwickeln Ihrer Leadership-Intelligenz!

Cynthia und Leif Ahrens

Literatur

Krass, Peter. 1999. *Faszination Business. Was Sie von den Legenden der Wirtschaft lernen können*. Landsberg/Lech, mi: Verlag Moderne Industrie.

Weiterführende Literatur

Bergauer, Theo. 2008. *Gelassen und selbstbestimmt Erfolge verbuchen* (Online-Artikel). Waldsassen, www.b-wirkt.de.

Besser-Siegmund, Cora. 2007. *Killerphrasen souverän knacken.* Regensburg: Walhalla Fachverlag.

Birkenbihl, Vera F. 1995. *Fragetechnik...schnell trainiert. Das Trainingsprogramm für Ihre erfolgreiche Gesprächsführung.* 16. Aufl. Heidelberg, mvg Verlag (2007).

Bohinc, Thomas. 2009. *Soft Skills – Die Schlüssel zum Erfolg in der Fachkarriere.* München: Verlag Franz Vahlen GmbH.

Braun, Roman. 2001. *Die Macht der Rhetorik. Besser reden – mehr erreichen.* Frankfurt a. M: Redline Wirtschaft bei Ueberreuter.

Bredemeier, Carsten und Neumann, Rainer. 2000. *Nie wieder sprachlos! 3. Aufl.* Zürich: Orell Füssli Verlag AG.

Covey, Stephen R. 2005. *Die 7 Wege zur Effektivität. Prinzipien für persönlichen und beruflichen Erfolg. 26. Aufl.* Offenbach: Gabal Verlag GmbH (2013).

Dauth, Georg. 2012. *Führen mit dem DISG Persönlichkeitsprofil.* Offenbach: Gabal Verlag GmbH.

Denning, Stephen. 2005. *The leader's guide to storytelling.* San Francisco: Jossey-Bass.

Dölz, Susanne, und Kauffmann, Carmen . 2011. *Sich durchsetzen – Taschenguide.* Freiburg: Haufe-Lexware GmbH & Co. KG.

Ferrazzi, Keith und Tahl Raz. 2009. *Geh nie alleine essen! Und andere Geheimnisse rund um Networking und Erfolg. 2. Aufl.* Kulmbach: Börsenmedien AG.

Fey, Gudrun. 2008. *Kontakte knüpfen und beruflich nutzen. Erfolgreiches Netzwerken.* Regensburg: Walhalla Fachverlag (Notizbuch).

Fromm, Erich. 2012. *Haben oder Sein. 39. Aufl.* München: Deutscher Taschenbuch Verlag GmbH & Co. KG.

Gálvez, Cristián. 2009. *30 Minuten Storytelling.* Offenbach: Gabal Verlag GmbH.

Gay, Friedbert. 2009. *Das persolog Persönlichkeits-Profil. Persönliche Stärke ist kein Zufall.* Remchingen: persolog GmbH/Gabal Management.

Goleman, Daniel. 2008. *Soziale Intelligenz. Wer auf andere zugehen kann, hat mehr vom Leben.* München: Knaur Taschenbuch Verlag.

Greene, Robert. 1999. *Power. Die 48 Gesetze der Macht.* München: Carl Hanser Verlag.

Haberleitner, Elisabeth, Deistler, Elisabeth, und Ungvari, Robert. 2009. *Führen, Fördern, Coachen – So entwickeln Sie die Potenziale Ihrer Mitarbeiter.* München: Piper Verlag GmbH.

C. Ahrens, L. Ahrens, *Leadership-Intelligenz - Zehn Gebote für souveräne und sozial kompetente Führung,* DOI 10.1007/978-3-658-05052-8,
© Springer Fachmedien Wiesbaden GmbH 2014

Hansch, Dietmar. 2006. *Erfolgsprinzip Persönlichkeit*. Heidelberg: Springer Medizin Verlag 2009 (zweite, aktualisierte Auflage).

Hinsch, Rüdiger, und Wittmann, Simone. 2010. *Soziale Kompetenz kann man lernen*. Weinheim: Beltz Verlag.

Krass, Peter. 1999. *Faszination Business. Was Sie von den Legenden der Wirtschaft lernen können*. Landsberg/Lech, mi: Verlag Moderne Industrie.

Leanne, Shel. 2009. *Sag's wie Obama. Ausstrahlung, Rhetorik und Visionen des neuen US-Präsidenten*. Wien: Linde Verlag Wien Ges.m.b.H.

Leeds, Dorothy. 2000. *The 7 powers of questions*. New York: Penguin Putnam Inc.

Liebermeister, Barbara. 2012. *Effizientes Networking. Wie Sie aus einem Kontakt eine werthaltige Geschäftsbeziehung entwickeln*. Frankfurt a. M: F.A.Z.-Institut für Management-, Markt- und Medieninformationen GmbH.

Lutzer, Birgit. 2010. *Bringen Sie es auf den Punkt. Treffend formulieren in Wort und Schrift*. Paderborn, Junfermann-Verlag.

Peters-Kühlinger, Gabriele, und John, Friedel. 2010. *Soft Skills – Taschenguide*. Freiburg: Haufe-Lexware GmbH & Co. KG.

Pfeffer, Jeffrey. 2011. Macht. *Warum manche sie haben und andere nicht*. Kulmbach: Börsenmedien AG.

Raulf, Holgar. 2010. *Gefragt ist Persönlichkeit. Welche und wie viel darf es sein?* Wien: Amalthea Signum Verlag GmbH.

Scharlau, Christine, und Rossié, Michael. 2012. *Gesprächstechniken*. Freiburg: Haufe-Lexware GmbH & Co. KG.

Scherer, Hermann. 2003. *30 min für eine gezielte Fragetechnik*. Offenbach: Gabal Verlag GmbH.

Schneider, Wolf. 2001. *Deutsch für Profis. Wege zu gutem Stil*. Hamburg: Gruner + Jahr AG & Co.

Schneider, Wolf. 1991. *Deutsch für Kenner. Die neue Stilkunde. 5. Aufl*. Hamburg: Gruner + Jahr AG & Co.

Seiwert, Lothar J., und Gay, Friedbert. 2008. Das *1 × 1 der Persönlichkeit*. Remchingen: persolog GmbH.

Sutton, Robert I. 2010. *Der Chef-Faktor*. München: Carl Hanser Verlag.

Trout, Jack. 2004. *Trout über Strategie. Wie Sie die Köpfe der Verbraucher und damit die Märkte erobern*. Wien: Linde Verlag Wien Ges.m.b.H.

Weber, Daniela. 2012. *Berufliche Netzwerke knüpfen für Dummies*. Weinheim: Wiley-VCH Verlag GmbH & Co. KGaA.

The manufacturer's authorised representative in the EU is Springer
Nature Customer Service Centre GmbH, Europaplatz 3, 69115 Heidelberg,
Germany. If you have any concerns regarding our products, please
contact ProductSafety@springernature.com

Printed and bound by CPI Group (UK) Ltd, Croydon, CR0 4YY
27/04/2026
02097635-0002